L'ART
DE CONNOISTRE
LES HOMMES.
PREMIERE PARTIE.

Où sont contenus

LES DISCOVRS PRELIMINAIRES
qui seruent d'Introduction
à cette Science.

*Par le Sieur DE LA CHAMBRE, Conseiller du Roy
en ses Conseils, & son Medecin Ordinaire.*

A PARIS,

Chez P. R O C O L E T, Imprimeur & Libraire ordinaire
du Roy; Au Palais, en la Gallerie des Prisonniers,
aux Armes du Roy & de la Ville.

M. DC. LIX.
Auec Priuilege de sa Majesté.

A MONSEIGNEVR

MONSEIGNEVR

FOVCQVET,

PROCVREVR GENERAL,

SVR-INTENDANT

DES FINANCES,

ET MINISTRE D'ESTAT.

MONSEIGNEVR,

Voicy l'Entrée & le Frontispice du plus grand & du plus hardy dessein qui se soit

ā ij

peut-estre iamais entrepris dans l'Empire
des Lettres, & qui sans doute, s'il estoit
bien executé, seroit le plus digne Present
que l'on vous pûst faire, & le plus conforme à cette Grandeur d'Ame qui vous est
naturelle, & à ces nobles Passions que vous
auez pour toutes les grandes choses. Ce
dessein, *MONSEIGNEVR*, est la
Connoissance generale de tous les Hommes;
c'est l'Art qui apprend à decouurir leurs
plus secretes Inclinations, les Mouuemens
de leur Ame, leurs Vertus & leurs Vices.
Ie ne croy pas qu'on vous puisse rien pre-
senter qui vous doiue estre plus agreable ny
plus auantageux que le moyen qui peut
vous faire connoistre les autres & vous faire connoistre aux autres. Ie ne parle pas
de cette Connoissance publique qui frappe
les yeux du peuple, & qui est ordinairement masquée; mais de celle que donne la
vie priuée, le cabinet, & le fonds du

Cœur. Car bien qu'il y ait peu de perſonnes
qui vouluſſent eſtre connuës ainſy , ie ſuis
tellement perſuadé que vous eſtes de ce nombre, qu'il m'a ſemblé que vous eſtiez preſque
le ſeul à qui ie pouuois dédier vn Ouurage
de cette nature , ſans crainte de luy déplai-
re. Ie ſçay bien que voſtre modeſtie s'oppoſe-
ra à tous ces ſentimens : Mais ie penſe,
MONSEIGNEVR, que vous ne l'en deuez pas croire , puiſque vous ſçauez bien
que c'eſt vne vertu qui eſt ialouſe de toutes
celles qui ont de l'éclat & qui eſt ſouuent in-
jurieuſe au public en le priuant des plus
beaux exemples qui le peuuent inſtruire.
Apres tout quelque ſeuerité qu'elle ait , elle
doit eſtre bien aiſe que l'Art que ie mets au
iour la décharge des reproches qu'on luy
peut faire , & que ſans bleſſer ſes maximes
il découure des veritez qu'elle veut tenir
cachées & qui doiuent eſtre connuës de tout
le monde. Ce n'eſt pas neantmoins la ſeule

raiſon qui m'a engagé à vous l'offrir; Outre
que i'ay penſé m'acquiter par là d'vne partie des obligations que ie vous ay ; ie me
ſuis apperceu que ce que i'auois eu enuie
de faire par reconnoiſſance, i'eſtois obligé
de le faire par neceſſité, & que ie ne pouuois ſans vous, ny acheuer vn ſi long &
ſi penible trauail, ny en attendre meſme
aucune eſtime dans le monde. Vous ſçauez,
MONSEIGNEVR, qu'il ne ſuffit pas à
vn Artiſan de ſçauoir parfaitement l'Art
qu'il veut enſeigner ſi l'on n'en eſt perſuadé,
& s'il n'en a fait quelques experiences. Ne
deuoiſ-je donc pas en voulant âprendre aux
autres l'Art de connoiſtre les Hommes,
faire voir au public que ie n'en ignore pas la
practique, & que le choix que i'ay fait en
eſt vne preuue indubitable. Outre cela,
MONSEIGNEVR, combien m'al-
lez-vous abreger de temps & de matieres ?
De combien de peines & de difficultez m'al-

lez-vous décharger? I'ay à décrire les Paſ-
ſions & les Vices, les Inlinations & les
Vertus communes ; cela ne me ſera pas mal-
aiſé à faire ayant tant d'exemples qui me
pourront ſeruir de modelles. Mais quand il
me faudra parler de ces Vertus extraordi-
naires qui ont fait autrefois les Heros &
qui ne ſont preſque plus en vſage, ie n'ay gar-
de d'entreprendre vne choſe ſi difficile, ie ren-
uoyeray ceux qui s'en voudront inſtruire,
à l'Inſcription de mon Ouurage qui leur
apprendra ; Que dans le Siecle le plus vi-
cieux qui fut iamais, il s'eſt encore trouué
vn Homme qui fait des actions dignes des
temps Heroïques: Qui a ioint la Magnifi-
cence auec la Moderation, la Liberalité
auec le Ménage, l'amour des beaux Arts
auec le ſoin des grandes Affaires : Qui enfin
a fermé la bouche à l'Enuie & à la Medi-
ſance, & l'a ouuerte à tout le monde pour
publier ſa Generoſité, ſa Douceur, ſa Fide-

EPISTRE.

lité, & pour faire des vœux au Ciel que la France puisse jouir long-temps de tant de qualitez illustres. C'est là, MONSEI-GNEVR, la derniere perfection que mon dessein attend de vous, & l'artifice dont ie me veux seruir pour imiter les Tableaux de ce Peintre ingenieux qui occupoient moins les yeux que l'esprit & qui donnoient à penser plus de choses qu'ils n'en represen-toient. Ie laisseray par ce moyen à l'Imagina-tion de mes Lecteurs la liberté de conceuoir ce que ie n'auray pû exprimer. Et peut-estre que vous mesme aurez la bonté de faire vn semblable jugement des actions de graces que ie tasche de vous rendre, & de la pas-sion que i'ay d'estre toute ma vie,

MONSEIGNEVR,

Vostre tres-humble, tres-obeis-
sant, & tres-obligé seruiteur,
LA CHAMBRE.

TABLE.

TABLE.

TABLE.

TABLE.

TABLE

LIVRE II.

TABLE.

TABLE.

TABLE.

Fin de la Table.

ERRATA.

PAge 1.	ligne 9.	fonds,	liſez	fond.
Pag. 28.	lig. 1.	pour,	liſez	par.
Pag. 33.	lig. 14.	propoſée,	liſ.	propoſé.
Pag. 50.	lig. 18.	tous,	liſ.	toutes.
Pag. 71.	lig. 10.	qu'elle fait,	liſ.	qu'elle la fait.
Pag. 209:	lig. 15.	que des,	liſ.	que de.
Pag. 233.	lig. 3.	toutes,	liſ.	& toutes.
Pag. 406.	lig. 2.	quoy,	liſ.	pourquoy.
Pag. 427.	lig. 5.	qu'il ait,	liſ.	qu'il y ait.
Pag. 461.	lig. 9.	21.	liſ.	22.

De l'Imprimerie de P. ROCOLET, Imprimeur &
Libraire ordinaire du Roy & de la Maiſon
de Ville; Au Palais. 1659.

PREFACE.

Où il est parlé de l'Excellence de l'Art
de connoistre les hommes, &
du dessein de l'Autheur.

CELVY-là n'auoit pas raison, qui se plaignoit autrefois, de ce que la Nature n'auòit pas mis vne fenestre au deuant du Cœur, pour voir les pensées & les desseins des hommes. Non seulement parce que ce sont des choses qui ne tombent pas sous les sens, & que quand les yeux verroient tout le fonds & tous les replis du Cœur, ils n'y pourroient rien remarquer qui leur en donnast la moindre cónoissance. Mais encore parce que la Na-

ture a pourueu à cette découuerte, & a
trouué des moyens plus certains pour la
faire, que n'euſt eſté cette eſtrange ouuerture que Momus s'eſtoit imaginée.

Car elle n'a pas ſeulement donné à l'Homme la voix & la langue, pour eſtre les in-
terpretes de ſes penſées ; Mais dans la deffiance qu'elle a euë qu'il en pouuoit abuſer, elle a fait encore parler ſon front & ſes
yeux pour les démentir quand elles ne ſeroient pas fidelles. En vn mot elle a répandu toute ſon ame au dehors, & il n'eſt
point beſoin de feneſtre pour voir ſes mouuemens, ſes inclinations & ſes habitudes,
puis qu'elles paroiſſent ſur le viſage, &
qu'elles y ſont écrites en charaĉteres ſi vi-
ſibles & ſi manifeſtes.

Ce ſont ces Charaĉteres-là dont nous
auons deſſein de former le plus grand & le
plus vtile Ouurage qui ait peut-eſtre iamais eſté entrepris ; où les plus belles & les
plus neceſſaires connoiſſances que l'homme puiſſe acquerir ſont contenuës ; où enfin on peut trouuer le ſecret & la perfeĉtió
de la Sageſſe & de la Prudence humaine.

On ne doutera pas de ces hautes pro-
meſſes quand on ſçaura que c'eſt l'ART DE
CONNOISTRE LES HOMMES que nous
entreprenons , qui doit apprendre à chacun à ſe connoiſtre ſoy-meſme , en quoy
conſiſte le haut poinĉt de la Sageſſe , & à
connoiſtre les autres , qui eſt le chef-d'œuure de la Prudence.

En effet le ſecret de la Sageſſe conſiſte
à ſçauoir ce que l'on eſt , ce que l'on peut ,
& ce que l'on doit faire ; Et celuy de la
Prudence , à connoiſtre auſſi ce que ſont
les autres , ce qu'ils peuuent & ce qu'ils
deſirent. Y a-t-il aucune connoiſſance qui
doiue eſtre plus agreable & plus vtile que
celles-là , & celuy qui les auroit acquiſes
ne ſe pourroit-il pas vanter de jouïr des
plus grands auantages qui ſe puiſſent trouuer dans la vie ?

Cependant l'Art de connoiſtre les hommes enſeigne toutes ces choſes. Car quoy
qu'il ſemble n'auoir autre but que de découurir les Inclinations , les Mouuemens
de l'ame , les vertus & les vices qui ſont en
autruy ; ſi eſt-ce qu'il apprend en meſme

temps à chacun à les reconnoiſtre en ſoy-
meſme, & à en faire des iugemens plus iuſtes & plus ſinceres, que s'il les conſideroit
d'abord en ſa perſonne.

Oüy ſans doute, nous ne ſçaurions bien
nous connoiſtre par nous-meſmes, & l'ame
reſſemble en cela à noſtre viſage, qu'elle ne
ſe peut voir que dans les miroirs non plus
que luy. Si elle entreprend de ſe regarder
autrement, la peine qu'elle a de ſe replier
ſur ſoy la rebute & la laſſe, & l'amour propre corrompt tous les iugemens qu'elle
fait d'elle meſme.

Certainement vn homme en colere ne
peut faire vn iugement equitable de ſa paſſion, qui toute furieuſe qu'elle puiſſe eſtre
penſe toûjours auoir le droit & la iuſtice
de ſon coſté. Vn auare croit que ſes ſoins
les plus ſordides ſont des effets de la prudence & de la neceſſité. En vn mot toutes nos inclinations & nos habitudes
nous plaiſent, toutes nos paſſions nous
ſemblent raiſonnables. Qui pourroit donc
les ſentir & les condamner eſtant ſoû-
tenuës du plaiſir & de l'apparence de la

raiſon , qui ſont les deux plus grands
corrupteurs de nos ſentimens ? Pour ſçauoir les deffauts qu'elles ont , il les faut
voir en autruy, c'eſt vn miroir qui ne flat-
te point; Et quoy que ceux dont nous nous
ſeruons repreſentent des Images qui s'effacent incontinant de la memoire, il n'en eſt
pas de meſme de celuy-cy qui fait des portraits conſtans & durables , & dont on
perd rarement le ſouuenir. Enfin c'eſt vne
choſe certaine, qu'il n'y a point de meilleur
moyen pour apprendre ce que l'on eſt, que
de s'eſtudier dans les autres.

C'eſt donc ainſi que l'Art que nous enſeignons eſt capable de donner la connoiſſance de ſoy-meſme. Mais comme elle eſt
de deux ſortes, l'vne Phyſique & Naturelle, qui examine la compoſition de l'homme, la nature des facultez de l'ame, & l'œ-
conomie admirable qui ſe trouue dans
leurs fonctions ; l'autre Morale qui regarde les mœurs , & qui fait connoiſtre
les Inclinations , les Paſſions , les vertus &
les vices : Il eſt vray qu'il n'entreprend pas
de donner la premiere en toute l'eſtenduë

qu'elle peut auoir ; il en laisse l'entiere &
l'exacte recherche à la Medecine & à la
Philosophie. Mais comme il est obligé
d'examiner à fonds les choses qui regardent les Mœurs, il est impossible qu'en
cherchant leurs causes, & la maniere dont
elles se forment dans l'ame, il ne fasse entrer en son dessein la plus belle & la plus
curieuse partie de la Physique, & qu'en
parlant de la Conformation des parties, des
Temperamens, des Esprits & des Humeurs,
des Inclinations, des Passions & des Habitudes, il ne découure ce qu'il y a de plus
caché dans le corps & dans l'ame.

IE dis bien dauantage, par toutes ces
connoissances il éleue l'esprit iusques au
Souuerain Createur de l'Vniuers. Car luy
faisant voir les miracles sans nombre qui
se trouuent dans l'homme, il le porte in-
sensiblement à glorifier l'Autheur de tant
de merueilles, & le conduit ainsi à la fin à
laquelle il est destiné.

En effet, quand il ne considereroit que la
structure du corps humain, ne seroit-il pas

rauy d'estonnement, de voir l'ordre & la ju-
stesse de tous les ressorts qui font mouuoir
cette admirable machine? Et l'art inimi-
table qui y est caché, ne luy découuriroit-il
pas la main qui y a trauaillé, & l'intelligence du grand Maistre qui en a fait le dessein?

Mais s'il vouloit porter ses pensées plus
haut & penetrer dans les secrets de l'ame,
y chercher la maniere dont elle connoist
les choses, comment elle se meut, & combien de mouuemens elle se donne à elle-
mesme: Quel excez de rauissement ne luy
causeroit pas la connoissance de tant de
merueilles? Quels sentimens n'auroit-il
pas de la Bonté & de la Sagesse de Dieu,
qui a logé tant de vertus en vn si petit espace, & qui n'a pas seulement racourcy
toutes les creatures dans l'Homme; mais
qui s'y est voulu abreger luy-mesme?

Car pour ne parler point de nos Myste-
res ineffables, & pour demeurer dans les
bornes de la nature, l'Inclination qu'il luy
a donnée pour toutes sortes de biens; la Lumiere dont il l'a esclairé pour connoistre
toutes choses, ne sont-ce pas les effusions

de sa Bonté & de sa Sagesse infinie? Mais ce
qui est le plus estonnant, n'a-t'il pas ren-
fermé dans l'esprit humain, qui est finy, &
borné, toute l'estenduë & l'infinité de sa
Puissance? Et par vn miracle qui n'est presque pas conceuable, ne luy a-t'il pas donné le pouuoir de créer toutes choses comme luy? Car enfin si l'entendement produit & crée en quelque sorte les images
& les portraits des choses qu'il connoist,
il faut puisqu'il a la puissance de les connoistre toutes, qu'il les crée aussi toutes à
sa maniere; & qu'il soit par consequent
le Createur d'vn nouueau monde, ou du
moins le Copiste de tous les Ouurages de
Dieu. Oüy sans doute, quand il pense au
Soleil, il faut qu'il fasse en luy-mesme vn
autre Soleil: Il faut qu'il fasse ainsi les Estoiles, les Cieux, les Elemens, en vn mot tout
ce qui est en l'Vniuers.

Mais si Dieu a fait vn miracle, en donnant vn pouuoir infiny à vne chose bornée, il en a fait encore vn autre en joignant
la grandeur & la puissance auec la misere &
la foiblesse. Car il est certain que de tou-

tes

tes les Creatures , il n'y en a point qui foit
fujette à tant d'infirmitez & de miferes que
l'Homme : Elles naiffent mefme de fes
auantages ; & s'il n'auoit la fecondité d'efprit , & la delicate compofition du corps
qu'il a , il ne feroit pas fi malheureux ny fi
miferable qu'il eft. De forte qu'on peut dire , que c'eft par luy feul qu'il faut decider
ce fameux problême qu'on a tant de fois
propofé , pour fçauoir quelle eft la chofe
du monde qui eft tout enfemble la plus
grande & la plus petite.

Il n'a donc qu'à fe contempler foy-mefme , pour entrer dans la connoiffance qu'il
doit auoir de la Diuinité , & pour y trouuer des fujets eternels de loüanges, de ref-
pects, & d'actions de graces qu'il eft obligé
de luy rendre à tous momens.

Ce font-là les hautes leçons que donne
l'Art de connoiftre les hommes. Mais quand
on le voudroit reduire à celles qu'il employe, pour découurir les inclinations, les
mœurs & les deffeins d'autruy , il faudroit
toûjours confeffer, que c'eft le guide le plus

B

affeuré que l'on puiffe prendre pour fe conduire dans la vie Ciuile, & que celuy qui
s'en voudra feruir, pourra éuiter mille fau-
tes & mille dangers, où il eft en hazard de
tomber à tous momens. Il ne faut point
de raifons pour perfuader vne chofe fi claire, puis qu'il eft certain, que fi cét Art peut
executer ce qu'il promet, il n'y a gueres
d'actions dans la vie où il ne foit neceffaire:
l'Inftitution des enfans, le choix des ferui-
teurs, des amis, des compagnies ne fe peuuent bien faire fans luy. Il montre l'occa-
fion & les momens fauorables où l'on doit
agir, où l'on doit parler; il apprend la maniere dont on le doit faire; Et s'il faut in-
fpirer vn confeil, vne paffion, vn deffein,
il fçait tous les paffages qui les peuuent faire entrer dans l'ame. Enfin fi l'on doit fuiure l'aduis du Sage, qui deffend de conuer-
fer auec vn homme colere & vn enuieux,
& de fe trouuer dans la compagnie des
mefchans, qui peut nous fauuer de ces
mauuaifes rencontres que l'Art dont nous
parlons? Car la connoiffance que l'on peut
auoir des hommes eft trompeufe, fi on fe

regle par la reputation qu'ils ont ; & peril-
leuſe, ſi on la doit acquerir par la practique :
De ſorte qu'il n'y a que celle qu'il promet
de donner qui ſoit ſans fraude & ſans peril.

Mais il ne faut pas s'imaginer comme
quelques-vns ſans doute le pourront faire
d'abord : Que cét Art ne ſoit autre choſe
que la Phyſionomie, & que ſon pouuoir
ne s'eſtende pas plus loin qu'à faire connoiſtre les inclinations preſentes, & tirer
de là quelques legeres conjectures pour les
vertus & pour les vices. Car outre qu'il
fait tout cela comme elle, & qu'il le fait
auec bien plus d'exactitude, comme on verra cy-aprés : Il pretend de paſſer bien plus
auant, puis qu'il promet de marquer encore les inclinations & les paſſions paſſées
& à venir, la force & la foibleſſe des eſprits,
les diſpoſitions qu'ils ont à certains arts &
à certaines Sciences ; Les habitudes qu'ils
ont acquiſes : Et ce qui eſt de plus impor-
tant, il apprend à découurir les deſſeins
cachez, les actions ſecretes, & les autheurs
inconnus des actions connuës. Enfin il n'y
a point de diſſimulation ſi profonde où il

ne croye pouuoir penetrer, & à qui il ne
pretende ofter la plus grande partie des
voiles dont elle fe couure.

Or parceque toutes ces chofes fe peuuent reduire à quatre principales ; à fçauoir aux Inclinations, aux Mouuemens de
l'ame, aux Vertus & aux Vices, il eft obligé, auant que de paffer plus outre, de nous
dire premierement ce que c'eft que l'Inclination, quelles en font les caufes, & comment elles fe forment dans l'Ame. En 2. lieu,
côment l'ame fe meut, & en combien de façons elle fe peut mouuoir, & mefme comment & pourquoy elle fait mouuoir le
cœur & les efprits dans les paffions ; Enfin
en quoy confifte la vertu & le vice, & quel
eft le nombre des efpeces de l'vn & de l'autre dont il peut faire iugement.

Mais encore, puis qu'il doit marquer l'excez & le deffaut qui fe trouuent en toutes
ces chofes, & montrer celles qui font & ne
font pas conuenables à la nature de l'homme en general; mais auffi à chaque fexe, à
chaque aage, à chaque nation, & à chaque genre de vie: Il eft neceffaire, auant

toutes chofes qu'il nous donne vn Modelle & vne Idée de la perfection qui conuient à la nature de l'Homme, afin que
ce foit la regle & la mefure de tout ce qui
peut arriuer de bien & de mal à chacun en
particulier. Car il eft certain qu'on ne
peut connoiftre l'excez ny le deffaut qu'on
ne connoiffe la perfection d'où l'vn & l'autre s'écartent, & que pour iuger de l'éloignement des extremitez, il faut fçauoir le
milieu auquel elles fe raportent.

Apres qu'il aura fait l'examen de toutes
ces chofes, il faudra encore qu'il nous apprenne de quels Moyens il fe doit feruir
pour executer ce qu'il promet ; qu'il nous
marque les Signes qu'il y doit employer ;
qu'il nous inftruife de leur nature, de leur
force, & de leur foibleffe : Qu'il nous die
comment il fe feruira des regles de la Phyfionomie, & fi la Chiromancie & la Metopofcopie luy feront vtiles : Enfin il faudra
qu'il nous faffe le plan general de tout fon
deffein.

Ce font-là les Preliminaires qui feruent
d'Introduction à toute la Science, & qui

font contenus en cette premiere Partie,
laquelle fera diuifée en deux Liures; dont
le premier traitera des matieres qui feruent d'objet à l'Art de connoiftre les
Hommes: A fçauoir des Inclinations, des
Mouuemens de l'Ame , des Vertus & des
Vices. Le 2. examinera les Moyens par
lefquels il doit découurir toutes ces chofes.

LIVRE PREMIER.

*L'Idée de la Perfection naturelle
de l'Homme.*

CHAPITRE PREMIER.

COMME chaque choſe eſt parfaite à qui rien ne manque, & qui a tout ce qui eſt neceſ- ſaire pour l'accompliſ- ſement de ſa nature ; il faut que l'Homme, qui eſt compoſé de Corps & d'Ame , ait pour eſtre parfait tout , ce qui eſt neceſſai- re pour l'accompliſſement & la perfection de ces deux parties.

Or la Perfection naturelle de l'Ame eſt, d'auoir toutes les facultez. & toutes les puiſſances qui ſont neceſſaires pour faire les fonctions auſquelles elle eſt deſtinée. Et la perfection du Corps conſiſte dans les diſpoſitions que ces facultez y demandent pour ſeruir d'organes à leurs fonctions.

Mais parce qu'il y a des facultez plus nobles les vnes que les autres, & qu'en tout ordre de choſes inégales il faut que la plus excellente ſoit la regle des autres; Il s'enſuit de là que l'Entendement, qui eſt la plus noble faculté qui ſoit en l'Homme, doit eſtre la regle & la meſure de toutes celles qui ſont au deſſous d'elle; Et que celles-cy ſoient tellement diſpoſées, qu'elles ſoient conformes autant qu'elles le peuuent eſtre, à cette faculté ſuperieure, afin qu'elles n'apportent point d'obſtacle aux actions qu'elle doit faire.

De ſorte que l'Entendement eſtant indifferent & indeterminé de ſa nature, par ce qu'il peut iuger de toutes choſes, & qu'il eſt par conſequent toutes choſes

en puiſſance, n'eſtant déterminé à pas vne ~~mʹs ʹᵒⱼₐ ₐₐₜₜₐₐ~~
en particulier : il faut que les facultez qui
luy ſont inferieures s'accommodent autant
qu'il eſt poſſible à cette indifference. Et
comme elles ne peuuent pas l'auoir auſſi
parfaite que luy, parce qu'elles ſont materielles, & par conſequent déterminées,
elles en doiuent auoir autant qu'elles en
ſont capables. Or toute l'indifference dont
elles ſont capables eſt reduitte à celle qui
ſe trouue dans la mediocrité, car le milieu
eſt moins déterminé que ne ſont ſes extremitez, eſtant indifferent à l'vne & à l'autre; Et par conſequent les facultez qui ſont
au milieu & dans la mediocrité ſont plus
conformes à l'Entendement, que lors qu'elles ſont dans l'excez & dans le deffaut.

Mais parce que les Inſtrumens doiuent
eſtre proportionnez aux puiſſances qui les
employent, il faut que la Conformation
des parties & le Temperament qui ſont les
Inſtrumens des facultez de l'Ame, ayent la
meſme mediocrité qu'elles ont. De ſorte
que les parties ne doiuent eſtre ny trop
grandes ny trop petites, ny les qualitez

C

qui compofent le temperament , exceller
l'vne fur l'autre , mais toutes doiuent eftre
dans vn égal equilibre, & dans vne iufte
mediocrité.

Il n'y a que
l'homme qui ait
le Toucher par-
fait.

ET pour monftrer que cela eft du deffein de la Nature, c'eft qu'il n'y a que
l'Homme à qui elle ait donné ce parfait
Temperament: Car il y a toufiours quelque excez dans celuy des autres animaux;
l'vn eft trop chaud ou trop froid, l'autre
trop fec ou trop humide. Mais dans l'Homme toutes ces qualitez fe font vnies dans
vne iufte moderation : C'eft pourquoy les
fens qui font attachez au Temperament
comme le Toucher & le Gouft , qui eft vne
forte de Toucher , comme dit Ariftote,
font plus parfaits en luy qu'en aucun autre Animal. Parce que ces Sens-là, & principalement le Toucher , demandent dans
leurs organes vne exacte temperature: Car
ce qui doit iuger doit eftre au milieu pour

τὸ μέσον κριτικόν. iuger fans préoccupation. Or comme il
y a deux fortes de milieu, l'vn qui confifte
dans la priuation entiere des objets, &

l'autre dans leur égale participation ; Il n'y
a que le Toucher qui iuge par celuy-cy.
Car tous les autres font priuez des qualitez dont ils iugent ; Comme l'œil qui
iuge des couleurs doit eftre fans couleur.
Mais parce que le Toucher iuge des premieres qualitez dont fon organe ne peut
eftre priué ; Il faut pour les connoiftre parfaitement qu'il les ait vnies en vne iufte
mediocrité pour iuger de leurs extremitez qu'il n'a pas , & de leur moderation en
n'y remarquant aucun excez.

Quoy qu'il en foit, la Nature n'a point eu
d'autre motif en deftinant à l'Homme cette parfaite temperature, que de rendre conforme à la plus noble Faculté de l'ame ,
l'Inftrument general de fes fonctions , &
de le mettre au milieu afin qu'il fuft moins
determiné , & qu'il euft comme elle toute l'Indifference dont il eft capable ; ce qui
n'eftoit point neceffaire aux animaux, dont
toutes les facultez font determinées.

DE cette verité ainfi eftablie on tire
vne confequence qui confirme ce que *Tout doit eftre mediocre dans l'homme.*

nous auons dit de la Mediocrité qui se doit
trouuer dans les puissances de l'ame, non
seulement dans celles qui sont subalternes;
mais encore dans celles qui sont superieures comme est l'Entendement & la volonté. Car puis que le temperament modifie toutes les facultez , les rendant plus
ou moins fortes selon les degrez qu'il a , &
que s'il est chaud par exemple, il fortifie
l'imagination & affoiblit le Iugement ;
Qu'au contraire, s'il est froid, il sert au Iugement & nuit à l'Imagination, & ainsi
de toutes les autres: il s'ensuit que s'il doit
estre égal pour rendre l'homme parfait,
il faut que toutes les facultez de l'ame se
ressentent de cette iustesse, & qu'elles gardent la mesme moderation qui se rencontre dans le temperament.

De sorte que la perfection naturelle de
l'homme ne demande pas vne Imagination trop viue, ny vn Iugement trop circonspect, ny vne memoire trop heureuse :
Elle ne peut pas mesmes souffrir ces esprits
sublimes qui sont tousiours attachez à la
contemplation des choses hautes & diffi-

ciles ; non feulement parce qu'elle veut
que l'Hóme qui eft deftiné pour la focieté,
s'applique également à la contemplation
& à l'action : Mais principalement parce
qu'il eft impoffible que le corps ait fa perfection naturelle quand il a les difpofitions qui font neceffaires à la fublimité de
l'efprit : Car il faut que le corps foit foible
quand l'efprit eft trop fort, comme la trop
grande force du corps diminuë & affoiblit
l'efprit, ainfi que nous montrerons plus
amplement cy-aprés.

Il en eft de mefme de toutes les autres facultez ; car fi l'appetit eft trop mobile, fi les
fens font trop fubtils, fi la vertu qui cuit, fi
celle qui chaffe ou qui retient eft trop forte;
ce font autât de deffauts & de déreglemés;
il faut qu'elles foient toutes proportion-
nées à l'égalité du temperament qui ne
fouffre point ces perfections vitieufes.

ET pour monftrer que cela eft veritable dans les facultez mefmes qui font
fpirituelles; c'eft que l'action & la puiffance doiuent eftre conformes l'vn à l'autre,

Toutes les facultez doiuent eftre mediocres.

C iij

parce que l'action n'eft qu'vn progrez &
vn écoulement de la puiffance actiue : De
forte que telle eft l'action, qu'elle eft la
puiffance, & telle eft la puiffance, qu'elle
eft l'action.   S'il faut donc que les actions
foient moderées pour eftre parfaites, il eft
neceffaire que les facultez le foient auffi.
Or c'eft vne maxime receuë en toute forte de Morale , que les actions pour eftre
vertueufes doiuent eftre dans la mediocrité, & par confequent les facultez d'où elles procedent y doiuent eftre comme elles. Mais la premiere fource de cette Mediocrité eft l'indifference qui eft naturelle
à l'Ame raifonnable : Car puis que l'action
eft conforme à la puiffance, il faut que fes
actions foient indifferentes comme elle, &
quoy qu'elle foit déterminée par l'action
qu'elle fait , elle y doit conferuer neantmoins fon indifference par la mediocrité
qu'elle luy donne. Dautant que ce qui eft
au milieu eft indifferent à fes extremitez
& que ce qui eft à l'extremité eft moins
indifferent & plus déterminé que ce qui eft
au milieu comme nous auons defia dit.

Et c'eſt de là que vient la neceſſité qu'il
y a de moderer ſes paſſions ; Car quoy que
dans les animaux elles ſoient plus parfaites plus elles ſont grandes & fortes, & que
plus vn liévre eſt timide, plus vn tigre eſt
cruel, & plus chacun d'eux eſt parfait en
ſon eſpece ; Il n'en eſt pas ainſi de celles de
l'homme qui doiuent eſtre au milieu de
l'excez & du deffaut, afin qu'elles ſoient
conformes à l'indifference de la partie ſuperieure.

IE ſçay bien que l'on n'aura pas de peine
à conceuoir ny à accorder toutes ces veritez, parce qu'elles ſont ſouſtenuës de la
raiſon & de l'experience. Mais il y en a
vne autre qui ſe tire des meſmes principes, qui ſemblera ſans doute fort eſtrange,
quoy qu'elle ne ſoit pas moins certaine.
C'eſt qu'encore qu'il y ait des Inclinations
qui ſont bonnes en elles-meſmes, & qui
meritent quelque loüange, comme celles
que l'on a pour les vertus : Ce ſont neantmoins des deffauts qui alterent la perfection naturelle qui conuient à la nature

*Toutes les In-
clinations natu-
relles ſont des
deffauts.*

humaine. Et certainement on n'a gueres
veu que ceux qui ont eu de naiſſance quelques vertus excellentes n'ayent eu de plus
grands vices qui les ont accompagées, parce qu'il faut de neceſſité tomber en des deffauts quand on s'éloigne de la perfection.
Or la Perfection de l'Homme eſt d'eſtre indifferent & ſans eſtre determiné à vne vertu particuliere, il faut qu'il ſoit capable de
toutes. Car les vertus qui viennent auec la
naiſſance ne ſont pas de veritables vertus;
Ce n'en ſont que les commencemens, ou
pluſtoſt ce ne ſont que les inclinations que
l'on a pour elles : Enfin ce ſont des bornes
& des limites qui reſtraignent la capacité
de l'Ame, qui eſt vniuerſelle, à vne habitude particuliere. L'Ame de ſa nature n'eſt
point determinée & doit eſtre capable de
toutes les actions humaines; Et comme elle peut connoiſtre toutes choſes, il faut
que l'appetit qui ſuit ſa connoiſſance, ſoit
en eſtat de ſe porter auſſi à toutes choſes.
Et cette capacité vniuerſelle eſt en meſme
temps vn effet de ſa nature ſpirituelle &
la cauſe de la liberté qu'elle a ; Car ſi elle
eſtoit

eſtoit materielle elle ſeroit determinée, &
ſi elle n'eſtoit indifferente elle ne ſeroit pas
libre.

Les Inclinations que l'Homme peut donc
auoir, quand elles ſeroient pour les plus
excellentes vertus, ſont des deffauts, il n'en
doit auoir pour aucune en particulier,
mais il faut qu'il les ait pour toutes enſemble. Et c'eſt ce que l'Ange de l'Eſchole a dit ſi iudicieuſement, quand il aſſeu-
re qu'il n'y a point d'animal qui n'ait quelque Inclination à vne paſſion conforme à
ſa nature ; Mais que l'Homme ſeul eſt au
milieu de toutes, & qu'il faut qu'il en ſoit
également ſuſceptible, parce qu'il eſt indifferent & indeterminé de ſa nature.

En effet, puis que le Temperament & la
Cóformation des parties ſont les deux principales cauſes des Inclinations naturelles
comme nous montrerons cy-aprés, & qu'elles font pancher l'ame aux actions qui leur
ſont conformes, il ne faut pas douter que la
mediocrité & le milieu qu'elles doiuent tenir dans l'Homme, ne donne auſſi à l'ame la
pente égale vers l'vne & l'autre de leurs ex-
tremités.   D

MAis il faut remarquer que dans le partage du Temperament que la Nature a fait aux animaux, elle a premierement consideré leur espece, & a prescrit pour chacune celuy qui luy estoit le plus conuenable. Car elle a ordonné par exemple le temperament chaud & sec pour l'espece du Lyon, le chaud & humide pour celle du Cheual, le froid & sec pour celle de l'Asne, & ainsi de toutes les autres : Mais comme elle a eu soin de la conseruation de ces especes, & qu'elle leur a donné pour ce sujet les deux sexes qui ont deu auoir des qualitez differentes, elle a esté obligée de diuiser ce premier temperament, & d'en donner vne portion au Masle, & l'autre à la Femelle. Car quoy que dans l'espece du Lyon le masle & la femelle soient chauds & secs, il est certain que la femelle l'est moins que le masle, & ainsi de toutes les autres.

De sorte qu'il est vray que le Temperament iuste & égal dont nous auons parlé, est celuy qui conuient à la Nature humai-

ne ; mais parce que l'Homme & la Femme
ont deu auoir des qualitez differentes ,
ce iufte temperament a efté partagé entre
eux deux , & fans s'éloigner beaucoup de
cette parfaite temperature , l'Homme a eu
vn peu plus de chaleur & de fechereffe,& la
Femme vn peu plus de froideur & d'humidité.

C'eft là le veritable fens qu'il faut donner à la fable de l'Androgyne , quand Platon dit que l'Homme & la Femme ne fai-
foient au commencement qu'vn mefme
corps qui eftoit de figure ronde ; qu'ils furent apres feparés en deux ; Et que l'a-
mour qu'ils ont l'vn pour l'autre n'eft que
le defir qu'ils ont de fe reünir, & vn moyen
de fe perpetuer. Car cette premiere vnion
de l'Homme & de la Femme n'eft autre chofe que la Nature humaine qui contient les
deux fexes , & qui a pour corps ce iufte
temperament qui eft femblable à la figure
ronde, dont toutes les parties font égales
& vniformes. Mais dans la feparation qui
a efté faite de cette nature en deux fexes,
ce Temperament a efté diuifé en deux , & a

formé deux corps diſſemblables pour les qualitez differentes qu'ils ont deu auoir pour la conſeruation de l'eſpece.

Pourquoy les Sexes ont eſté donnés aux animaux.

EN effet les ſexes n'ont eſté donnés que pour la generation, & où il n'y a point de generation à faire, il n'y a point de ſexes, comme dans les Anges. Mais parce que cette action auſſi bien que quelque autre que ce ſoit, a beſoin de deux cauſes principales, à ſçauoir de la cauſe efficiente & de la cauſe materielle; Il a eſté neceſſaire que chaque eſpece d'animal fuſt diuiſée en deux ſexes, pour faire la fonction de ces deux cauſes; Et c'eſt la raiſon pour laquelle il n'y a que deux ſexes, parce que ces deux cauſes ſuffiſent pour quelque action que ce ſoit.

Le maſle eſt chaud & ſec, & la femelle froide & humide, & pourquoy.

Or parce qu'il n'y a point de vertu ny de puiſſance qui n'ait beſoin de quelques diſpoſitions pour faire la fonction à laquelle elle eſt deſtinée, & qu'entre les diſpoſitions corporelles les premieres qualitez ſont les plus efficaces & les plus neceſſaires; il falloit que la chaleur & la ſechereſſe,

qui font les plus actiues, fuffent données
au Sexe qui fait la fonction de la caufe efficiente, & que la froideur & l'humidité qui
font les plus paffiues, fe trouuaffent au sexe
qui tient lieu de caufe materielle. Et voi-
là la raifon originelle pourquoy l'Homme
eft chaud & fec , & pourquoy la Femme
eft froide & humide, parce que l'Homme
a la vertu & les qualitez de la caufe efficiente,&laFemmecelles de la caufe paffiue.

Car quoy qu'il y ait conteftation entre les Philofophes pour la fonction de la
femelle dans la generation, & que les vns
tiennent qu'elle concourt à la production
de l'animal auffi bien que le mafle : neantmoins fans qu'il foit befoin d'aporter les
raifons & les experiences qui détruifent
cette opinion, il eft certain que quand elle
feroit veritable, il faut confeffer que la vertu actiue qu'elle peut auoir, y eft beaucoup
plus foible, & que la caufe paffiue y eft plus
dominante : Ce qui fuffit , pour montrer
que les qualitez paffiues y dominent auffi.

Et certainement il n'y a qu'à confiderer
la conftitution naturelle de la Femme pour

confentir à cette verité ; car la foibleffe du corps, la conformation des parties plus petite, la timidité qui eft née auec elle, la molleffe de la chair, & la quantité d'humeurs dont elle abonde, font des marques indubitables du temperament froid & humide qu'elle a.

En quoy confifte la beauté des Sexes.

CEla demeurant donc pour conftát que l'Homme eft chaud & fec, & la Femme froide & humide, il faut voir maintenant quelles difpofitions ces temperamens font naiftre dans l'ame, & quelle conftitution ils donnent à tout le corps. Car la perfection & la Beauté de chaque Sexe confifte en ces deux chofes, puis que la Beauté intelligible qui doit eftre en eux, n'eft rien que l'affemblage de toutes les facultez qui leur font neceffaires pour faire les fonctions aufquelles ils font deftinés ; Et que la Beauté corporelle n'eft rien auffi que le concours de toutes les difpofitions que ces facultez demandent dans les parties, pour feruir d'organes à leurs fonctions. Car vne partie eft belle qui a la grandeur, la figure,

& les autres difpofitions qui font neceffaires à l'action qu'elle doit faire; Et fi elles
n'y font pas, ou qu'il y en ait qui n'y foient
point neceffaires, il faut qu'elle paroiffe
laide & difforme.

Quoy qu'il en foit, il faut remarquer *Il y a deux for-*
icy vne chofe qui eft tres-confiderable en *tes d'effets na-*
cette matiere, & en tous les effets de la *turels.*
Nature, c'eft qu'il y en a de deux fortes; les
vns qui fe font pour vne fin que la Nature
fe propofe; les autres qui fe font par pure
neceffité, fans que la Nature ait eu deffein *ἐξ ἀναΐκης;*
de les faire. Qu'vn homme ait du poil au
menton, aux paupieres, aux fourcils, c'eft
pour vne fin particuliere que la Nature
s'eft propofée, où elle ne manque iamais
d'arriuer en difpofant la matiere du poil, &
la conduifant elle mefme en ces parties:
Mais qu'il en ait à l'eftomach, ce n'eft
point vn effet qui foit entré dans le deffein
de la Nature, parce que tous les hommes
y en auroient, c'eft l'abondance de la matiere qui en eft la feule caufe, & qui fe fait
paffage par tout où elle peut.

Cela fe remarque encore tres-vifiblement

dans les paſſions : Car qu'vn homme en colere crie, qu'il menace, qu'il frappe ; Ce
ſont des actions par leſquelles ilpretend ſe
vanger qui eſt la fin de la paſſion ; Mais que
ſon viſage s'enflamme, que ſon front ſe ri-
de, que ſes paroles s'entrecoupent, ce ſont
des effets qui ſe font par neceſſité, ſans que
l'ame ait deſſein de les faire, parce qu'ils
ne ſeruent de rien à la vangeance où elle tend.

Il y a des Facul-
tez & des Incli-
nations que la
Nature a deſ-
ſein de donner
aux Sexes, &
d'autres non.

SVr ce fondement, nous pouuons dire
qu'il y a des Facultez & des Inclinations que la Nature a données à l'vn & à
l'autre Sexe de deſſein formé ; telles que
ſont les facultez de l'ame conſiderées en
ſoy & dans leur origine ſans eſtre modi-
fiées par le temperament, comme la Faculté raiſonnable, la ſenſitiue, la vegetatiue, & en ſuitte les Inclinations qui les
accompagnent ; car toute puiſſance animale laiſſe dans l'appetit l'Inclination à faire ſes Actions propres : Mais pour les puiſſances & les Inclinations qui viennent du
temperament, comme la force ou la foibleſſe

bleffe de ces premieres facultez, l'Inclinatiõ
à la hardiffe ou à la timidité, à la liberalité
ou à l'auarice, &c. La nature n'a point deffein de les dóner à l'vn ny à l'autre sexe, parce que la perfection naturelle de l'efpece
humaine n'en fouffre aucune en particulier deuant eftre capable de toutes également, à caufe qu'elle eft Indeterminée &
Indifferente, comme nous auons dit. C'eft
donc par pure neceffité qu'elles naiffent
dans l'ame, & par la connexion & la fuitte
ineuitable que les effets ont auec leurs
caufes.

IL eft vray; la Nature s'eft propofée de
donner à l'Homme, outre les facultez qui
conuiennent à fon efpece, celles qui font
propres à fon sexe, à fçauoir la vertu actiue
pour engendrer, & la chaleur & la fechereffe
pour feruir d'Inftrumét à cette vertu; comme elle a donné à la Femme la puiffance paffiue & la froideur & l'humidité pour faire
la fonction de la caufe materielle. Mais toutes les Inclinations qui viennent en fuitte
de ces qualitez là, comme la hardieffe ou

E

la timidité, la liberalité ou l'auarice, ce sont
des difpofitions qui fe forment dans l'ame
à fon defçeu & contre fon Intention. Elles
font à la verité naturelles, parce qu'elles
fe trouuent par accident dans l'ordre de la
Nature, & qu'elles fuiuent les caufes qui
dépendent de la matiere. Ce font mefmes
des perfections & fi elles venoient à manquer, il y auroit du deffaut, puis que les
caufes d'où elles procedent exigent par
neceffité cette fuite & cét enchaifne-
ment qu'elles ont auec elles ; Car vn
Homme qui ne feroit pas courageux, ou
vne Femme qui ne feroit pas timide, auroient la mefme imperfection qu'vn lyon
qui feroit timide, & qu'vn liévre qui feroit
hardy,

*Il y a des parties
que la Nature
a deffein de for-
mer, & d'au-
tres non.*

ON en peut dire autant de la Conformation des parties, car la Nature a
dans fes idées la figure qui conuient à chaque efpece & qu'elle donneroit à tous les
indiuidus, fi elle n'eftoit empefchée par les
caufes particulieres, tel qu'eft le Temperament. Et quoy qu'elle donne à chaque

Sexe vne conſtruction de corps differente,
elle y conſerue touſiours autant qu'elle
peut le charactere de la figure qui eſt propre à l'eſpece. Car quoy que la Femme
ait la Conformation differente de celle
de l'Homme , elle reſſemble neantmoins
plus à l'Homme qu'à quelque autre animal que ce ſoit.

Or il eſt certain qu'il y a des parties qui
ſont propres à chaque Sexe, & que la Nature a deſſein de former de telle & telle
façon ; Comme celles qui ſeruent d'organes aux fonctions auſquelles chacun eſt
deſtiné : Mais pour toutes les autres , comme la taille plus haute , la teſte plus groſſe , le viſage quarré , &c. qui ſe trouuent
dans l'Homme ; comme la ſtature plus baſſe , la teſte plus petite , le viſage rond &c.
qui ſont propres à la femme ; Toute cette
varieté dis-je , n'eſt point du deſſein de la
Nature , elle vient par pure neceſſité en
ſuitte du Temperament qui eſt propre à
l'vn & à l'autre , quoy qu'elle ſerue à la
perfection & à la beauté du corps pour la
raiſon que nous auons dite.

En quoy consiste la Perfection du Sexe Masculin.

Les Inclinations qui sont propres à l'Homme.

CEla presupposé, nous pouuons maintenant marquer les Inclinations qui suiuent le Temperament de l'Homme. La Nature l'a fait *chaud & sec*, pour la fin que nous auons marquée : Mais parce qu'il est chaud, il faut de necessité qu'il soit *Fort*, & qu'en suite il soit naturellement *Hardy, Glorieux, Magnanime, Franc, Liberal, Clement, Iuste, Reconnoissant* : Et parce qu'il est sec, il faut qu'il soit *Ferme, Constant, Patient Modeste, Fidelle, Iudicieux*.

Les raisons de tous ces effets sont faciles à trouuer : Car comme l'Ame se sert de ces qualitez, elle connoist ce qu'elle peut faire par leur moyen, & se porte aux actions qui sont conformes à leur vertu : Ainsi en sentant la chaleur, qui est le principe de la force & du courage, elle prend confiance en elle-mesme ; & sur cela elle veut commander, elle entreprend hardi-

ment, & méprife les petits dangers : Et
parce qu'elle eſt hardie, elle eſt franche,
libre & fans artifice : Elle eſt encore liberale, parce qu'outre que c'eſt le propre de
la chaleur de ſe répandre, la confiance
qu'elle a en ſoy-meſme luy oſte l'apprehenſion de manquer des choſes qui luy
font neceſſaires : Elle pardonne facilement, parce qu'elle croit qu'on ne la peut
offenſer : Elle eſt juſte, parce qu'elle deſire peu de choſes eſtant ſatisfaite d'elle-
meſme : Enfin elle eſt reconnoiſſante, parce qu'elle eſt juſte & liberale.

D'vn autre coſté, comme la fecherefſe
fait contenir les choſes dans leurs bornes
& empeſche qu'elles ne s'eſcoulent & ne
ſe diſſipent ; l'ame s'acommode à cette
vertu, & s'affermit en elle-meſme, ne
changeant pas facilement les reſolutions
qu'elle prend, fouſtenant patiemment les
choſes faſcheuſes qui luy arriuent, gar-
dant conſtamment la foy qu'elle a donnée, & ne ſe laiſſant pas emporter à la
vanité des honneurs qu'elle ne merite pas.
Enfin la fecherefſe fert à la pureté des eſ-

prits , & arreste la fougue de l'imagination , donnant le temps que l'entendement demande pour considerer les choses,
d'où vient la prudence & la solidité du
jugement.

Le Tempera-
ment de l'Hom-
me est chaud &
sec au premier
degré.

MAis il faut observer icy que toutes
ces vertus naturelles ne peuuent
compatir auec ces deux qualitez si elles
sont excessiues : Car si la chaleur est trop
grande , au lieu de la hardiesse, elle fera
naistre la temerité , la gloire se changera
en orgueil, la magnanimité en insolence,
la liberalité en profusion , la justice en seuerité, la clemence en indulgence, & la
gratitude en faste & en vanité : De mesme si la seicheresse est trop forte , la fermeté de l'Ame deuiendra opiniastreté, dureté, insensibilité , austerité. C'est pourquoy la perfection du Temperament qui
conuient à l'Homme à cause de son sexe,
ne doit pas s'éloigner beaucoup de l'exacte
temperature qui est propre à la Nature
humaine , comme nous auons dit ; Et l'on
peut asseurer qu'il ne doit estre chaud &

fec qu'au premier degré , tout ce qui fe
paffe au delà , le mettant dans l'excez &
dans l'imperfection : Parce que la Nature
qui tafche toufiours de donner aux Sexes
le Temperament qui conuient à l'efpece,
ne s'éloigne de ce Temperament qu'autant
qu'il eft neceffaire, pour les mettre dans
l'ordre des caufes dont ils doiuent faire la
fonction. De forte que le moindre degré
de chaleur & de feichereffe que l'Homme
puiffe auoir au deffus de l'exacte temperature , fuffit pour luy donner la vertu &
l'efficace de la caufe efficiente.

Il en faut dire autant de la Conformation des parties : Car il y en a vne qui
conuient à l'efpece & qui eft mitoyenne
entre celles qui font propres à l'vn & à
l'autre Sexe. Car comme tout doit eftre
mediocre dans la Nature humaine pour les
raifons que nous auons dites ; Il faudroit
que la conformation du corps fuft auffi
au milieu de l'excez & du deffaut qui s'y
peuuent rencontrer : Mais parce que le
temperament modifie la vertu formatrice
& la contraint de donner aux parties la

grandeur & la figure qui luy font propres; Il a fallu que celles de l'Homme ref-
pondiſſent aux deux qualitez qui deuoient
dominer en luy , & qu'elles fuſſent plus
grandes , non ſeulement que celles de la
Femme ; mais encore plus que celles qui
eſtoient deſtinées à l'eſpece humaine.

Quel eſt le modelle de la fi-gure de l'Hom-me. ARiſtote a reglé la figure de l'Homme ſur celle du Lyon, comme s'il n'y
auoit point d'animal où la forme du Sexe
Maſculin fuſt plus parfaite , & que ce
deuſt eſtre le modele qui deuoit regler
celle de l'Homme. Mais outre que l'Homme eſt le plus parfait des animaux , & que
ce doit eſtre par conſequent la meſure de
tous les autres , le Lyon eſt plus propre pour former l'idée de la force que
de la perfection du Sexe : Parce que cette
qualité demande plus de chaleur & de ſechereſſe qu'il n'en faut au Sexe maſculin.
Et de fait le Lyon eſt vn des animaux les
moins feconds qu'il y ait , qui par conſequent n'a pas toute la vertu & l'efficace
qui conuient à ce Sexe-là : Ioint que ſon
Temperament

temperament eſt trop éloigné de la mediocrité qui conuient à la nature humaine, & qui le voudroit comparer auec celuy de l'Homme qui n'eſt chaud & ſec qu'au
premier degré, trouueroit qu'il va iuſques
au troiſiéme.

En effet l'atrabile domine dans le Lyon,
& dans vn Homme fort & robuſte ; c'eſt
pourquoy ils ont tous deux la bouche
grande, le poil dur & eſpais, le front ramaſ-
ſé entre les ſourcils, les extremitez grandes & fortes, les chairs dures & muſculeuſes, la voix groſſe & qui reſonne dans
le goſier, le marcher graue & qui ſe balance d'vn coſté à l'autre; qui ſont les marques d'vne chaleur & d'vne ſeichereſſe
exceſſiue, comme nous monſtrerons ailleurs.

Et il y a de l'apparence qu'Ariſtote n'a
pas icy conſideré l'Homme ſimplement ſelon la vertu de ſon ſexe, mais ſelon la qualité qui eſtoit la plus conſiderable dans
l'opinion des Hommes, à ſçauoir la Force
Heroïque, qui eſt la ſource de la valeur,
qui a droict de commander, & à qui on a

F

touſiours reſerué les plus grands honneurs
& les plus nobles récompenſes. En effet
quand il propoſe la Panthere pour l'idée
du ſexe feminin, il fait bien voir qu'il conſidere bien plus la force dans les ſexes que
leur perfection naturelle ; puis que c'eſt
vn animal qui eſt fort courageux & qui
n'a point la docilité, la timidité & les autres qualitez qui conuiennent à la Femme.

Quelle doit
eſtre la figure
des parties de
l'Homme.

POVR nous qui ne ſuiuons pas les opinions des Hommes, mais les deſſeins &
les ordres de la Nature, nous ne pouuons
repreſenter la figure de l'Homme qui conuient à ſon ſexe que ſur la meſure des qualitez qui luy ſont naturelles ; Et par la comparaiſon qu'il en faut faire auec celle de
la Femme, n'y ayant rien dans les animaux
qui ait plus de rapport auec l'Homme
qu'elle.

De ſorte qu'il faut dire qu'il a *la Taille*
plus haute & plus libre que la Femme.

Que *ſa teſte* eſt plus groſſe.

Ses cheueux vn peu plus fermes & anne-
lez aux extremitez.

Que *son front* eſt moins rond & moins vny, & preſque quarré.

Que *ſes ſourcils* ſont plus gros & plus forts.

Que *ſes yeux* ſont plus vifs.

Que *le nez* deſcendant du front en droite ligne eſt vn peu plus gros à l'extremité.

Que *les narines* en ſont vn peu plus ouuertes.

Que *la bouche* en eſt plus grande.

Les lévres plus minces.

La voix plus forte.

Le menton moins rond.

Et tout *le viſage* approchant de la forme quarrée.

Le col doit eſtre plus gros.

Les eſpaules & *la poitrine* plus larges & plus fortes.

Les feſſes & les cuiſſes moins charnuës.

Toutes les *iointures* plus libres.

Les extremitez plus grandes & plus fortes.

Les chairs plus dures & plus muſculeuſes.

La mine & le *maintien* plus noble, & le *marcher* plus vigoureux.

OR qui considerera exactement toute cette Conformation, trouuera qu'elle vient de ces deux qualitez moderées, comme nous auons dit. Car la grandeur de la taille, de la teste & de la bouche, l'ouuerture des narines, la grosseur du col, la largeur des épaules & de la poitrine, la viuacité des yeux, la force de la voix, la liberté des iointures, & la noblesse de la mine, du maintien & du marcher, sont des effets de la chaleur qui estend les parties, & qui en rend le mouuement plus actif & plus vigoureux.

D'vn autre costé la dureté du poil, la fermeté des chairs, la solidité des iointures, l'inégalité du front & sa figure moins ronde, la subtilité des lévres, la figure du menton plus obtuse, & celle de tout le visage presque quarrée, sont des effets de la seicheresse qui endurcit les parties, & qui resiste au Mouuement des humeurs, les empeschant de prendre la figure ronde qui leur est propre & naturelle, comme nous monstrerons plus particulierement dans la suite de cét Ouurage.

MAIS ce qu'il y a encore à remarquer dans toutes ces parties, c'est qu'elles ont rapport auec les facultez & auec les Inclinations que le Sexe donne à l'Ame, en sorte qu'elles seruent de marques & de signes pour les découurir ; soit parce que ce sont les Instrumens de ces puissances-là, & que la connoissance de l'Instrument découure la cause à laquelle il sert ; soit parce que les vnes & les autres procedent du Temperament comme de leur principe commun, & que la Conformation des parties faisant connoistre le Temperament, le Temperament fait apres connoistre les facultez & les Inclinations dont il est la cause.

La figure des parties marque les inclinations.

En effet la largeur de la poitrine & des épaules, la liberté & la force des jointures, l'ouuerture des narines, & la grandeur de la bouche, sont des marques de Hardiesse. Le col gros, les chairs dures & musculeuses, les extremitez grandes, sont signe de Force, tant au corps qu'à l'ame.

Le front quarré, le nez vn peu gros, les

lévres fubtiles , le menton vn peu large , marquent la Magnanimité & la grandeur du courage.

La taille haute & droite , les fourcils éleuez , le marcher noble , les yeux vifs de-fignent la Gloire.

Le front & le vifage quarré , & la tefte groffe, font des marques de Sageffe, de Con-ftance & de Iuftice : Et ainfi du refte, com-me nous ferons voir en fon lieu. De forte que l'on peut dire que de toutes les parties qui font la Beauté Mafle, & qui eft bien-feante à vn Homme, il n'y en a pas vne qui ne foit la marque d'vne Inclination à quel-que vertu particuliere.

Voila donc en quoy confifte la Perfe-ction naturelle de l'Homme , tant à l'égard des puiffances de l'ame , que de la Con-formation du corps qui conuiennent à fon Sexe.

En quoy consiste la perfection naturelle de la Femme.

IL faut maintenant examiner celle de la Femme. Mais que cette entreprise est difficile ! qu'elle est perilleuse ! puis qu'elle ne se peut executer qu'on ne choque la plus grande & la plus formidable puissance qui soit dans le monde. Car enfin il faut déthrosner cette Beauté qui commande aux Roys & aux Monarques, qui se fait obeïr par les Philosophes, & qui a causé les plus grands changemens qui se soient iamais faits sur la terre. Il faut de ce haut point de gloire & de perfection où elle s'est placée, l'abaisser dans l'ordre des choses vicieuses, & monstrer que tous ces attraits & cette grace charmante dont elle est parée n'est autre chose qu'vn masque trompeur qui cache vn nombre infiny de deffauts. Oüy sans doute, s'il y a quelque certitude dans le raisonnement humain, si les principes que la Nature a versés dans nostre

Ame pour la connoiſſance de la verité ont
quelque choſe de ſolide, il faut de neceſſité qu'il n'y ait pas vne de toutes les
parties qui ſont neceſſaires pour former la
Beauté de la Femme, qui ne ſoit la marque d'vne inclination à quelque vice.

Mais pourquoy faut il que nous décou-
urions des choſes que la Nature a eu tant
de ſoin de cacher? pourquoy allons-nous
condamner celles qui ſont approuuées &
reſpectées de tout le monde? Certainement
nous pouuons dire que nous nous trou-
uons au meſme eſtat qu'vn Iuge qui eſt
contraint de faire le procez à ſon amy,
par l'obligation qu'il a à la Iuſtice. Qui eſt-
ce qui n'aymeroit pas la Beauté? Mais qui
eſt-ce auſſi qui pourroit reſiſter à la verité, qui eſt plus forte qu'elle? C'eſt donc
la verité qui nous force à condamner cette Beauté, & à donner vn iugement contre
elle, qui tout ſeuere qu'il ſoit eſt neantmoins juſte & neceſſaire. Car ſi l'on peut
faire comprendre que ce n'eſt qu'vne belle apparence qui cache vne infinité de deffauts, & que bien loin d'eſtre la fleur de la
bonté

bonté, comme on l'a flattée autrefois; on peut dire que c'eſt l'écorce qui couure les vices de la Nature : Il eſt impoſſible que cela n'abaiſſe l'orgueil dont elle eſt accompagnée, & qu'il ne releue le courage de ceux qui l'adorent auec tant de baſſeſſe.

Apres tout, il le faut confeſſer, nous faiſons le mal plus grand qu'il n'eſt, nous ne parlons que des Inclinations, c'eſt à dire des premieres ſemences des affections de l'Ame, que l'on peut étouffer auant qu'elles ayent pris racine ; Et pour parler plus exactement, l'Inclination n'eſt qu'vn poids ſecret qui fait pancher l'Ame à certaines actions, & qu'il eſt facile de redreſſer par l'exemple, par l'inſtitution & par des habitudes contraires. En quoy il faut rendre cét honneur aux Femmes, que ces moyens-là font plus d'effet ſur elles que ſur les hommes, & qu'ordinairement nous voyons la pratique des vertus eſtre plus exacte en ce Sexe qu'en l'autre.

Auec cette precaution nous pouuons dire ſur le principe que nous auons eſtably, que la Femme eſt *Froide & humide* pour la

G

fin que la Nature s'eft propofée , & que parce qu'elle eft froide il faut qu'elle foit *Foible* & en fuite *Timide , Pufillanime , Soubçonneufe, Deffiante, Rusée , Diffimulée, Flateufe , Menteufe , ayfée à offenfer, Vindicatiue , Cruelle en fes vengeances , Iniufte , Auare , Jngrate , Superftitieufe.* Et parce qu'elle eft humide il faut auffi qu'elle foit *Mobile, Legere, Infidelle , Impatiente , facile à perfuader , Pitoyable , Babillarde.*

Les raifons de ces Inclinations.

Es raifons de toutes ces Inclinations font éuidentes & neceffaires. Car puis que la chaleur eft le principe de la force , du courage , & de la hardieffe, il faut que la froideur le foit de la foibleffe, de la baffeffe de cœur , & de la timidité. Et de ces trois-là naiffent tous les autres qui accompagnent le Temperament froid; Car la deffiance & le foubçon viennent de la foibleffe & de la timidité ; C'eft pourquoy les hommes forts & courageux ne font ny foubçonneux ny deffians. L'artifice accompagne auffi la foibleffe , parce qu'il fupplée au deffaut des forces ; Et nous

voyons que tous les animaux qui font foibles font plus rufez que les autres ; Au contraire , tous ceux qui font de grande taille
ne font pas malicieux, parce que la force
accompagne ordinairement la grandeur
du corps. La diffimulation fuit l'artifice
& la deffiance, comme la flaterie & le men-
fonge fuiuent la diffimulation. D'ailleurs
la foibleffe qui eft expofée à toutes fortes
d'injures eft aifée à offenfer : Et pour ce fujet elle eft vindicatiue , dautant que la vengeance qui n'a point d'autre but que d'empefcher qu'on ne continuë l'offence , eft
ordinaire à ceux qui font foibles;c'eft pourquoy les vieillards , les enfans & les malades font plus coleres que les autres. Mais
fa vengeance eft cruelle,parce que la cruau-
té vient de la foibleffe & de la crainte ;
Car vn homme genereux fe contente de
la victoire , au lieu qu'vn lafche qui a fon
ennemy en fon pouuoir porte toufiours fa
vengeance à l'extremité , parce qu'il ap-
prehende qu'il ne fe remette apres en eftat
de fe vanger à fon tour. La fuperftition
vient de la mefme fource ; Car la foibleffe

qui craint touſiours plus qu'elle ne doit, ſe figure que le Ciel eſt difficile à contenter & qu'il ne faut rien oublier pour ſe le rendre fauorable. L'auarice n'a point auſſi d'autre principe : car la crainte de tomber dans la neceſſité, donne le deſir de conſeruer ce que l'on a, & d'acquerir ce que l'on n'a pas : c'eſt pourquoy les vieillards & les melancholiques ſont enclins à ce vice. Or il eſt impoſſible que ces deſirs-là ſoient ſans injuſtice, ny qu'ils puiſſent ſouffrir la gratitude & la reconnoiſſance.

D'ailleurs, l'ame qui ſe conforme à la nature de l'humidité qui luy ſert d'organe & qui eſt mobile, changeante & ſuſceptible de toutes les impreſſions qu'on luy donne, prend auſſi l'inclination aux vices qui correſpondent à ces qualitez, telle qu'eſt la legereté, l'inconſtance, l'impatience, l'infidelité & le babil, qui ſont des effets de la mobilité ; comme la credulité & la compaſſion ſont les ſuites d'vne foible reſiſtance & de la facile impreſſion que les choſes font ſur elle.

MAIS comme les Inclinations peuuent eftre fortes ou foibles, & que
les vices où elles panchent peuuent auoir
diuers degrez; Il eft certain que ceux qui
conuiennent à la Femme, eu égard à la perfection de fon Sexe, font les plus foibles
qui fe puiffent trouuer, parce que le Temperament qu'elle a s'éloigne fort peu de la
jufte temperature, comme nous auons dit:
De forte que la timidité, la deffiance, l'a-
uarice, & les autres y font dans le plus bas
& dans le plus foible degré où elles puiffent
eftre. Et mefme il y en a qui en cét eftat
peuuent paffer pour autant de vertus naturelles ; Car la deffiance & la diffimulation meritent le nom de prudence, l'auarice moderée fe peut appeller ménage, la
fuperftition legere eft vne forte de pieté,
la vengeance mediocre vne juftice, & la
timidité qui forme la pudeur, eft le plus
grand ornement de la Femme, & le frein
qui eft capable de la retenir dans la pente
qu'elle pourroit auoir à tous les plus grands
vices. Mais auffi quand la froideur & l'hu-

midité paſſent au delà de cette moderation, il ne faut pas douter que toutes les
Inclinations que nous auons marquées ne
s'augmentent à proportion, & qu'elles ne
ſoient auſſi vitieuſes que le nom qu'elles
portent les fait paroiſtre.

D'ailleurs, ces Inclinations qui portent
le nom de vices, à parler exactement, ne
ſont point des deffauts, au contraire, ce
ſont des perfections naturelles, parce qu'elles conuiennent à la nature du ſexe feminin. Et comme ce n'eſt pas vne imperfection à vn liévre d'eſtre timide, ny à vn
tigre d'eſtre cruel, dautant que leur nature demande ces qualitez-là, on ne peut pas
dire auſſi que la timidité, la deffiance, l'inconſtance &c. ſoient des deffauts dans la
Femme, parce qu'elles ſont naturelles à
ſon ſexe, qui ſeroit deffectueux, s'il en
eſtoit priué.

Il eſt vray qu'en les comparant auec les
Inclinations de l'Homme elles paroiſſent
vitieuſes: Mais la comparaiſon qui ſe fait
entre des choſes diuerſes, ne peut regler
leur perfection naturelle; parce qu'elle

tranſporte à vn ſujet ce qui appartient à l'autre , & il n'y a rien où l'on ne puiſſe trouuer de l'excez ou du deffaut , quand on le compare ainſi. En effet la force d'vn Homme comparée à celle d'vn lyon eſt vne foibleſſe ; & toutes les Inclinations que le Sexe luy donne, quoy qu'elles paroiſſent vertueuſes, ſont neantmoins des deffauts à l'égard de l'eſpece humaine qui doit eſtre indifferente, comme nous auons dit. La mediocrité meſme qui eſt ſi parfaite à l'é-gard des choſes humaines eſt vn deffaut, en les comparant auec les ſurnaturelles & les diuines.

Les Inclinations que le sexe donne donc à la Femme quelles qu'elles puiſ-ſent eſtre , ſont des perfections quand elles demeurent dans la moderation qui conuient au premier degré de froideur & d'humidité , qu'elle doit auoir ; Si elles paſſent au delà , ce ſont des deffauts qui l'é-loignent de la perfection qui eſt deuë à ſon Sexe ; Et l'excez de ce Temperament cauſe autant de difformité dans ſon ame , qu'il en donne à toutes les parties de ſon corps.

Les Inclina-
tions de l'Hom-
me sont des def-
fauts dans la
Femme.

MAIS quoy ? ne peut-il pas arriuer que la Femme aura le mesme Temperament que l'Homme ; Et par consequent les mesmes Inclinations, & qu'elle sera hardie, magnanime, liberale, &c. comme en effet nous en voyons beaucoup qui ont toutes ces qualitez-là. Il est vray ; mais ce qui est vne perfection en vn sujet, peut estre vn deffaut en vn autre : Comme la hardiesse est vne vertu au lyon & vn vice au liévre, aussi ce qui est vne perfection dans l'Homme est vn deffaut & vne imperfection dans la Femme ; parce qu'il l'éloigne de la perfection naturelle de son Sexe ; Et si ces Inclinations ne viennent point de l'institution & de l'exemple, ny d'aucune habitude raisonnable, ce sont à la verité des qualitez qui semblent vertueuses, mais qui traisnent apres elles de plus grands vices : Et celles qui naissent auec cette hardiesse & ce courage qui ne sont propres qu'à l'Homme, sont ordinairement temeraires, impudentes, prodigues, &c. parce qu'il faut de necessité que tout ce qui s'éloigne

de

la perfection tombe en des deffauts ; &
plus l'éloignement eft grand , plus les vices en font remarquables. C'eft pourquoy
on ne s'eftonne pas tant de voir vne femme fort timide, fort auare, & fort legere
& changeante ; Que fi elle eft hardie, prodigue, obftinée ; parce que ces dernieres
qualitez viennent d'vn temperament qui
eft tout à fait oppofé à la Femme, au lieu
que les autres fuiuent celuy qui luy eft
propre, quoy qu'il paffe la moderation où
il deuroit eftre. Tout de mefme que ce font
de plus grands deffauts à vn homme d'eftre
poltron, mefquin & leger, que s'il eftoit
temeraire, prodigue, opiniaftre, parce que
ceux-cy viennent du Temperament chaud
& fec, qui luy eft propre, & les autres du
froid & humide qui luy eft tout à fait
contraire.

V Oyons maintenant quelle eft la Conformation des parties, qui fuit le
Temperament de la Femme, & où confifte la Beauté qui luy eft propre & naturelle.

En quoy confifte la beauté de la femme.

H

Premierement *la taille* en est plus basse
& plus gresle que celle de l'homme.

La teste plus petite & plus ronde, & tout
le visage est de la mesme figure.

Elle a beaucoup de *cheueux* qui sont longs,
deliés & mollets au toucher.

Le front en est égal, vny, plus long & plus
arrondy vers les temples.

Les sourcils sont deliés, mollets, éloignés
l'vn de l'autre, & qui se courbent douce-
ment à l'entour des yeux.

Les yeux sont grands, noirs, doux &
modestes.

Le nez mediocre, qui descend tout d'vn
trait sur les levres, & qui s'arrondit douce-
ment à l'extremité.

Les narines petites & peu ouuertes.

Les jouës rondes.

La bouche petite.

Les leures rouges, vn peu grossettes,
qui ne se pressent point, & qui sont im-
mobiles, si ce n'est lors qu'on parle ou
qu'on rit.

Les dens sont petites, blanches, bien ar-
rangées.

Le menton doit eſtre rond, poly, & où le moindre poil ne paroiſſe pas.

Les oreilles petites, molles & bien com-paſſées.

Le Col rond, longuet, greſle, vny & égal par tout.

La gorge charnuë, *le ſein* ferme, rond & mediocre en grandeur.

Les eſpaules petites & ſerrées.

Le dos eſtroit & foible.

Les cuiſſes rondes & charnuës.

Les genoux ronds, où il ne paroiſſe aucun veſtige de la jointure.

Les pieds petits, arrondis & charnus.

Les bras courts & iuſtement arrondis.

Les mains longues, petites & charnuës.

Les doigts longs, déliés, & ronds.

Toute *la peau* molle, doüillette, & d'vne blancheur exquiſe, ſi ce n'eſt aux lieux où l'Incarnat ſe meſle auec elle, comme aux joües, au menton, & aux oreilles.

Enfin la foibleſſe paroiſt dans ſa voix, & dans tous ſes mouuemens; la pudeur & la retenuë dans ſa mine, dans ſon geſte & dans ſon maintien.

Les causes de la figure des parties de la femme.

DE toutes ces parties, celles qui sõt petites, courtes & deliées sont des effets du temperament froid qui resserre les matieres, & qui empesche qu'elles ne s'estendent. Les charnuës & les molles viennent de l'humidité, car elles marquent vne abondance de sang pituiteux. Mais de celles qui font rondes, il y en a qui dépendent du froid, & les autres de l'humidité: car ou elles viennent de la graisse qui remplit les entredeux des muscles, comme aux bras, aux joües, aux cuisses: ou du froid qui resserre la figure des parties, & la presse de toutes parts: Au lieu que la chaleur qui pousse toufiours en auant, cause des inegalitez & des angles qui en corrompent la rondeur: c'est pourquoy le front & le visage de l'Homme sont de figure quarrée, & ceux qui sont bilieux ont les coins du front en pointe & le visage fort long, tout au contraire des pituiteux qui les ont de figure ronde. La douceur, la modestie & la pudeur qui paroissent sur le visage & au reste des actions, sont encore des effets du froid qui

abbat le courage, & qui retient ou alen-
tit le mouuement des parties. C'eſt luy encore qui rend la voix greſle & foible en
étreſſiſſant le goſier où elle ſe forme., &
affoibliſſant la faculté vitale. Mais nous
examinerons toutes ces choſes plus particulierement au traité de la Beauté : Il ſuffit
icy de marquer en gros, que la conformation naturelle de la Femme ſuit le Temperament froid & humide dans le degré que
la Nature a preſcrit pour la perfection de
ſon ſexe.

IL ne nous reſte plus qu'à montrer, que
toutes ces parties ont raport auec les qualitez de l'eſprit que nous auons marquées,
que c'en ſont les ſignes qui les découurent,
quelques cachées qu'elles ſoient : Et qu'enfin de tous les traits qui compoſent la Beauté de la Femme, il n'y en a pas vn qui ne
marque vne Inclination vitieuſe.

Toutes ces par-
ties marquent.
les inclinations
qui ſont propres
à la femme.

　Il ne faudroit point d'autre preuue de
cette verité, que la foibleſſe naturelle qui
ſe trouue au corps de la Femme, & la conformation de toutes ſes parties dont il n'y

en a pas vne qui ne ſoit vn effet, ou de la
froideur de ſon temperament, ou de l'humidité qui y domine, comme nous venons
de montrer. Car puis que la foibleſſe du
corps & de la chaleur naturelle eſt toûjours accompagnée de l'inclination à la timidité, à la deffiance & à l'auarice, &c. Et
que l'humidité ſurabondante jointe auec
elle rend le Naturel mol, effeminé, leger &
inconſtant, &c. Il s'enſuit qu'elle n'a aucune partie qui ne montre quelqu'vne des
Inclinatiõs que nous auons propoſées. Mais
pour l'éclairciſſement d'vne propoſition ſi
eſtrange, il faut venir dauantage au détail
des choſes, & montrer par les Regles de
la Phyſionomie, qu'Ariſtote & les autres
grands perſonnages de l'antiquité nous ont
laiſſées, qu'il n'y a point de verité ſi bien
eſtablie que celle-là.

En effet Ariſtote nous aprend que le viſage qui eſt petit eſt vne marque de puſilla-
nimité & de baſſeſſe de cœur. Or par ce mot
il deſigne ceux qui ne peuuent ſupporter la
bonne ny la mauuaiſe fortune, qui deuiennent inſolens dans les moindres proſperi-

tés , qui perdent le courage dans les plus
petites trauerſes , qui prennent vn leger
refus ou vn petit delay pour vn grand mal-
heur , vn peu de negligence pour vne
grande iniure; qui ſe plaignent continuellement , qui ſe défient de tout , qui ſont irre-
ſolus, comme nous dirons plus amplement
en faiſant les Charaĉteres de ce vice.

Le viſage rond eſt vn ſigne de malice &
de colere.

Le front qui eſt petit eſt vne marque
d'vne humeur legere & incorrigible; Celuy
qui eſt rond eſt vn ſigne de colere & de foibleſſe d'eſprit ; Celuy qui eſt long & vny
l'eſt de la flaterie.

Les yeux noirs marquent la timidité,
ceux qui ſont grands, l'inconſtance.

Les levres groſſes & molles, eſt vne marque de babil, de curioſité pour les affaires
d'autruy, & de negligence pour les ſiennes
propres : quelques-vns meſmes diſent que
c'eſt vn ſigne d'auarice & de menſonge qui
ſont deux vices communs aux Maures qui
ont les levres de cette ſorte.

La bouche petite eſt vne marque de foibleſſe & de menſonge.

Le menton rond eſt vn ſigne d'enuie.

Le col long & greſle denote vn naturel timide & babillard.

La gorge vnie & charnuë, marque la credulité & la foibleſſe de iugement.

Les eſpaules petites & ſerrées ſont ſigne d'auarice.

Les cuiſſes, les pieds & les mains charnuës, le dos eſtroit & foible, les mains petites ſont toutes marques d'vn naturel mol & effeminé, c'eſt à dire qui eſt delicat, voluptueux, qui ne peut ſouffrir aucun trauail, à qui les plus legeres incommoditez ſont inſupportables, qui porte impatiemment la priuation des moindres plaiſirs de la vie.

En quel lieu ſe trouue la parfaite beauté.

C'EST là tout ce que nous auons à dire icy de la Beauté de l'Homme & de la Femme. Il ne reſte qu'vne difficulté qui entrera ſans doute dans l'eſprit de tous ceux qui liront ce diſcours, & qui peut, ſi elle n'eſt reſoluë, rendre ſuſpecte la verité que nous auons eſtablie. C'eſt que la Beauté

que

que nous auons dépeinte n'eſt propre qu'à
nos climats, & ne s'accommode point aux
autres ; Car il n'y a point de païs où les
gouſts & les jugemens ne ſoient differens
ſur ce ſujet : Il y a meſme des nations qui
ſont ſi éloignées des ſentimens que nous
auons de la Beauté, qu'elles iugent belles
les perſonnes qui à noſtre aduis ſont tout
à fait difformes.

Cela eſtant ainſi, comment peut-on former vne idée certaine & determinée de
la Beauté qui eſt ſi vague & ſi diuerſifiée,
& faire entrer dans les deſſeins de la Nature vne choſe qui ſemble dépendre de la
ſeule opinion des Hommes ? Suppoſé meſme que ce fuſt vne perfection naturelle ;
qui ſera le Iuge qui pourra decider laquelle eſt la plus acheuée & la plus accomplie,
puis que chaque peuple ſe croira bien fondé à donner le prix à celle qui luy eſt
propre ?

Il n'y a ſans doute que la Raiſon qui eſt
le Iuge ſouuerain de toutes les Nations, qui
puiſſe donner vn Arreſt decifif dans vne affaire ſi briguée & ſi delicate. Mais ce n'eſt

I

pas la Raiſon particuliere qui a ce droit là, c'eſt la Raiſon generale qui eſt fondée ſur des notions communes, & ſur des Principes qui ne peuuent eſtre conteſtez.

C'eſt donc elle qui nous apprend que le Corps eſt l'inſtrument de l'Ame, & qu'autant que celle-cy a de facultez & de puiſſances differentes, il faut qu'il ait autant de diuerſes parties pour en eſtre les organes : Parce que l'Inſtrument doit eſtre proportionné, & à la cauſe qui l'employe & à l'action qu'elle doit faire par ſon moyen. Et comme chaque puiſſance a vne action qui luy eſt propre, il faut qu'elle ait auſſi vn Inſtrument qui luy ſoit particulier, c'eſt à dire, qui ait la conſiſtence & la figure qui ſont propres à cette action là ; Car ſi la ſcie n'auoit la dureté & la figure qui luy conuiennent, elle ne ſeruiroit de rien à l'ouurier qui la met en beſongne. Or quand vn Inſtrument a les qualitez & les diſpoſitions qui ſont propres pour agir, on peut dire qu'il a ſa perfection, parce que rien ne luy manque.

D'ailleurs, il eſt certain qu'en chaque or-

dre de chofes il n'y a qu'vne feule perfection, parce qu'il n'y a qu'vne fin principale où chacune eft deftinée, & que la perfection confifte dans la fin. D'où il s'enfuit
que chaque puiffance de l'ame n'a qu'vne
perfection, & que l'Inftrument dont elle
fe fert n'en peut auoir auffi qu'vne feule.
De forte que la Beauté qui eft la perfection
des parties,& qui confifte dans la jufte conformation qu'elles doiuent auoir, ne peut
eftre qu'vne feule & vnique, & toutes celles qui n'ont pas cette conformation, n'ont
pas l'exacte & la parfaite Beauté qui conuient à la nature de l'Homme.

La queftion eft maintenant de fçauoir,
où fe trouue cette Beauté parfaite & accomplie. A ce deffein il faut reprendre les
principes que nous auons pofez cy-deuant, & dire que la perfection naturelle du
Corps humain confifte dans la mediocrité
du temperament & de la conformation
des parties, pour les raifons que nous auons
dites; & que les Sexes qui ne l'ont peu conferuer à caufe des qualitez differentes qu'ils
doiuent auoir, ne s'en éloignent que fort

peu. Car il s'enfuit de là que le Climat où
fe trouue la parfaite Beauté, eft celuy qui
s'oppofe le moins à cette mediocrité, & qui
par fon exacte temperature la conferue &
ne l'altere point. Or il eft indubitable, que
celuy qui eft au quarante-cinquiéme degré
d'éleuation eft le plus temperé, eftant au
milieu de toutes les extremitez, & par confequent fi l'on doit chercher en quelque
lieu la parfaite Beauté, c'eft là & aux enui-
rons qu'on la peut trouuer.

Ie fçay qu'il y a des païs qui font en
cette fituation où elle ne fe rencontre pas,
comme dans la partie de la Chine & de
l'Amerique, qui eft fous le mefme degré.
Mais il ne faut pas icy confiderer la feule
pofition du Ciel, il y faut ioindre la nature du terroir, l'origine & la police des peuples. Car ce qui eft dans la Chine eft trop
humide, à caufe de quantité de lacs & de
riuieres qui y font; Ce qui eft dans l'Amerique eft trop froid, à caufe des bois & des
montagnes, comme la nouuelle France.
Dailleurs, il y a des peuples qui habitent
des lieux fort temperez qui n'en font pas

originaires, & qui neantmoins ont conſer-
ué la Conformation que leur premiere demeure leur auoit donnée. Enfin ces nations ſont barbares & mal policées, & il
eſt certain que les deſordres de l'ame ſe
communiquent au corps, & en alterent à
la fin le temperament, & en corrompent
ſouuent la figure. De ſorte qu'il ne faut pas
chercher la veritable Beauté hors l'Euro-
pe, & l'on peut dire que la France en eſt
l'vnique ſejour, eſtant iuſtement au milieu des extremitez du chaud & du froid,
du ſec & de l'humide : En vn mot, du Midy & du Septentrion.

C'eſt là auſſi où nous auons pris le modelle de la Beauté qui conuient à l'Homme & à la Femme. Nous n'en auons fait à
la verité qu'vn gros crayon & qu'vne legere ébauche ; mais nous luy donnerons les
derniers traits & la perfection entiere au
Traité que nous auons deſtiné à vn ſi beau
ſujet.

DES INCLINATIONS.

CHAPITRE II.

De la nature de l'Inclination.

Quelle est la nature de l'Inclination.

POVR sçauoir ce que c'est que l'Inclination, il semble qu'il ne faut que considerer le nom qu'elle porte ; Car il fait assez connoistre, ou que c'est vn mouuement qui fait incliner & pancher l'ame vers quelque objet, ou que c'est seulement vne disposition à se mouuoir vers luy : Car vne chose peut auoir vne pente & pancher vers quelque endroit, sans souffrir aucun mouuement. Or comme on peut estre enclin à la colere sans en estre agité & sans la ressentir en effet, il s'ensuit de là, que l'Inclination n'est pas vn mouuement, & que ce n'est que la disposition

à se mouuoir. Mais parce qu'il y a des dif-
positions passageres, & d'autres qui sont
constantes & durables, & que l'on ne dit
pas qu'vn homme soit enclin à vne passion
pour s'y voir disposé par quelque rencontre extraordinaire ; Il faut que l'Inclination soit vne disposition constante, & qui
ait ietté de longues & de profondes racines dans l'ame.

Outre cela, puis qu'elle fait pancher
vers certains objets, il faut qu'ils ayent
l'apparence du bien, car elle ne panche
pas vers le mal, au contraire, elle s'en dé-
tourne : Et quoy que ces objets puissent
estre mauuais en effet, il est pourtant necessaire qu'ils luy paroissent bons pour luy
donner la pente & l'inclination qu'elle a
vers eux. Ainsi vn homme qui est enclin
à la colere trouue du plaisir à se vanger ;
& toutes les passions, pour fascheuses qu'elles soient, donnent quelque satisfaction à
la Nature, qui pourroit par elles à sa conseruation. Car encore que la raison iuge
la passion mauuaise, la partie sensitiue de
l'ame ne laisse pas d'y trouuer son conten

tement , comme dans vne action qui luy
eft vtile pour la fin qu'elle fe propofe.

Qu' eft l'objet de l'Inclina-tion.

OR les objets de l'Inclination font de
deux fortes , les chofes & les actions;
car l'on a Inclination pour les perfonnes,
pour les liures , pour les tableaux , &c.
On l'a auffi aux paffions , aux vertus &
aux vices : Mais il y a cette difference, que
l'on dit bien que l'on eft enclin aux actions,
mais cela ne fe dit iamais des chofes; car
quoy que l'on ait inclination pour vne
perfonne , on ne dit pas que l'on foit enclin à cette perfonne. Ce qui fait bien iuger qu'il y a deux fortes d'Inclination en
general ; l'vne qui eft iuftement & proprement appellée ainfi ; & l'autre qui eft im-
propre & figurée.

Car celle qui fouffre le mot d'Enclin, c'eft
à dire qui communique fa forme & fon
nom au fujet où elle eft , doit paffer pour
la veritable, au lieu que l'autre eft plûtoft
l'effet de l'Inclinatió, que l'inclination; puis
que c'eft le mouuement mefme que l'appetit fouffre en aymant & defirant quelque
chofe,

chose, & que l'Inclination n'eſt pas le mouuement, mais la diſpoſition à ſe mouuoir.
De ſorte que quand l'on dit qu'on a inclination pour vne perſonne, cela s'entend de
l'amitié que l'on a pour luy, ou de la diſpoſition qu'on a de l'aimer ; celle-cy eſt la
veritable Inclination, l'autre n'en eſt que
l'effet.

NOus laiſſons donc icy celle qui n'eſt
pas proprement dite, & nous ne deuons parler que de celle qui eſt veritable.
Elle eſt auſſi de deux ſortes, l'vne eſt Naturelle & vient de la Nature, l'autre eſt Ac-
quiſe & procede de l'habitude & de l'accouſtumance : Car il y a des hommes qui
ſont naturellement enclins à l'amour, à la
colere, à la juſtice, &c. & d'autres qui acquierent l'Inclination à des vertus, à des
vices, à des paſſions où ils n'eſtoient point
naturellement enclins.

Difference des Inclinations.

L'VNE & l'autre reſide dans l'ame comme dans ſon veritable ſujet : Car outre
qu'il y a des Inclinations toutes ſpiri-

*Quel eſt le ſie-
ge des Inclina-
tions.*

K

tuelles, comme celles que les Arts & les Sciences laiſſent dans l'eſprit; il en eſt des corporelles comme de la facilité d'operer qu'a vn Artiſan quand il a de bons inſtrumens : Car cette facilité n'eſt pas dans les inſtrumens, quoy qu'elle procede d'eux. Auſſi l'Inclination qu'vn homme a de ſe mettre en colere n'eſt pas dans les organes, quoy qu'elle vienne de la conſtitution des organes; parce que la diſpoſition qu'a vne choſe à ſe mouuoir, auſſi bien que le mouuement dont elle eſt apres agitée, doit eſtre dans la choſe meſme , & non pas dans les cauſes qui luy donnent cette diſpoſition & ce mouuement. Et par conſequent, puiſque c'eſt l'ame qui ſe doit mouuoir, il faut que la diſpoſition à ſe ſe mouuoir ſoit dans l'ame.

De là il eſt ayſé à juger, que l'Appetit eſt le ſiege des Inclinations, parce qu'il n'y a que cette ſeule partie de l'ame qui ſe puiſſe mouuoir. Et comme il y a trois ſortes d'Appetit, la volonté, l'appetit ſenſitif, & l'appetit naturel, chacun a ſes Inclinations qui luy ſont conformes, c'eſt à

dire, que les fpirituelles font dans la volonté comme celles que les Arts & les
Sciences laiffent dans l'efprit ; Les fenfibles font dans l'appetit fenfitif, comme
celles que l'on a aux paffions de l'ame
fenfitiue ; Et celles qui font purement corporelles font dans l'appetit naturel, telles
que font celles que la Nature a pour certains mouuemens d'humeurs dans les maladies, & pour toutes les actions aufquelles les organes font deftinez. Car auant
mefme que les parties foient en eftat d'a-
gir, l'ame a inclination aux fonctions qu'elles doiuent faire : D'où vient qu'vn mou-
ton heurte auec la tefte auant que fes cor-
nes foient forties, vn marcaffin veut mor-
dre auant que fes deffenfes foient venuës,
& les oyfeaux tâchent de voler quoy
qu'ils n'ayent point encore d'aifles. Il
faut neantmoins remarquer que les Inclinations d'vn appetit fe communiquent
fouuent à l'autre : Car l'Inclination que
l'on a aux paffions entre à la fin dans la
volonté, & celles de l'appetit naturel fe répandent ordinairement dans l'appetit fen-

K ij

fitif, comme les exemples que nous venons d'apporter font foy.

Comment on doit definir l'Inclination.

DE toutes ces confiderations, il femble qu'on pourroit former vne exacte definition de l'Inclination, en difant que c'eft vne difpofition profondément enracinée dans l'appetit, qui le fait pancher vers certains objets qui luy font agreables. Mais pour en parler fainement, ces façons de parler metaphoriques, ne font point propres à definir les chofes, & les mots de Pancher non plus que celuy de Pente & de Poids, par lefquels on a accouftumé de definir l'Inclination, ne fe peuuent dire proprement que des corps, & ne conuiennent point à l'ame. Tâchons donc d'éclaircir dauantage cette matiere, & de trouuer des notions & des termes qui foient propres à la chofe que nous examinons.

D'où vient la difpofition où cōfifte l'Inclinatiō.

IL eft certain que l'appetit a de certains mouuemens où il fe porte plus fouuent qu'aux autres, & l'on peut dire, qu'il a

difpofition à les faire, & que cette difpofition confifte dans la facilité qu'il y trouue. La queftion eft de fçauoir d'où luy
vient cette difpofition & cette facilité :
Car elle ne peut proceder du poids, de
la fituation, de la figure, ny d'autres pareilles circonftances qui rendent les corps
difpofez & faciles à fe mouuoir.

Pour découurir ce fecret, il faut demeurer d'accord que l'Inclination eft vne
difpofition & vne facilité fixe & conftante qui furuient à l'appetit; Et que par confequent il eft neceffaire que la caufe qui
la produit foit auffi conftante & durable.
Or toutes les caufes de cét ordre-là que
l'on peut s'imaginer en cette rencontre,
fe reduifent, ou à la difpofition de l'organe de l'appetit, ou à l'habitude qu'il
peut auoir acquife, ou aux jmages qui fe
conferuent dans la memoire, & qui feruent à former la connoiffance qui deuance
fon mouuement : Car il n'y a que ces
chofes-là qui foient permanentes, & qui
puiffent caufer cette difpofition & cette
facilité conftante où confifte l'Inclination.

K iij

On pourroit donc dire, Que si les esprits sont les organes & le siege immediat de l'appetit, comme nous monstrerons cy-apres, il faut que selon qu'ils sont plus subtils ou plus grossiers, ils se meuuent plus ou moins facilement, & que l'appetit aussi qui se meut auec eux est plus prompt ou plus lent à se mouuoir. Et que c'est la raison pour laquelle il y a des naturels si mobiles, qui ayment si facilement, & qui desirent les choses auec tant d'ardeur; qu'au contraire, il y en a qui ont l'ame si pesante qu'il est presque impossible de l'ébranler, & qui se porte auec lascheté & negligence à tout ce qu'ils souhaitent.

Mais cette raison n'est pas generale pour toutes les Inclinations : Car outre qu'il y en a qui viennent de l'instinct, & qui ne dependent point de la qualité des esprits; il y en a dans la volonté, laquelle n'est point attachée à aucun organe : Nous en reconnoissons mesme dans les Anges, où il est indubitable que cette cause-là, ny aucune autre disposition corporelle, ne peut auoir lieu. On en doit dire autant de l'habitude que l'appetit peut auoir contractée, puifque l'habitude eft vne qualité acquife par plufieurs actions, & qu'il y a des Inclinations naturelles qui viennent auec la naiffance.

De forte qu'il ne nous refte que les Images qui fe conferuent dans la memoire, qui puiffent eftre la caufe generale & immediate de cette difpofition & facilité, en quoy confifte l'Inclination.

POVR fçauoir comment cela fe fait; Il faut remarquer que l'appetit de quelque ordre qu'il foit, eft vne puiffance aueugle, qui de foy n'a aucune connoiffance, & qui fe laiffe conduire par vne autre faculté qui a droit de connoiftre fi les chofes font bonnes & mauuaifes, & de luy commander apres de fe mouuoir conformément au jugement qu'elle en a fait. Cette faculté s'appelle *Entendement Practic*, dans la partie fuperieure, & dans la fenfitiue elle fe nomme *Eftimatiue*. Et il n'y a aucun mouuement qui fe faffe

Commèt fe font les mouuemens de l'appetit

dans ces deux parties de l'ame qui ne soit
deuancé par le jugement de l'vne ou de
l'autre de ces facultez.

Elles ont encore cela de propre, qu'elles ne font pas leur jugement selon la nature des choses ; Mais selon le sentiment
qu'elles en ont : Car il s'en trouue qui
pourroient estre vtiles qu'elles jugent
mauuaises, & de mauuaises qui leur semblent estre bonnes. Et il ne se faut pas
estonner de cela, parce que le Bien & le
Mal font des choses relatiues qui ne font
reconnuës telles que par la comparaison
que l'ame en fait ; Qui n'ont point d'especes particulieres pour toucher les sens
comme en ont toutes les qualitez sensi-
bles; Et qui ne se connoissent que par les
jmages que ces facultez forment d'elles-
mes fans les emprunter d'ailleurs : C'est
pourquoy on dit dans l'Echole qu'elles se
font connoistre, *Per species non sensatas.*
En effet ce qui est bon à l'vn ne l'est pas
à l'autre , & vne mesme personne trouue
agreable ce qui luy estoit fâcheux auparauant, ce qui fait bien voir que le Bien
&

& le Mal dependent feulement de l'opinion que l'on en a conçeuë.

De fçauoir maintenant d'où elle peut
tirer cette connoiſſance, & ce qui l'oblige à juger que les choſes ſont bonnes ou
mauuaiſes ; Ce n'eſt pas icy le lieu d'examiner à fonds vne choſe de ſi longue
ſuite. C'eſt aſſez de dire en gros, Que
c'eſt l'inſtinct, l'experience & le raiſonnement faux ou veritable qu'elle fait des
choſes : Car ſur la connoiſſance qu'elle a
du Temperament & des parties qui luy
ſeruent d'organes ; Sur celle que la puiſſance ou l'impuiſſance qu'elle croit auoir
luy donne ; ſur celle qui luy vient du deffaut ou de l'abondance où elle eſt, elle juge que les choſes luy ſont conformes ou
contraires, vtiles ou dommageables, en
vn mot bonnes ou mauuaiſes.

APRES donc que l'vne ou l'autre de
ces facultez, s'eſt ainſi formé l'idée
du Bien & du Mal, elle fait d'ordinaire
deux autres jugemens : par le premier,
elle juge que le Bien ſe doit pourſuiure,

L

& que le mal se doit fuïr , & c'est celuy
qui s'appelle simplement Practic. Par
le second , elle ordonne effectiuement à
l'Appetit de poursuiure ou de fuïr ; Aussi
le nomme-t'on dans l'Eschole actuellement
Practic, *Practice practicum.* En suite l'Appetit se meut , qui ordonne à la vertu
motiue qui est dans les membres, de faire
les mouuemens qui sont necessaires pour
iouïr du Bien, ou pour euiter le Mal.

Toutes ces actions se suiuent & se font
ordinairement en vn moment ; Mais elles
font aussi quelquefois distinctes & sepa-
rées , & principalement dans l'Homme:
Car l'Entendement peut connoistre qu'vne
chose est bonne, sans juger qu'il la faille
poursuiure ; & souuent il juge qu'il l'a
faut poursuiure, qu'il n'ordonne pas à la
volonté de le faire. Souuent mesme apres
tous ces jugements la volonté qui est libre , ne suit pas ces ordres, & peut demeurer immobile, ou faire vn mouuement
contraire. Mais dans les animaux le Iugement Practic & le mouuement de l'A-
petit ne se peuuent separer , & aussi-tost

que l'Eſtimatiue a connu vne bonne choſe, il faut qu'au meſme moment elle juge & ordonne à l'Appetit de la pourſuiure: Qui ne manque auſſi jamais à ſe mouuoir conformément à ces jugements-là.

Il n'y a que le commandement que l'Appetit fait à la vertu motiue des membres, qui peut eſtre ſuſpendu: Car nous voyons à toute-heure qu'vne beſte deſire vne choſe qu'elle n'oſe prendre, par la crainte qu'on luy donne. Auquel cas l'Appetit ſe meut & forme le deſir; Mais il en demeure là, ſans faire agir les membres.

Quoy qu'il en ſoit, il eſt ayſé à juger de tout ce que nous auons dit cy-deuant, non ſeulement Que l'Appetit ſe meut conformément au jugement Practic, c'eſt à dire, que ſes mouuemens ſont forts ou foibles, ſelon que l'Eſtimatiue luy ordonne foiblement ou fortement de les faire; Mais auſſi que le Iugement Practic reſpond à la Notion que l'Eſtimatiue s'eſt formée du bien ou du mal, & que le commandement eſt plus ou moins preſſant,

selon qu'elle se figure dans les choses plus
ou moins de degrez de bonté & de malice : Car vn plus grand bien demande
vn commandement plus imperieux qu'vn
plus petit, & vn commandement de cette sorte excite vne plus violente passion.

Les Images qui font dans la memoire cau-sent l'Inclina-tion.

OR si les mouuemens de l'Appetit
dependent ainsi des jugements de
l'Estimatiue, il faut que les dispositions
qui le rendent enclin à ces mouuemens,
se rapportent aussi à ces jugemens-là. Ce
ne sera pas à ceux que l'Estimatiue forme
quand elle connoist ; Car ils sont passagers , & l'Inclination est vne disposition
permanente : Mais ce sera à ceux qui se
conseruent dans la memoire, comme nous
auons dit. Or ils sont de deux sortes :
Car ils sont Naturels ou Acquis, les Naturels consistent dans les Images que la Nature imprime dans l'ame des animaux
auec la naissance, & c'est ce que l'on appelle Instinct, comme nous auons montré
au Traité de la connoissance des animaux:
Les Acquis consistent aussi dans les Images

qui demeurent dans la memoire apres l'a-
ction de la faculté Eſtimatiue. Sous ce
mot je comprends auſſi l'Entendement
Practic.

Or comme ces deux ſortes d'Images
ſeruent de modeles à l'Eſtimatiue pour former ſes jugements, à meſure qu'elles ſeront
plus expreſſiues & repreſentatiues de la
Bonté ou de la Malice des objets, elles ſeront plus propres à exciter dans l'Eſtimatiue des commandements plus preſſans &
de plus grands mouuements dans l'Appetit.

Or il eſt certain que les Naturelles ſont
parfaitement repreſentatiues, parce que
c'eſt la Nature qui les forme elle-meſme
pour la conſeruation de l'animal, & qui les
graue au plus profond de l'ame, afin qu'elles ne ſe puiſſent effacer. Mais les Acquiſes ne ſont que ſuperficielles, & ſi elles ne
ſont ſouuent renouuellées, elles ſe perdent
ou s'affoibliſſent en ſorte qu'elles ne peuuent repreſenter parfaitement les choſes.
Il eſt vray qu'il y a de certains objets qui
ſont d'abord vne ſi forte impreſſion dans

l'ame, que les especes s'en conseruent long-
temps dans la memoire , & que la premiere connoissance que l'on en a, fait autant que plusieurs connoissances souuent
reiterées feroient en vne autre rencontre:
C'est ainsi que la premiere veuë d'vne belle personne , cause souuent vne amour de
longue durée : C'est ainsi que l'on dit
dans l'Eschole qu'il y a de certains actes,
qui tous seuls & dés la premiere fois peuuent produire des habitudes. Mais hors
de là , il faut que les Images que l'ame forme & qu'elle conserue dans la memoire,
soient souuent renouuellées , & comme
retouchées par diuerses connoissances,
afin qu'elles soient parfaitement expressi-
ues & representatiues. Car à chaque fois
que l'ame connoist ou qu'elle se resouuient
d'vn objet , elle en forme autant de fois
l'Image ; Parce qu'en connoissant ou se
resouuenant, elle agit , & elle ne peut
auoir d'autre action que la production
des Images; Lesquelles iointes auec celles
qui sont dans la memoire, les rendent plus
fortes & plus viues, tout de mesme que

les couleurs qui font plufieurs fois retouchées, comme nous auons montré au lieu
allegué.

CEs Images qui font donc dans la
memoire, & qui font ainfi parfaitement expreffiues, font celles qui donnent
la difpofition & la facilité qu'a l'Appetit de
fe mouuoir vers certains objets.

Et certainement on peut dire, que l'A-
me qui fe fent pourueuë de ces Images,
& qui fe void en eftat de produire les connoiffances qui luy font neceffaires, prend
vne certaine confiance en foy-mefme, &
fans qu'elle y faffe reflexion, elle fent fon
courage & fes forces. Et comme vn homme qui a la vigueur du corps, les richeffes ou la naiffance noble, fe confie en foy-
mefme, & eft toufiours en eftat d'entreprendre des chofes conformes à fon pouuoir, encore qu'il n'y penfe pas: l'Ame en
fait de mefme quand elle a les Images toutes preftes pour faire fes jugements, elle
tient toutes fes facultez en vne difpofition propre pour agir, & quand elle eft

en action, on void bien qu'elle y eſtoit pre-
parée.

De là il eſt ayſé à juger, pourquoy l'Inſtinct, le Temperament, les Habitudes, &c.
cauſent les Inclinations, parce que toutes
ces choſes préſuppoſent des Images parfaitement expreſſiues. Car celles de l'Inſtinct ſont fortes & profondes, comme
nous auons dit ; Celles des Habitudes doiuent auoir eſté ſouuent renouuelées : Et
le Temperament, la conformation des parties, le genre de vie, &c. que l'Ame ſent
& connoiſt à tous momens, font le meſme
effet ſur les Images que l'Habitude. De
ſorte que par tout-là les Images ſont parfaitement repreſentatiues, & l'Appetit eſt
eſt en eſtat de ſe mouuoir ſi-toſt que
l'Entendement Practic ou l'Eſtimatiue les
luy preſentera : En quoy conſiſte la facilité qu'il a de s'y porter, comme l'Inclination conſiſte en cette facilité, ainſi que
nous auons dit cy-deuant. Apres cela, nous
pouuons definir l'Inclination par des notions & par des termes propres, en diſant
que c'eſt *vne diſpoſition permanente, &*
vne

vne facilité contractée de longue-main,
que l'Appetit a de se mouuoir vers certains
obiets qui luy sont agreables.

Quelles sont les causes des Inclinations.

VOILA pour ce qui concerne la nature, l'objet, & le siege des Inclinations.
Il faut maintenant en examiner les Causes: Car quoy que nous ayons parlé de la
principale & qui en est la source immediate, à sçauoir, les Images qui se conseruent
dans la memoire, il y en a d'autres qui pour
n'estre pas iointes de si prés à l'Inclination
ne laissent pas d'y estre necessaires, & qui
mesmes estant plus connuës & plus manifestes, donneront plus de clarté à vne chose qui est si obscure.

Outre donc cette cause secrette & immediate dont nous venons de parler, il y
en a de Prochaines & d'Eloignées , & les
vnes & les autres sont ou Naturelles ou
Morales,

M

Des Naturelles, les Prochaines font l'Inftinct, le Temperament & la Conformation. Les Eloignées font les Aftres, le Climat, l'Aage, les Alimens & les Maladies.

Les Morales font, la Naiſſance noble ou vile ; la Richeſſe & la Pauureté ; La Puiſſance & la Sujetion ; la bonne & mauuaiſe Fortune, & le genre de vie qui comprend les Arts, les Sciences & les Habitudes ; & les Conſeils, les Exemples, les Peines & les Recompenſes : Car toutes ces choſes cauſent des Inclinations particulieres en diſpoſant l'Ame à iuger que les choſes font bonnes, & la faiſant pancher vers elles. Il faut voir comment cela ſe fait.

L'Inftinct eſt one des cauſes des Inclinations. Il n'y aura pas lieu de douter pour l'Inftinct quand on ſçaura qu'il conſiſte dans les Images qui font nées auec l'animal pour luy faire connoiſtre les choſes qui luy font neceſſaires, & qu'il ne peut apprendre des Sens. Car comme ces Images font parfaitement expreſſiues eſtant touſiours preſentes à l'Ame, elles ſollicitent à toutes rencontres l'eſtimatiue, de les propoſer à l'appetit, & y font naiſtre, comme nous auons dit, l'Inclination qu'elle a pour les actions qu'elles ordonnent de faire.

C'eſt ainſi que l'Ame connoiſt & eſt encline aux fonctions auſquelles elle eſt deſtinée, & à la recherche de la pluſpart des choſes qui luy ſont neceſſaires. Car c'eſt de là que procede l'Inclination que les oyſeaux ont à voler, les poiſſons à nager, les hommes à raiſonner, & que tous les animaux ont à chercher les alimens & les remedes qu'ils ſçauent naturellement leur eſtre propres, & vtiles.

POur ce qui eſt du Temperament, tout le monde ſçait que c'eſt la cauſe la plus generale & la plus éuidente des Inclinations; Que ſelon la qualité des humeurs qui dominent dans le corps, les hommes ſont portez à telles & telles paſſions; Que les melancholiques ſont naturellement triſtes & ingenieux, les bilieux, prompts & choleres, les ſanguins ioyeux & affables, les pituiteux ſtupides & pareſſeux. Que les climats portent des hommes plus adroits & plus doux, ou plus groſſiers & plus

Le temperament eſt vne des cauſes de l'Inclination.

M ij

sauuages suiuant la qualité de l'air qu'ils
y respirent , & qui cause cet effet par
l'impression qu'il fait sur le temperament.
Qu'enfin les animaux mesmes sont timi-
des ou hardis , dociles ou farouches, selon qu'ils ont le sang ou plus chaud ou
plus froid, plus espais ou plus subtil.

La raison pour laquelle le Temperament est cause de tous ces effets vient de la
connoissance secrete qu'a l'ame, des instrumens dont elle se sert dans ses actions ;
car estant vnie ou iointe de si prés auec
eux, elle en connoist la force ou la foiblesse,
& sçait à peu pres ce qu'elle peut & ce qu'elle ne peut pas faire par leur moyen.

Or quoy que cette connoissance
soit secrete , elle ne vient pas neantmoins de l'Instinct, car l'Instinct est vne
connoissance claire & distincte qui n'est
donnée qu'aux especes, & qui doit estre
par consequent commune à tous les particuliers qui sont sous elle, au lieu que celle-cy est differente en chacun d'eux, & est
obscure & confuse. Car l'ame ne connoist
la bile que confusement; c'est pourquoy

elle fe la reprefente dans les fonges par des
Images qui ne luy font pas tout à fait femblables, & qui ont feulement quelque conformité auec elle , comme font les feux,
les combats, les couleurs éclatantes. Elle
en fait de mefme de la melancholie qu'elle fe figure par des fpectres, des obfcuritez
& des embarras fafcheux,& ainfi des autres
à proportion,comme nous dirons plus particulierement au Traité des Temperamens.

Or cette connoiffance quelque confufe
qu'elle foit, fuffit pour inftruire l'ame de ce
qu'elle eft capable de faire ou de ne pas faire par le moyen de ces humeurs. Car elle
luy apprend par l'experience qu'elle en fait
à tous momens, que la bile eft vne humeur
actiue & mobile, & qu'elle luy peut feruir
à attaquer, à combattre & à deftruire ce
qui l'offence ; Qu'au contraire , la melancholie eft difficile à remuer , incommode
& contraire aux principes de la vie, & ainfi des autres. Et fur cette connoiffance ,
l'eftimatiue forme fes jugemens conformes
à l'effet que ces humeurs produifent, qu'elle conferue dans la memoire, & qu'elle ra-

fraischit à tous momens par de nouuelles
connoissances, les rendant ainsi parfaitement representatiues & capables de produire les Inclinations que nous y remarquons.

La Conforma-
tion des parties
est cause de l'In-
clination.

QVant à la Conformation des parties,
personne ne doute que ce ne soit vne
marque certaine de beaucoup d'Inclinations, puisque mesme sans art par la seule
inspection des traits du visage on connoist
à peu prés l'humeur & l'esprit des personnes; Que les Hommes qui ont quelque res-
semblance auec les animaux sont enclins
aux mesmes passions qu'eux; Que les Es-
cuyers & les Chasseurs la considerent pour
iuger de la bonté & de la docilité des Cheuaux & des Chiens; Et qu'enfin elle a pas-
sé en Prouerbe, qui asseure qu'il ne se faut
point fier en ceux qui ont quelque estran-
ge deffaut de nature.

Mais ie dis bien plus, ce n'est pas
seulement la marque, elle est encore
la cause des Inclinations, car elle fait
pancher l'Ame à certaines actions, com-

me le Temperament. Et il ne faut pas dire que c'eſt l'effet du Temperament meſme,
& qu'ainſi elle ne marque les Inclinations
que parce qu'elle déſigne le temperament
qui en eſt la veritable cauſe & non pas elle.
Car quoy que cela ſoit veritable en pluſieurs rencontres, & qu'il ſoit certain que
pour l'ordinaire les parties s'allongent, ſe
retreſſiſſent, & prennent diuerſes figures
ſelon la qualité de l'humeur qui domine.
Il arriue neantmoins tres-ſouuent que la
Conformation ne s'accommode pas auec
le Temperament, & qu'vne complexion
froide, par exemple, ſe trouue auec vne
Conformation qui ſemble témoigner de la
chaleur. En effet le cœur & le cerueau
ſont quelquefois plus grands ou plus petits dans vn meſme Temperament : Ce qui
cauſe vne difference notable dans les paſſions ſur leſquelles ces deux parties ont
vn grand pouuoir. Outre cela combien
void-on de bilieux qui ont le nez gros &
court, de melancholiques à qui il eſt long
& aigu contre la nature de ces humeurs?
Qui diroit que tous les Tartares & tous

les Chinois font d'vn mefme temperament
à caufe que ceux-là ont tous le vifage
large, & que ceux -cy font tous camus?
N'y a-t'il pas des animaux de diuerfe efpece qui ont vne mefme temperature? &
neantmoins ils ont la figure des parties toute differente. Enfin ce n'eft point le Temperament qui perce les veines & les arteres,
qui fait les articulations des os, qui diuife
les doigts, & qui fait cette admirable
ftructure des parties de chaque animal.
C'eft la vertu formatrice qui eft l'architecte que l'Ame employe pour luy baftir
vn corps qui foit propre à faire les actions
aufquelles elle eft deftinée; Et comme cette
vertu tafche toufiours de rendre l'animal
qu'elle forme femblable à celuy qui le produit, fi celuy-cy a des parties d'vne telle
grandeur ou figure, elle qui en porte le
charactere en fait toufiours de pareilles,
fi elle n'eft empefchée. Il eft vray que le
Temperament s'oppofe fouuent à fon deffein, & empefche que les parties n'ayent la
figure qu'elle s'eftoit propofée de leur donner, mais fouuent auffi il n'y refifte pas &
la

la laiſſe agir ſelon les meſures qu'elle a pri-
ſes. C'eſt ainſi que l'imagination des Femmes groſſes luy fait changer la figure des
parties de l'enfant qu'elles portent, ſans que
le Temperament y reſiſte : C'eſt ainſi que
les Aſtres impriment ſur le corps des marques qui ne répondent pas à la complexion
naturelle qu'il a &c.

Tout cela preſuppoſé, la queſtion eſt de *Comment la Fi-*
ſçauoir comment la Figure, qui eſt vne qua- *gure agit.*
lité ſterile & qui n'agit point, peut cauſer
les Inclinations. Certainement il ne faut pas
croire qu'elle les produiſe par vne vertu a-
giſſante ; Car le Temperament meſme quoy
qu'il ait cette vertu il ne l'employe pas ſur
l'Ame qui n'eſt pas ſuſceptible des qualitez
materielles ; Car il n'y a rien qui puiſſe veritablement échauffer ou refroidir l'Ame. Ny
luy ny la conformation des parties ne ſont
que des cauſes occaſionnelles & des motifs
qui l'excitent à faire ſes actions. Quand elle
a connu la chaleur qui domine dans le corps
elle forme ſes Iugemens conformes aux
effets qu'elle peut produire, & ſe diſpoſe

N

apres à faire agir les organes selon le dessein
qu'elle a pris. Il en est de même de la Figure,
elle sçait celle qui est ou n'est pas propre à
certaines fonctions, elle en fait ses Iugement apres, & solicite en fin l'appetit à
se mouuoir conformement à la resolution
qu'elle à prise.

· Or tout de mesme qu'il y a des figures
qui sont propres au mouuement des corps
naturels, & d'autres qui y resistent, il est
certain que chaque fonction organique a
vne figure qui luy est affectée, & sans laquelle elle ne se peut faire qu'imparfaite-
ment : C'est pourquoy chaque partie &
mesme chaque espece d'animal a vne figure differente, parce que les fonctions en
sont differentes. Et comme le corps qui
deuoit estre quarré, & qui estoit par consequent destiné au repos, deuient propre
à se mouuoir quand on luy donne la figure ronde. Aussi quand vne partie organique qui deuoit estre d'vne telle figure en
reçoit vne autre, elle perd la disposition
qu'elle auoit pour la fonction à laquelle elle estoit destinée, & acquiert celle qui a

liaifon auec la figure extraordinaire qu'elle a receuë.

Il en eſt comme d'vn Artiſan qui ſe ſert
d'vn inſtrument qui n'eſt pas propre au
deſſein qu'il s'eſt propoſé ; Car au lieu de
faire ce qu'il pretend, il fait tout le contraire, il tranche ce qu'il deuoit percer, il
rend inégal ce qu'il deuoit aplanir, & voulant mettre en fonte la ſtatuë d'vn homme, il fait celle d'vn lyon, ſi le moule dont
il ſe ſert doit repreſenter cét animal.

L'ame en fait de meſme quand elle a des
organes qui n'ont pas la figure naturelle
qu'ils doiuent auoir ; Car c'eſt vne choſe
aſſeurée que l'Homme, comme tout autre
animal a vne figure propre & particuliere
que la Nature a deſtinée à chacune de ſes
parties ; Et comme l'Ame a vne Inclination
à faire les actions qui ſont propres aux organes qu'elle doit auoir, il faut que cette Inclination ſe change quand l'organe eſt chãgé.

Mais il y a icy vne difficulté qu'il eſt
malaiſé de reſoudre. C'eſt que l'Ame connoiſt par Inſtinct l'action que doiuent
faire les organes quand ils ont la Confor-

N ij

mation qui leur eſt propre & naturelle.
Cependant on ne peut pas dire cela quand
l'organe n'a pas la figure qu'il doit auoir,
parce que l'Inſtinct ne luy donne pas la connoiſſance de l'action qui ne luy eſt pas propre, puiſque c'eſt vn deffaut particulier,
& que l'Inſtinct eſt vne connoiſſance gene--
rale à toute l'eſpece.

Pour ſe tirer d'vn pas ſi difficile, il faut
remarquer que la figure des parties eſt l'effet de la vertu formatrice, & que cette
vertu ſuit le temperament ou l'impreſſion
& l'image qu'elle a receuë de l'animal qui
engendre. Si c'eſt le temperament, la figure
n'eſt pas la cauſe de l'Inclination, ce n'en eſt
que la marque, parce que le temperament
en eſt la cauſe veritable; & pour lors l'Ame
connoiſt l'action de la partie par le moyen
du temperament comme nous auons dit
cy-deuant. Mais ſi c'eſt l'impreſſion &
l'image de l'animal qui engendre; la vertu
formatrice eſt la cauſe de l'Inclination,
parce que c'eſt vne faculté qui porte auec
ſoy non ſeulement le charactere des parties
de l'animal qui engendre, mais encore la

difpofition qu'il auoit à agir conformement à leur figure. Et cela eft fi veritable que fouuent mefme vn enfant conferue l'Inclination de fes parens encore qu'il ne leur reffemble pas, le Temperament ayant refifté à la figure des parties, & n'ayant pas eu affez de force pour effacer la difpofition à l'Inclination qu'ils auoient. Or il eft certain qu'il n'y a que la vertu formatrice qui porte le charactere de ces Inclinations, n'y ayant rien que l'animal qui engendre, communique à celuy qui eft engendré que cette feule vertu, comme les experiences modernes nous l'apprennent.

Or comme la vertu formatrice qui eft dans les organes de l'animal qui engendre, fe meut auec ces organes, elle acquiert la mefme pente & la mefme difpofition à fe mouuoir qu'ont ces organes, de forte que venant à former vn autre animal elle porte auec elle cette mefme difpofition qu'elle a acquife, & la luy communique. Et parce que cette difpofition eft comme vn poids qui preffe & follicite continuellement l'Ame à fe mouuoir: l'Ame qui le reffent for-

N iij

me à la fin le Iugement conforme à l'impreſſion qu'elle en a receuë, & l'inſpire
apres à l'appetit qui prend la meſme pente;
Et cette pente eſt la veritable Inclination,
parce que l'Inclination ne peut eſtre que
dans l'appetit.

Comment les
cauſes Eſloignées
font naiſtre les
Inclinations.

Voila pour ce qui regarde les Cauſes Naturelles & Prochaines des Inclinations.
Quant à celles qui ſont Eloignées, elles ſe
reduiſent preſque toutes au Temperament;
Car les Aſtres, le Climat, l'Aage, les Alimens & les Maladies n'inſpirent les Inclinations que par l'alteration qu'elles font dans
le Temperament. Il eſt vray qu'il y a quelques maladies qui les changent en détrui-
ſant la Conformation des parties, comme
quand vn homme eſtropié de la main ou
de la jambe, perd l'Inclination qu'il auoit
à joüer du luth ou à danſer.

Pour les Cauſes Morales, elles diſpoſent
la faculté eſtimatiue à faire ſes Iugemens
par la connoiſſance qu'elles luy donnent
du pouuoir ou de la foibleſſe qu'elles ont,
comme la Nobleſſe, la Richeſſe, la Bonne

Fortune rendent les hommes enclins à l'ambition, à l'orgueil & à la hardieſſe ; parce que le pouuoir qu'elles leur donnent leur perſuade qu'ils ſont dignes des honneurs, & qu'il n'y a rien qu'ils ne puiſſent entreprendre ; tout au contraire de la baſſe naiſſance, de la pauureté , & de la mauuaiſe fortune. Toutes les autres comme le genre de vie , les Arts , les Sciences, les vertus & les vices ſont fondées ſur la Couſtume, qui rend les choſes faciles & agreables , ou ſur l'vtilité & le plaiſir que l'on en peut retirer. Car tout cela eſtant ſouuent repreſenté à l'eſtimatiue , elle en fait des Iugemens fauorables qui ſe conſeruent dans la memoire, & qui font enfin pancher l'appetit comme nous venons de dire.

Mais il ne faut pas oublier à faire icy vne remarque qui eſt tout à fait neceſſaire au ſuiet dont nous traitons. C'eſt que quand nous parlons du Temperament , nous n'entendons pas que ce ſoit ſeulement l'aſſemblage & le meſlange des premieres qualitez, mais nous y joignons encore les qualitez ſecondes. C'eſt pourquoy on ne dit

pas feulement le Temperament chaud,
froid, fec ou humide, mais on appelle encore le Temperament fanguin, bilieux,
pituiteux, melancholique, parce que les
humeurs qui donnent le nom à ces Temperamens comprennent ces deux fortes de
qualitez. Mais de toutes les qualitez fe-
condes il n'y en a point de fi confiderable
pour les Inclinations que la fubtilité & l'é-
paiffeur; Car chaque humeur peut eftre
fubtile ou efpaiffe, & vne melancholie fubtile eft plus differente d'vne melancholie
efpaiffe qu'elle n'eft de la bile. En effet elle
caufera la promptitude, l'inconftance, la
cholere comme la bile, au lieu que la melancholie efpaiffe produira la pareffe, la ftupi-
dité, l'opiniaftreté. Et c'eft en cela que la
Medecine ne s'eft pas affez eftenduë dans
la diuifion des Temperamens, car elle n'en
marque que neuf, vn qui eft temperé, &
huit autres qui font dans l'excez, qu'elle
pouuoit multiplier par l'addition de l'épais
& du fubtil, & par les diuers meflanges
que les hommes fouffrent comme le fanguin bilieux, le fanguin melancholique
&c.

&c. comme nous montrerons plus exactement au Traité des Temperamens.

C'EST là tout ce que nous auons pû
découurir dans vne chose qui est peut-
estre la plus obscure & la plus cachée qui
soit dans les animaux. Et ie confesse ingenuëment que ie n'ay rien trouué qui soit
plus difficile à conceuoir que la nature de
l'Inclination, la maniere dont elle se forme dans l'Ame, & comment elle fait mouuoir l'appetit. Mais si i'y ay bien reüssi, ie
puis dire que i'ay fait deux découuertes
pour vne, car les raisons que i'ay employées pour éclaircir ces difficultez peuuent encore seruir à celles qui se trouuent
dans la connoissance de l'Auersion & qui
leur sont toutes semblables.

Quelle est la nature de l'A-uersion.

En effet le mot d'*Auersion* ne se prend
pas icy pour le mouuement de l'appetit qui
forme la Hayne, mais seulement pour vne
disposition & vne facilité qu'il a à prendre ce mouuement, tout de mesme que
nous auons dit qu'il en estoit du mot d'Inclination.

O

En ce cas comme il y a des Inclinations naturelles & acquifes, il y a auffi des Auerfions de mefme forte; L'appetit eft auffi le fiege des vnes & des autres; Toutes les mefmes Caufes, foit Naturelles, foit Morales, foit Prochaines ou Efloignées, y agiffent de la mefme maniere & difpofent également l'Ame à fe mouuoir. Toute la difference qu'il y a c'eft qu'elles y ont des objets oppofez, & qu'elles tendent auffi à des mouuemens contraires. Car l'Inclination eft pour les chofes aggreables & fait pancher l'Ame vers elles; mais l'Auerfion eft pour les fafcheufes, & difpofe l'appetit à s'en éloigner.

De forte qu'on peut la definir en difant que c'eft *vne difpofition permanente, & vne facilité contractée de longue main, que l'appetit a de s'éloigner de certains obiets qui luy font defagreables.*

Il n'eft pas de befoin d'expliquer dauantage comment l'Ame contracte cette facilité, car tout ce que nous auons dit de celle qui fe trouue dans l'Inclination, eft commun à l'vne & à l'autre.

DES MOVVEMENS
de l'Ame.

CHAPITRE III.

Que l'Ame se meut.

TOVT le monde parle des Mou-   *L'Ame se*
uemens de l'Ame, tout le mon-   *meut.*
de dit qu'elle se porte vers le
bien & qu'elle fuit le mal, qu'elle s'affermit ou se relasche à la
rencontre des difficultez ; & n'y a aucune
langue qui n'ayt des termes pour exprimer
les agitations qu'elle se donne. De sorte
que c'est vne chose constante & qui ne peut
estre mise en doute que l'Ame se peut mouuoir & qu'elle a en effet des mouuemens

O ij

qui luy font propres & particuliers.

Et certainement comme elle doit connoiftre les chofes qui luy font bonnes &
mauuaifes, & que cela luy feroit inutile
& mefme dommageable fi elle n'auoit le
moyen de iouir des bonnes & d'éuiter les
mauuaifes ; il eftoit neceffaire qu'auec la
connoiffance, elle euft la vertu de fe mouuoir pour s'aprocher du bien, & pour s'é-
loigner du mal qu'elle connoift.

Quelle eft la partie de l'Ame qui fe meut. C'eft donc pour cela qu'elle a deux facultez principales, l'vne qui connoift & l'au-
tre qui fe meut ; Lefquelles fe trouuent en
tous les ordres de l'Ame. Car dans l'Ame
intellectuelle l'Entendement connoift, &
la volonté fe meut : Dans la fenfitiue l'Imagination fait la connoiffance, & l'appetit
fenfitif forme fes mouuemens : Et dans la
naturelle il y a auffi quelque vertu qui connoift à fa mode ce qui luy eft bon & mauuais, & vn appetit qui caufe tous les mouuemens que nous y remarquons.

LA grande difficulté eſt de ſçauoir de
quelle nature ſont ces mouuemens, & ſi
l'Ame ſe meut en effet, ou ſi c'eſt ſeulement
vne façon de parler figurée qui repreſente
les actions de l'Ame par quelque conformité qu'elles ont auec les mouuemens des
corps. Pour moy ie ne balance point ſur
cette queſtion, & quoy que toute la Philoſophie de l'Eſchole tienne que ce ne ſont
que des Mouuemés Metaphoriques, ie croy
que ce ſont de veritables mouuemens, par
leſquels l'Ame change de place & ſe met en
diuerſes ſituations.

Pour eſtablir cette doctrine qui doit ſeruir à expliquer la nature des paſſions, il faut
premierement conſiderer les mouuemens
de l'Ame Raiſonnable : Car ſi on peut monſtrer que toute ſpirituelle qu'elle eſt, elle ſe
meut veritablement, ce ſera vn grand preiugé pour les autres qui ſont attachées à la
matiere.

Or cela ne ſera pas difficile à faire, pourueu qu'on ſoit d'accord auec la Theologie
que les Anges ſe meuuent veritablement,

Les mouuemens de l'Ame ne ſont point Metaphoriques.

L'Ame raiſonnable ſe meut veritablement comme les Anges.

qu'ils paſſent d'vn endroit à l'autre, qu'ils
s'eſtendent & ſe reſſerrent, occupant vn
plus grand ou vn plus petit eſpace. Car
cette verité preſuppoſée doit faire con-
clurre que l'Ame qui eſt de meſme nature
qu'eux, doit auoir le meſme aduantage.

Et de fait elle s'eſtend quand vn enfant
deuient grand, elle ſe reſtraint à vn plus
petit eſpace quand les membres ſont cou-
pez, & quand on meurt elle ſort du corps
& paſſe en vn autre endroit. De ſorte
qu'on ne peut douter qu'elle ne ſoit ſuſceptible d'vn veritable mouuement, puiſque
par tout là il y a changement de ſituation
& de place comme dans les Anges.

Et certainement il ne peut pas entrer dans
la penſée qu'eſtant noble comme elle eſt,
elle fuſt priuée d'vne vertu qui eſt commune à toutes les choſes creées ; Car il n'y a aucun corps qui n'ayt la puiſſance de ſe mouuoir par la peſanteur ou par la legereté qu'il
a ; Toutes les choſes viuantes croiſſent &
diminuent ; Tous les animaux ſe meuuent
d'eux meſmes ; Et adioutant à tout cela le
mouuement des ſubſtances Angeliques il

n'y a pas d'apparence que l'Ame fuſt la ſeule choſe de l'Vniuers qui n'euſt aucun mouuement , & qui fuſt immobile de ſa nature.

IE ſçay bien que peu de perſonnes s'op-
poſeront à cette ſorte de Mouuement ,
mais qu'ils diront que ce n'eſt pas où conſiſte le nœud de la difficulté , & que la queſtion eſt de ſçauoir ſi les Mouuemens interieurs de la volonté, comme l'Amour, la
Haine , &c. ſont de meſme genre que ceux-
là.

Les Mouuemens de la volonté ſont de veritables mouuemens.

Pour penetrer dans cette profonde &
ſubtile Philoſophie, il faut preſuppoſer
que toutes les ſubſtances intellectuelles qui
ſont creées ont des bornes & des limites,
parce qu'il n'y a que Dieu ſeul qui ſoit im-
menſe. Or ce qui a des bornes a neceſſairement vne extenſion, & cette extenſion
doit auoir des parties ; car on ne peut conceuoir vne borne ſans extenſion, ny aucune extenſion ſans parties, du moins virtuel-
les & aſſignables , comme on les appelle
dans l'Eſcole. A la verité cette extenſion &

ces parties font d'vn autre genre que celles
des corps; Car elles font fpirituelles, indiuifibles, & fe peuuent penetrer fans eftre
affuieties à aucun lieu qui les borne; Et
celles des corps font materielles, diuifibles,
& impenetrables, & occupent vn veritable lieu qui les borne & qui les contient.
Sur ce fondement nous pouuons affeurer
que l'Ame Raifonnable a l'extenfion & les
parties qui font propres aux fubftances fe-
parées de la matiere, c'eft à dire qui font
fpirituelles, indiuifibles & penetrables, &
que par leur moyen elle occupe quelque
efpace dans lequel elle eft.

Si donc l'Ame fe meut comme nous auons
monftré, eftant mobile en toute fa fubftance, elle peut non feulement paffer en vn
autre endroit & occuper vn autre efpace
que celuy qu'elle auoit; mais encore elle
peut fans changer l'endroit où elle eft faire
mouuoir fes parties en elle mefme, de la
mefme façon que l'eau enfermée en vn va-
fe peut eftre agitée en fes parties fans changer de lieu. Car puis qu'elle a des parties, &
que ces parties font mobiles comme elle,

elle

elle peut mouuoir celles qu'il luy plaiſt, &
comme il luy plaiſt. C'eſt pourquoy vn
appetit peut eſtre eſmeu pendant que l'autre eſt en repos, ou qu'il ſouffre vn mouuement contraire; comme on dit qu'vn Ange peut auoir des parties qui ſe meuuent
pendant que d'autres ſe repoſent. Quand
donc l'Ame change de place elle fait cette
ſorte de mouuement qu'on appelle paſſa-
ger, qui eſt ſemblable à celuy que font les
Anges quand ils vont d'vn endroit à l'autre.
Mais quand elle n'en change point & qu'elle ne s'agite qu'en ſoy meſme, elle fait les
mouuemens interieurs de la volonté: Car
ſelon qu'elle fait ſortir ou rentrer ſes parties
en elle meſme, ſelon qu'elle les eſtend ou
les reſſerre, elle forme toutes les Paſſions
comme nous monſtrerons cy-apres.

.. Et certainement on la peut juſtement
comparer à vn grand abyſme, qui ſans ſortir de ſes bornes, ſouffre tous les mouuemens que la tempeſte y peut exciter; tantoſt elle le pouſſe contre ſes bords, ou l'en
fait reculer; tantoſt il ſemble qu'elle le va
faire ſortir du fonds de ſes gouffres, ou

qu'elle l'y va faire rentrer ; mais quoy
qu'elle puisse faire , il ne sort iamais de ses
limites. Il en est de mesme de la volonté ;
Quand elle court vers le bien ou qu'elle
fuit le mal , c'est elle qui se fait place à elle-mesme ; Si elle auance ou si elle recule,
elle ne gagne & ne perd rien de l'espace
qu'elle occupoit, & l'on peut dire qu'elle
est desia où elle veut aller , & qu'elle demeure tousiours à l'endroit d'où elle est
partie.   Car enfin il faut necessairement
reconnoistre dans cette vaste & profonde
puissance, plusieurs & diuerses parties qui
en maniere de vagues se suiuent l'vne l'autre , & qui entretiennent le courant où
elle se laisse emporter : Quand l'vne s'est
auancée , l'autre qui suit prend sa place,
& la cede apres à vne autre, & ainsi de suitte iusqu'à ce que l'Ame cesse de mouuoir.

　　Il est vray que l'agitation qu'elle excite dans les esprits & dans les humeurs fait
quelquefois durer son mouuement plus
long-temps qu'elle n'eust eu dessein : Car
quand ils sont grossiers, l'impetuosité qu'ils

ont receuë ne se peut pas arrester si-tost
que quand ils sont subtils, & l'Ame se laisse entraisner au mouuement dont ils sont
agitez. C'est ainsi que les Passions durent
plus long-temps aux Hommes qu'aux Enfans: Car ceux-cy passent en vn moment
de la ioye à la tristesse , & mesme quand
ils cessent de rire, vous voyez les traits &
les lineamens du ris s'effacer tout d'vn
coup; Au lieu qu'aux Hommes ils s'en vont
lentement , & laissent sur le visage durant
quelques momens, l'impression qu'ils y ont
faite. Car toute cette difference ne procede que de ce que les esprits des Enfans sont
subtils & deliez , qui comme toutes les autres choses de cette nature ne conseruent
pas long-temps l'impetuosité du mouuement qui leur est imprimée, & que ceux
des Hommes qui sont plus grossiers la gardent plus long-temps.

Quoy qu'il en soit, par le principe que
nous venons d'establir on peut facilement
conceuoir comment l'Ame se meut dans
les passions , & l'esprit demeure bien plus
satisfait de cette maniere d'agir, qui est

conforme à celle des mouuemens corporels, que lors que l'on dit qu'il n'y a point
de mouuemens veritables dans l'Ame , &
qu'ils ne font que metaphoriques. Car
fi l'on n'entend par ce mot , qu'ils ne
font pas tout à fait femblables aux mouuemens du corps , quoy que ce foient
de veritables mouuemens , la chofe demeure auffi inconnuë qu'elle eftoit auparauant.

Les obiections
que l'on fait
contre le Mou-
uement de l'A-
me.
IE fçay toutes les objections qu'Ariftote
a faites contre Platon qui a creu comme nous que l'Ame fe meut veritablement.
Ie fçay celles que l'Efchole y a adiouftées.
Mais il n'y a qu'vne refponfe à leur faire;
C'eft qu'en deftruifant le mouuement de
l'Ame elles deftruifent celuy des Anges , fur
lequel les mefmes inconueniens qu'on attribuë à l'autre tombent neceffairement,
quoy que ce foit vne verité que l'on n'ofe-
roit contefter, que les Anges fe meuuent.

En effet on dit que tout ce qui fe meut
doit occuper vn lieu & auoir vne quantité, comme le lieu; que l'Ame n'a point

de quantité, puifqu'elle eſt indiuiſible &
toute en chaque partie du corps , & par
conſequent qu'elle ne ſe peut mouuoir.
De plus qu'il faut en tout mouuement
que ce qui meut ſoit different de ce qui
eſt meu ; Et que l'Ame qui eſt ſimple
& indiuiſible ne peut auoir ces choſes ſeparées & differentes , & partant qu'il eſt
impoſſible qu'elle ſe meuue. Mais tout cela ne regarde-t'il pas les Anges auſſi bien
que l'Ame, leſquels nonobſtant ces raiſons
ne laiſſent pas de ſe mouuoir eux-meſmes ?
Apres tout, ces maximes ne ſont propres
qu'aux mouuemens corporels , & non à
ceux des ſubſtances ſpirituelles , comme la
Metaphyſique enſeigne.

Ce que l'on pourroit obiecter de plus
conſiderable, c'eſt que le mouuement eſt
ſucceſſif de ſa nature, & quela ſucceſſion
emporte auec ſoy du temps, quoy que la
pluſpart des Mouuemens de l'Ame ſe faſſent en vn inſtant. Mais nous auons monſtré au Traité de la Lumiere, qu'il y a de
veritables Mouuemens qui ſont momenta-
nées ; Que ceux de la Lumiere & ceux des

Anges qui apres s'eftre refferrez repren-
nent leur premiere eftenduë, fe font ainfi;
Et par confequent que les Mouuemens de
la volonté qui font immanens peuuent
eftre de cét ordre, puifqu'il y a mefme
beaucoup de grands Philofophes qui tiennent que les Mouuemens des Subftances
immaterielles qui font paffagers fe font en
vn moment.

Il faut donc tenir pour conftant que
l'Ame raifonnable fe meut, qu'eftant vne
fubftance bornée elle a quelque extenfion
fans laquelle on ne peut conceuoir aucunes
bornes, que cette extenfion ne peut eftre
fans parties & que ces parties font mobiles
comme leur tout: Qu'ainfi elle fe peut mouuoir en elle mefme en agitant fes parties,
& que de là procedent tous les Mouuemens
interieurs de la volonté.

OR fi cela eft veritable de l'Ame raifonnable qui eft fpirituelle, il fera bien
plus facile à comprendre dans les autres qui
font attacheés à la matiere, & l'on ne doutera point qu'elles ne foient fufceptibles des

mefmes Mouuemens, puifque le Mouuement appartient principalement aux chofes materielles. En effet l'appetit fenfitif
& l'appetit naturel fouffrent les mefmes
agitations que la volonté quand elle aime,
quand elle hayt &c. & ces Mouuemens font
interieurs & immanens, & fe forment en
vn moment comme les fiens.

Mais quoy, dira-t'on, fi ces deux appetits font attachez à la matiere, il faudra que
la matiere fe meuue auec eux; Comment la
matiere fe peut-elle mouuoir en vn inftant?
On peut dire premierement qu'il ne faut
pas s'imaginer que la matiere où l'Appetit
eft attaché foit groffiere & pefante comme
font la plufpart des parties du corps, il faut
que la puiffance ayt vn fuiet qui luy foit
proportionné, & que l'appetit qui eft la
partie la plus mobile de l'Ame, ayt vn fuiet
qui foit le plus mobile de tous. Ainfi
quoy que l'appetit ait fon fiege dans le
cœur, tout le cœur n'eft pas pourtant
fon premier & fon principal fuiet : Ce
font les efprits, c'eft cette chaleur humide qui eft la fource de la vie, & qui eft

tou'ours en mouuement comme dit Hippocrate. De forte qu'il ne faut pas s'estonner fi la matiere où il eft attaché fuit fi
facilement & fi promptement l'agitation qu'il fe donne. En fecond lieu la matiere n'empefche pas toujours que les chofes ne fe meuuent en vn inftant, puis qu'il y
a des corps maffifs qui fe meuuent ainfi, Car
on ne peut douter qu'vn corps pefant qui
eft fouftenu dans l'air ne faffe effort pour
defcendre, qu'il ne preffe la main qui l'ar-
refte, & qu'on ne fente à tous momens
l'impulfion qu'il y fait, laquelle eft fans
doute vn veritable mouuement. D'ailleurs
la lumiere qui eft vne qualité materielle, &
qui a befoin d'vn fuiet pour la fouftenir, ne
laiffe pas de fe mouuoir en vn inftant comme nous auons fait voir en fon lieu. Et ces
deux exemples ne montrent pas feulement
que les chofes materielles fe peuuent mouuoir en vn moment: Mais ils font encore
comprendre la maniere dont l'appetit agite l'ame, & dont il s'agite luy mefme dans
le corps. Car on peut dire qu'il eft comme
vn poids qui pouffe l'Ame où il veut aller;

Et

Et il fe meut dans le cœur , comme la lumiere dans le corps diaphane ; Elle y entre,
elle en fort , elle s'y eftend , elle s'y refferre,
fans que le diaphane fe reffente de tous ces
mouuemens , quoy que ce foit fon fuiet
auquel elle eft attachée. Il en eft de mefme de l'appetit , quoy qu'il foit attaché à
fon fuiet , il peut s'eftendre dans la ioye , fe
refferrer dans la douleur , fortir & rentrer
en luy mefme dans l'amour & dans la haine , fans que le corps fouffre rien de tous
ces mouuemens. Il eft vray que le cœur
& les efprits font agitez dans les grandes
paffions ; mais outre que ce font des effets
qui fuiuent & qui viennent apres l'émotion de l'Ame , il y a quelques paffions qui
demeurent dans l'appetit fans faire aucune impreffion fur ces parties. Et cela fuffit pour monftrer que l'appetit fe peut
mouuoir fans que le corps en foit alteré.

Q

Comment le Bien & le Mal esmeu-
uent l'appetit.

Ais pour vne plus exacte connoissance de tous ces Mouuemens il faut
sçauoir encore qui est-ce qui engage &
qui excite l'Appetit à les faire, qui est vne
des choses la plus cachée qu'il y ait dans la
nature de l'Ame & la plus difficile à conceuoir dans les maximes de l'Eschole. Car
quoy qu'on ne doute point que le Bien &
le Mal ne soient les seuls obiets qui cau-
sent tous les mouuemens de l'Appetit, il
n'est pas aysé de dire comment cela se
fait, puisque le Bien & le Mal ne touchent l'Ame que par les Images que s'en
forment les facultez connoissantes, &
que ces Images n'ont point d'autre vertu
que de representer.

Car si cette representation n'est propre
que pour connoistre les choses, elle sera
inutile à l'Apperit qui est vne puissance
aueugle, & qui n'est capable, à cequ'on

dit d'aucune connoissance, ie veux bien
que l'Entendement praticq, & l'estimatiue
iugent que les choses font bonnes &
mauuaises, qu'ils les presentent à l'Appetit,
& qu'ils luy ordonnent de se mouuoir
pour s'vnir auec elles ou pour s'en esloi-
gner: Mais comment voit-il, comment
sçait-il, luy qui ne void & qui ne connoist
rien, que ces Images, ces iugemens & ces
ordres se sont formez dans ces facultez?
Qui est-ce qui luy apprend qu'il se doit
alors mouuoir d'vne telle maniere pour
s'vnir au Bien, & d'vne autre pour s'esloi-
gner du Mal, puis qu'il ne sçait pas si le
Bien ou le Mal se sont presentez à l'Ame?

Toutes ces difficultez naissent de deux
principes qu'on a establis dans l'Eschole.
L'vn que les Images qui se forment dans
l'Ame ne sortent point de la faculté qui
les produit; L'autre que l'Appetit de quelque ordre qu'il soit n'a aucune connoissance. Et sur ces deux fondemens on a
creu qu'il falloit de necessité que les facultez agissent l'vne apres l'autre par la sympathie qu'elles ont ensemble, ou par la

direction de l'Ame, dans la subſtance de
laquelle elles ſont toutes reünies. Or cóme
nous ferons voir cy apres que ces deux moyens ne ſe peuuent ſouſtenir, il faut en trouuer vn autre qui leue les difficultez propoſées ſans deſtruire ces principes. Car
il eſt vray que l'Image, l'idée, & la penſée
que forme la faculté connoiſſante, ne ſort
point hors d'elle; & que l'Appetit de quelque ordre qu'il ſoit n'a point de connoiſſance animale qu'il puiſſe former par des
Images comme l'Entendement & l'Imagination. Mais il eſt certain auſſi que l'Image que l'Entendement & l'Imagination
forment, en produit vne autre qui ſe reſ-
pand en toutes les parties de l'Ame; Et
que l'Appetit à vne connoiſſance naturelle qui eſt commune à toutes les choſes
par laquelle elles connoiſſent ce qui leur
eſt bon & mauuais & les actions auſquelles elles ſont deſtinées.

Comment ſe fait la connoiſ-ſance. POur eſtablir cette doctrine il faut
preſuppoſer que la Connoiſſance eſt
vne action, & la plus noble ſans doute

de toutes celles qui se font dans la Nature,
& que l'Ame agit & fait quelque chose
quand elle connoist. Or parce qu'on ne
sçauroit conceuoir la Connoissance que
comme vne representation des choses qui
se fait dans l'Ame, il faut que l'Ame qui
agit en connoissant les choses, fasse elle mé-
me cette representation, c'est à dire qu'elle
forme le portrait & l'Image des choses:
Car il n'y a point d'autre action que celle-
là que l'Ame puisse faire en connoissant, &
Connoistre, est le mesme que former l'Image des obiets, comme nous auons amplement montré dans le Traité de la connoissance des animaux.

Or comme il y a diuerses facultez qui
connoissent, il faut pour les raisons que
nous venons d'apporter que chacune forme son Image. Pour moy qui n'en recon-
nois que trois principales dans l'Ame sensitiue, à sçauoir le Sens, l'Imagination &
l'Estimatiue, & deux dans l'Intellectuelle,
l'Entendemét speculatif, & l'Entendement
practicq; Il ne se peut former que cinq
sortes d'Images en general. Et quoy que

toutes repreſentent vne meſme choſe, elles ſont pourtant differentes l'vne de l'autre, non ſeulement pas la ſubtilité qu'elles acquierent par tant d'examens differens, mais encore par les diuerſes cir-conſtances que chacune des facultez y adiouſte.

Car le Sens exterieur forme ſon Image ſur le modelle des eſpeces ſenſibles qui viennent de dehors, & repreſente l'obiet auec les circonſtances du lieu, du temps, &c. comme vn tout dont il ne diſtingue point les parties. Et ſur cette premiere Image l'Imagination produit apres la ſienne; mais elle diſtingue les circonſtan-ces & les parties de l'obiet, elle les ſepare ou les vnit; & forme ainſi ſes iugemens que l'on peut apeller en quelque façon ſpe-culatifs, parce qu'ils ne ſeruent point à l'a-nimal pour agir, mais ſeulement pour con-noiſtre. En ſuite l'Eſtimatiue fait ſon Image ſur le modelle de celle des Sens & de l'Ima-gination, mais elle y adiouſte les notions de bon & de mauuais, qu'elle vnit auſſi, & qu'elle ſepare pour faire le iugement pra-

ticq, lequel doit efmouuoir l'apetit fenfitif.

Que fi apres cela l'Entendement doit connoiftre ce mefme obiet, il forme auffi fur
toutes ces Images materielles, la fienne qui
eft toute fpirituelle, qu'il fepare de tous
les accidens materiels, & dont il confidere
toutes les parties & les rapports qu'elle
peut auoir, les vniffant ou les feparant
pour faire des propofitions fpeculatiues :
Et puis il y adioufte les notions de conformité ou de contrarieté, de bonté ou
de malice dont il forme le iugement praticq qui excite la volonté & l'appetit
fenfitif. Tout cela demanderoit vn long
efclairciffement, mais ce n'eft pas icy le
lieu pour le faire, il fuffit d'auoir marqué
en gros le progrez qui fe fait dans la Connoiffance.

QVoy qu'il en foit cette Image de
quelque ordre qu'elle puiffe eftre,
eft vne qualité qui apres eftre produite
fe multiplie & fe refpand dans les parties
de l'Ame comme nous auons dit. Car

Les Images fe multiplient.

puifqu'il n'y a aucune qualité fenfible
qui n'ait la vertu de fe multiplier & de
fe répandre dans l'air & dans les autres
corps qui en font fufceptibles, comme on
remarque dans la lumiere, dans la couleur, dans le fon, l'odeur, &c. Il n'eft
pas vray femblable que celle-cy qui
eft la plus noble de toutes, eftant le ter-
me & l'effet de la plus parfaite de toutes les actions, foit priuée d'vn auantage
qui eft commun à toutes les autres. Outre que fans cette multiplication, il eft
impoffible de rendre raifon de la plus part
des chofes qui arriuent dans les animaux.

En effet, on ne fçauroit comprendre
comment la faculté formatrice change
quelque fois l'ordre que la Nature luy a
prefcrit dans la conformation des parties,
pour fuiure les deffeins que l'Imagination
luy propofe, fans juger qu'elle doit participer aux Images que celle-cy a formées,
puifque fon ouurage à tant de reffemblance auec elle. Et comme ces Images
ne peuuent fortir hors de l'Imagination,
il faut de neceffité qu'elles en produifent
d'autres

d'autres qui leur foient femblables, & qui defcendent jufqu'à cette baffe partie de l'Ame pour luy marquer la figure qu'elle donne alors aux organes.

D'ailleurs, fi la memoire eft vne puif-fance differente de l'Imagination, il eft ne-ceffaire que toutes les efpeces qu'elle gar-de foient de cette nature, & que ce foient les effets & comme les copies de ces pre-mieres images qui fe font produites par la connoiffance, & qui non plus que tous les autres accidens ne peuuent paffer d'vn fu-jet, ny d'vne puiffance à l'autre.

Enfin, il n'y aura plus lieu de douter de cette verité, fi on peut faire voir qu'a-pres que les images de l'Imagination fe font effacées, il s'en trouue encore des reftes qui demeurent dans les autres puiffances & qui y fubfiftent long-temps apres que les au-tres fe font perduës. Or outre que la preu-ue en eft éuidente dans la memoire qui conferue ainfi les fiennes, à laquelle mefme l'application d'efprit nuit quelquefois, & qui fe rend moins fidelle quand l'Imagi-nation la veut fecourir. Elle fe peut en-

R

core tirer de ces marques que les meres
donnent à leurs enfans pendant leur grof-
feffe ; De cette forte de reminifcence qui
demeure dans les doigts d'vn joüeur de
luth, apres mefme qu'il a oublié les pieces;
Et de ces profondes impreffions & inclinations que certains objets laiffent dans l'appetit & dans la volonté. Car il eft impoffible que tout cela arriue de la forte qu'il
ne foit refté quelque charactere de ces premieres Images que l'Entendement ou l'I-
magination forment, lefquelles fe conferuent dans ces autres facultez long-temps
apres que celles-là fe font euanoüies.

Il ne faut pourtant pas s'imaginer que
les facultez où ces Images fe font répanduës, foient du rang des facultez connoif-
fantes, à caufe qu'elles ont les inftrumens
de la connoiffance; Car nous auons monftré au lieu allegué qu'vne faculté ne peut
connoiftre qu'elle ne produife en foy-mefme les Images des chofes. De forte que
celles-cy ne produifant pas les Images
qu'elles ont & ne faifant que les receuoir
comme vn effet de la premiere que l'Ima-

gination a formée, elles ne la peuuent connoiſtre d'vne connoiſſance claire & parfaite, mais ſeulement de celle qui conuient
à toutes les choſes naturelles, qui par maniere de dire connoiſſent ſans connoiſtre
ce qui leur eſt conforme ou contraire. Car
c'eſt ainſi que la vertu magnetique qui eſt
communiquée au fer, luy fait connoiſtre
& ſentir la preſence de l'aymant, & l'excite apres à ſe mouuoir & à ſe porter vers
luy.

Quand il s'eſt donc formé vne Image
dans quelque faculté connoiſſante, c'eſt
comme vne lumiere qui ſe multiplie & ſe
répand dans toutes les parties de l'Ame qui
en ſont ſuſceptibles; C'eſt à dire que celle
qui eſt ſpirituelle ſe communique aux facultez ſpirituelles, & celle qui eſt materielle aux facultez corporelles, & l'vne &
l'autre y agit ſelon la nature de la faculté
qui la reçoit. Car ſi elle eſt mobile comme eſt l'Appetit, cette Image l'émeut; ſi
elle n'a point d'action comme la memoire,
elle n'y produit rien & s'y conſerue ſeulement; Si elle eſt alteratiue comme la ver-

tu formatrice, elle fert de modellé à l'alteration qu'elle caufe dans les membres, & ainfi du refte. Il en eft comme de cette vertu magnetique dont nous venons de parler, qui bien qu'elle fe communique également à tous les corps, n'agit pas également fur eux, elle altere & meut l'aymant, le fer, & les tuilles plombées fans caufer aucune alteration ny mouuement à tous les autres.

Si cela eft ainfi, il n'y aura plus de difficulté à dire comment l'Appetit tout aueugle qu'il eft, peut connoiftre le Bien & le Mal, & fe mouuoir conformement à la nature de chacun. Car puifque l'Image que la faculté eftimatiue ou l'Entendement practicq en a formée fe multiplie & fe répand par toutes les parties de l'Ame; il la reçoit, il la fent, & fe meut apres de la maniere qu'il faut pour s'vnir au Bien, pour fuir le Mal, pour l'attaquer, ou pour luy refifter felon l'inftruction que l'inftinct luy donne, & felon la connoiffance qu'ont toutes les chofes naturelles qui s'vniffent à ce qui leur eft conforme, & fuyent ou attaquent ce qui leur eſt contraire.

Quels ſont les Mouuemens de l'Ame.

POur reprendre le diſcours que nous auons interrompu, quels que ſoient les Mouuemens de l'Appetit, ſoit verita-bles, ſoit metaphoriques, ce ſont eux qui forment les Paſſions de l'Ame. Car quoy que l'Eſchole ait reſtraint ce nom aux Mou-uemens de l'Appetit ſenſitif, ſoit parce qu'elles font violence à la raiſon, ſoit parce que le corps y pâtit ſenſiblement. Neant-moins ſi on conſidere l'agitation que l'Ame ſe donne, on trouuera non ſeulement que celle qui ſe fait dans la volonté, mais en-core celle qui ſe fait dans l'Appetit naturel eſt ſemblable à celle que ſouffre l'Appetit ſenſitif. Car la volonté ayme & hait, ſe réjouït & s'attriſte comme luy : Et il y a dans l'Appetit naturel des mouuemens qui répondent à ceux-là, puiſque la Nature

R iij

cherche ce qui luy eſt vtile , & fuït ce qui
luy eſt dommageable , qu'elle eſt ſatisfaite
ou inquiete à ſa rencontre , qu'elle s'irrite
ou perd le courage , comme nous dirons
cy-apres. Et pour ce qui eſt de la violence que les Paſſions ſenſitiues font à la raiſon , & de l'alteration qu'ils cauſent dans
le corps , ce ſont des effets qu'elles produiſent , qui n'entrent point dans leur eſſence , qui ſont communs à tous les mouuemens de l'Appetit de quelque ordre qu'il
ſoit , & qui meſme n'accompagnent pas
touſiours les émotions de l'Appetit ſenſitif.

En effet comme c'eſt l'Appetit qui eſt
le principe de tous les Mouuemens corporels , il faut qu'il ſoit agité auant qu'aucune des parties du corps le puiſſe eſtre ; Et
par conſequent l'agitation des Eſprits qui
ſe remarque dans les Paſſions , & qui cauſe tous les changemens qui ſe font au corps,
ne ſe fait qu'apres que l'ame eſt émeuë.
D'ailleurs les Mouuemens de la volonté
ſont ſouuent contraires à la raiſon , auſſi
bien que ceux de l'Appetit ſenſitif, & dans

les Paſſions les plus ſpirituelles, comme
l'ambition, l'enuie, &c. elle altere le
corps comme luy. On peut meſme aſſeurer que dans les mouuemens de l'Appetit
naturel le corps ſouffre quelquefois vne
plus grande alteration que dans ceux de
l'Appetit ſenſitif, comme il paroiſt dans la
fiévre qui eſt la cholere de faculté naturelle. Enfin ny cette violence, ny cette
alteration ne ſuiuent pas touſiours les
émotions de l'Appetit ſenſitif. Il y en a
qui ſont conformes à la raiſon : Il y en a
qui demeurent dans l'Ame ſans deſcendre
aux facultez corporelles, s'éleuant & ſe
diſſipant ſi promptement qu'elles n'ont
pas le temps de ſe répandre ſur elles. Outre que les Anges ſont ſuſceptibles d'a-
mour, de haine, de ioye, de triſteſſe, comme la Theologie enſeigne.

De ſorte qu'il n'y a aucun fondement
pour oſter le nom de Paſſions aux Mouuemens de la volonté, & de l'Appetit naturel, & ainſi on peut aſſeurer que tous les
Mouuemens de chaque Appetit ſont des
Paſſions, puiſque l'agitation que l'Ame y

souffre y eſt toute égale, & que la fin qu'elle s'y propoſe y eſt pareille : Car par tout là elle s'agite & ſe meut pour iouïr du bien ou pour éuiter le mal.

Il eſt vray que ces Mouuemens ſont diuerſement appellez ſelon qu'ils ſont plus ou moins vehemens. Car comme on donne le nom d'orage & de tempeſte aux vents qui ſont violents ; auſſi quand les paſſions ſont grandes elles s'appellent Perturbations. Et certainement on peut dire que les paſſions ſont les vents de l'Ame. Car tout de meſme que l'air qui demeure touiours calme & tranquille eſt mal ſain, que les vents moderez le purifient & que s'ils ſont trop violents ils y excitent des tempeſtes : Auſſi l'Ame qui n'eſt eſmeüe d'aucune paſſion doit eſtre peſante & mal ſaine : Il faut qu'elle en ſoit moderement agitée pour eſtre plus pure & plus ſuſceptible de la vertu. Mais s'il arriue que les Paſſions s'y rendent trop violentes elle y forment des orages qui troublent la raiſon, qui bouleuerſent les humeurs, & qui changent toute la conſtitution du corps.

Du

Du nombre des paſſions.

COmme l'Art de connoiſtre les Hommes promet de découurir les Mouuemens de l'Ame, Il faut voir en combien de façons elle ſe peut mouuoir, & quel eſt le nombre des Paſſions dont elle peut eſtre agitée. A ce deſſein il faut preſuppoſer que chaque Appetit a deux parties, la Concupiſcible, & l'Iraſcible : par la premiere il pourſuit le bien & fuit le mal ; par l'Iraſcible il s'oppoſe ou ſe rend aux difficultez qui ſe preſentent. Car comme l'vniuers eſt compoſé & remply de choſes qui ſont contraires & oppoſées les vnes aux autres, il n'y a rien qui y puiſſe demeurer ſans trouuer des ennemis qui l'attacquent & qui taſchent de le deſtruire : De ſorte qu'il a eſté de la prouidence de la Nature de donner à chaque choſe, non ſeulement les vertus qui eſtoient neceſſaires pour faire ſes fonctions ordinaires & comme domeſtiques, mais encore celles

S

qui la deuoient deffendre des attaques
eftrangeres, & empefcher les violences
qu'elle pouuoit receuoir de dehors. C'eft
pour cela que toutes les chofes ont des
qualitez propres à conferuer leur eftre,
& d'autres qui peuuent deftruire leur
contraire : Et que les animaux où ces vertus font plus diftinctes ont eu deux Appetits differens; Le concupifcible pour chercher ce qui leur eft conuenable, & fuir
ce qui leur eft nuifible, & l'Irafcible pour
refifter au mal, pour l'attaquer & le dé-
truire s'il en eft de befoin. Enfin l'Irafcible eft la partie de l'Ame qui gouuerne
les forces de l'animal, & qui les mefnage
felon que le mal luy paroift foible ou puiffant.

Or ces deux parties de l'Appetit fe peuuent mouuoir enfemble ou feparement :
Car dans la douleur il n'y a que la partie
concupifcible qui fe meuue, & dans la
hardieffe il n'y a que l'Irafcible ; mais dans
la cholere toutes les deux font agitées en
mefme temps, car la cholere eft compofée de la douleur & de la hardieffe. Quand

elles fe meuuent feparement, elles forment les Paffions Simples ; quand elles fe
meuuent enfemble elles font les paffions
Mixtes.

L'Echole met vnze Paffions Simples, fix
dans l'appetit concupifcible, à fçauoir
l'Amour, la Hayne, le Defir, l'Auerfion,
le Plaifir & la Douleur ; & cinq dans l'Irafcible, à fçauoir l'Efperance, le Defefpoir,
la Hardieffe, la Crainte & la Cholere.

Quelles font les Paffions fimples, & com- bien elles font.

Mais outre qu'elle oublie la Conftance,
qui eft vne Paffion veritable, & qui fert
de matiere à la vertu de Conftance, de Patience, & de Perfeuerance, à l'opiniaftreté,
& à la dureté de cœur; Elle met au rang
des Paffions simples, la Cholere & l'Efperance, qui fans doute font des Paffions
mixtes, la premiere eftant compofée de la
Douleur & de la Hardieffe, & l'Efperance
fe formant du Defir & de la Conftance.
D'ailleurs elle propofe l'Auerfion comme
vne Paffion diftincte de la Hayne, quoy
que ce foit vne mefme chofe. Le Defir
mefme ne doit point eftre mis en ce rang,

eſtant vne forte d'amour, & n'ayant point
de mouuement different du ſien.

*Il y a huit paſ-
ſions ſimples.*

DE ſorte qu'apres le retranchement de
ces quatre Paſſions & le reſtabliſſe-
ment de la Conſtance, il ne reſte que huit
Paſſions ſimples, quatre dans l'Appetit
concupiſcible, à ſçauoir l'Amour, la
Hayne, le Plaiſir, la Douleur; & quatre
dans l'Iraſcible, la Hardieſſe, la Crainte,
la Conſtance ou fermeté de courage, &
la Conſternation ou abattement de courage, ſous lequel le Deſeſpoir eſt compris.

*Pourquoy il a
huit paſſions
ſimples?*

CEtte diuiſion eſt naturelle, eſtant
fondée ſur les diuerſes eſpeces de
mouuemens dont l'Ame eſt agitée; Car
puiſque les Paſſions ſont les mouuemens
de l'Ame, c'eſt par la diuerſité des mouuemens que les Paſſions ſe doiuent principalement diſtinguer. Elle eſt auſſi facile à
conçeuoir par la conſideration des Mouuemens que ſouffrent les Eſprits dans les
Paſſions; car eſtant ſemblables à ceux de
l'Ame qui leur communique l'agitation

qu'elle souffre ; il est euident qu'en autant
de façons dont les Esprits se meuuent,
l'Ame s'y meut aussi en autant de manieres.

Or les Esprits sont susceptibles de quatre Mouuemens qui sont communs à tous
les Corps naturels, & qui sont les premiers
& les plus simples de tous ; c'est à sçauoir de Monter, de Descendre, de se Ra-
refier, & de se Condenser. Car quand ils
sortent du Cœur pour se jetter aux parties exterieures, c'est se mouuoir du centre à la circonference, c'est monter : Et
quand ils se retirent au Cœur, c'est se mouuoir de la circonference au centre, c'est
descendre : Ils se rarefient aussi en se di-
latant & se condensent en se resserrant en
eux mesmes.

L'Appetit souffre à proportion les mesmes mouuemens; Car quoy qu'il ne change pas de place comme eux, & que ses
mouuemens soient interieurs & immanens, il fait neantmoins mouuoir les parties qui se trouuent dans l'extension de
l'Ame, en sorte que tantost il les pousse
en dehors, tantost il les retire en dedans,

tantoſt il les dilate ou les reſſerre.

Quand donc ces quatre mouuemens ſe
font dans l'Appetit concupiſcible, ils forment les quatre premieres Paſſions de cét
Appetit, à ſçauoir l'Amour, la Hayne, le
Plaiſir & la Douleur : Car l'Ame ſort comme hors d'elle dás l'Amour, elle ſe retire en
ſoy-meſme dans la Hayne, elle ſe dilate dans
le Plaiſir, elle ſe reſſerre dans la Douleur.

Mais quand ils ſe font dans l'Appetit
iraſcible, qui eſt celuy qui regarde les difficultez qui enuironnent le Bien & le Mal,
ils forment les quatre premieres Paſſions
de cét Appetit, c'eſt à ſçauoir la Hardieſſe & la Crainte, la Conſtance, & la Conſternation : Car dans la Hardieſſe l'Ame
ſort comme dans l'Amour ; dans la Crainte elle ſe retire comme dans la Hayne ; dans
la Conſtance elle ſe reſerre & s'affermit
comme dans la Douleur ; dans la Conſternation elle s'eſtend & ſe relaſche comme
dans la Ioye.

De ſorte que les mouuemens de l'vn &
de l'autre Appetit ſont ſemblables , &
ne different que par la puiſſance qui les

excite, & par la fin que l'Ame s'y propose. Car dans l'Amour l'Ame sort hors d'elle
mesme pour s'vnir au Bien ; Mais dans la
Hardiesse elle sort pour attacquer le Mal,
& ainsi du reste comme nous dirons au
discours de chaque Passion, & comme on
peut remarquer dans la definition que nous
en allons donner par aduance.

IL y a donc quatre Passions simples de l'Apetit concupiscible.

Les definitions des passions sim-ples.

   L'Amour, qui est vn mouuement de
l'Appetit, par lequel l'Ame se porte vers le
bien & s'vnit auec luy.

   La Hayne, qui est vn mouuement de
l'Appetit, par lequel l'Ame se separe &
s'éloigne du Mal.

   Le Plaisir, qui est vn mouuement de
l'Appetit, par lequel l'Ame se dilate, & se
répand sur le Bien pour le posseder plus
parfaitement.

   La Douleur, qui est vn mouuement de
l'Appetit, par lequel l'Ame se resserre pour
éuiter le Mal qui la presse.

   Les quatre autres qui appartiennent à

l'Apetit Irafcible, font

La Conftance, qui eft vn mouuement de l'Appetit, par lequel l'Ame s'affermit, & fe roidit pour refifter aux maux qui l'attacquent.

La Confternation, qui eft vn mouuement de l'Appetit, par lequel l'Ame fe relache & s'abandonne à la violence du Mal.

La Hardieffe, qui eft vn mouuement de l'Appetit, par lequel l'ame s'élance contre le Mal pour le combattre.

La Crainte, qui eft vn mouuement de l'Appetit, par lequel l'Ame fe retire & fuit auec precipitation le Mal qui vient fondre fur elle,

Les definitions des paffions mixtes. QVant aux Paffions Mixtes qui font compofées des fimples, & qui fe forment quand les deux Appetits fe meuuent en mefme temps. Les plus confiderables font.

1. *L'Efperance*. 2. *l'Orgueil*. 3. *l'Impudence*. 4. *l'Emulation*. 5. *la Cholere*. 6. *le Repentir*. 7. *la Honte*. 8. *la Ialoufie*. 9. *la Pitié*. 10. *l'Enuie*. 11. *l'Agonie*.

L'Efperance

L'Esperance, eſt compoſée du Deſir du bien & de la Conſtance que l'on a pour reſiſter aux difficultez qui l'enuironnent.

L'Orgueil naiſt de l'Amour propre, & de la Hardieſſe que l'on a de ſurpaſſer les autres.

L'Impudence ſe forme du Plaiſir & de la Hardieſſe que l'on à de faire des choſes des-honneſtes.

L'Emulation, eſt vn mélange de la Douleur que l'on ſent de n'auoir pas les perfe-ctions qu'on ſe figure en autruy, & de l'Eſperance de les pouuoir acquerir.

La Cholere, eſt compoſée de la Douleur que l'on ſouffre pour l'Injure receuë, & de la Hardieſſe que l'on a pour la repouſ-ſer.

Le Repentir, naiſt de la Douleur que l'on a du mal que l'on a fait, & de la Deteſta-tion que l'on conçoit pour luy, qui eſt vne eſpece de hardieſſe comme nous mon-trerons en ſon lieu.

La Honte, procede de la Douleur & de la Crainte de l'infamie.

La Ialouſie, eſt vne confuſion d'Amour.

de Hayne, de Crainte & de Defefpoir.

La Pitié, eft composée de la Douleur
que les maux d'autruy nous font reffen-
tir, & de la Crainte que nous auons de
tomber aux mefmes accidens.

L'Enuie, eft vn meflange de la Douleur
& de quelque Defefpoir de poffeder le bien
que l'on voit arriuer aux autres.

L'Agonie, eft vn composé de Douleur,
de Crainte & de Hardieffe.

L'ordre naturel
des paffions.

LE rang que toutes ces Paffions doiuent
naturellement garder entre-elles, veut
que les Simples foient premieres que les
Mixtes, puifque celles-cy font composées
des autres; Et que les Paffions de la partie
concupifcible deuancent celles de l'I-
rafcible ; parce que l'Appetit concupifcible confiderant fimplement le Bien & le
Mal, & l'Irafcible les confiderant auec les
difficultez dont ils font enuironnez, les
difficultez ne font que des circonftances
qui leur furuiennent.

Mais les comparant felon leurs efpeces
particulieres, l'Amour & la Hayne deuan-

cent toutes les autres. Car il n'y en a pas vne de celles qui ont le Bien pour objet qui ne foit precedée & accompagnée de l'Amour, comme toutes celles qui ont le Mal pour objet, le font de la Hayne. Car celuy qui fent le Mal ou qui luy refifte, qui l'attaque ou qui le fuit, le hayt infailliblement ; Auffi l'Amour eft le premier mouuement que l'Appetit fait pour le bien, comme la Hayne eft le premier qu'il fait pour le Mal.

Mais ce que l'Amour & la Hayne font à l'égard de toutes les Paffions, la Conftance & l'Abattement de courage le font à l'efgard de toutes le Paffions de l'Appetit irafcible, foit qu'elles foient fimples, foit qu'elles foient mixtes. Car il faut que l'Ame s'affermiffe dans la Hardieffe, dans l'Efperance, dans l'Orgueil, dans l'Impudence, dans l'Emulation, dãs la Cholere & dans le Repentir ; au contraire, il faut qu'elle fe relafche dans la Crainte, dans la Honte, dans la Ialoufie, dans la Pitié & dans l'Enuie.

L'Amour eft auffi premier que la Hayne,

parce que le bien deuance naturellement
le mal, comme la forme deuance la priuation. Le Plaisir doit estre aussi deuant
la Douleur, puisque celuy-là vient de la
presence du bien, & celle-cy de la presence du mal. Il en est de mesme à proportion de la Constance & de la Hardiesse
à l'esgard de la Consternation & de la
Crainte. Et selon ces regles les Passions
Mixtes doiuent estre rangées comme nous
auons fait : Car l'Esperance doit estre la
premiere, parce qu'elle est composée de
l'Amour & de la Constance qui sont les
premieres de l'vn & de l'autre Appetit.
L'Orgueil vient apres qui naist de l'A-
mour & de la Hardiesse, & ainsi de suite.

Il y a 3. ordres
de passions.

TOutes ces Passions tant les Simples
que les Mixtes sont de trois ordres:
Car elles se forment, ou dans la volonté,
ou dans l'Appetit sensitif, ou dans l'Appetit naturel, qui tous trois ont chacun
leur partie concupiscible & irascible. Mais
il y a cette difference qu'elles sont plus
distinctes & plus acheuées dans la volon-

té que dans l'Appetit senfitif, & dans celuy-cy que dans l'Appetit naturel : Car
il y en a, & principalement de celles qui
font mixtes, qui à peine fe peuuent remarquer dans l'Appetit senfitif, & fi elles
s'y forment ce ne font, s'il faut ainfi dire,
que des ombres & des images groffieres
de celles qui s'efleuent dans la volonté.
En effet quoy que la Cholere, l'Efperance,
l'Orgueil, la Ialoufie, l'Emulation & l'Enuie
foient euidentes dans les beftes, toutes les
autres n'y font qu'efbauchées, & l'on a de
la peine à y reconnoiftre la Honte, l'Impudence, la Pitié & le Repentir, quoy que
l'on y en remarque quelques traits & quelques veftiges. Mais toutes & les fimples
mefmes font fi obfcures dans l'Appetit naturel que perfonne ne leur a encore donné
le nom de Paffions, quoy que c'en foient
de veritables & qu'elles fe doiuent appeller ainfi, comme nous auons dit. Il faut
neantmoins remarquer que celles qui appartiennent à l'Irafcible y font plus euidentes que les autres : Car il eft certain
que la Nature refifte aux maux, qu'elle

les attacque, qu'elle perd quelque-fois le
courage & abandonne le combat, & il n'y
a rien de si commun dans la Medecine que
de dire qu'elle est irritée : Nous auons
mesme montré ailleurs que la fiévre est
la cholere de la faculté naturelle; de sorte que l'on ne peut douter que la Hardieffe & la Cholere, la Fermeté & la Confternation ne se forment dans cette baffe
partie de l'Ame. Mais pour celles de l'Appetit concupifcible elles n'y font pas si
manifeftes; ny l'Amour, ny la Hayne, le
Plaifir ny la Douleur, ne s'y font pas reconnoiftre si fenfiblement que les autres:
Et neantmoins c'eft vne neceffité qu'elles
s'y doiuent former. Car on ne fçauroit
attacquer ou fuir le mal fans le hayr, puis
que la Hayne eft le premier Mouuement
que le Mal excite dans l'Appetit; La Cholere ne peut eftre auffi fans Douleur, puis
qu'elle en fait partie. De forte que l'Appetit naturel eft fufceptible de Hayne & de
Douleur, & par confequent d'Amour, &
de Plaifir, puifque ce font des contraires
qui conuiennent à vn mefme fujet. D'ail-

leurs, fi la Nature connoiſt & fuit ce qui
luy eſt mauuais, il faut auſſi qu'elle connoiſſe, & qu'elle pourſuiue ce qui luy eſt
bon, & cela ne peut eſtre qu'elle n'ayt
de l'Amour pour luy, puiſque l'Amour eſt
le premier mouuement que l'Appetit forme pour le bien: Et comme la preſence du
Mal luy donne de la Douleur, c'eſt vne
neceſſité que la preſence du bien luy donne du Plaiſir.

Mais comme nous auons dit, ces Paſſions ſont ſi foibles & ſi cachées, que les
ſens ont peine à les reconnoiſtre, & il n'y
a gueres que la raiſon & le diſcours qui
les deſcouurent.

La cauſe de cette diuerſité vient non
ſeulement de ce que ces appetits ſont plus
mobiles les vns que les autres: Car la volonté eſtant deſtachée de la matiere, ſe
meut plus facilement que l'Appetit ſenſitif, & celuy-cy plus que l'Appetit naturel,
parce qu'il a pour ſujet vne matiere plus
ſubtile, & par conſequent plus mobile
que luy. Mais encore elle procede de
la connoiſſance plus ou moins parfaite

qui les éclaire. Car comme l'Entendement
connoiſt plus parfaitement & connoiſt
plus de choſes que l'Imagination, il inſpire auſſi à la volonté vne plus grande varieté de mouuemens qu'elle ne fait, & elle
auſſi qui a vne connoiſſance plus grande
& plus exacte que la faculté naturelle, forme plus de Paſſions dans l'Appetit ſenſitif
qu'il n'y en a dans l'Appetit naturel.

Comment les Paſſions d'vn Appetit ſe communiquent à l'autre.

IL y a encore icy vne choſe à conſiderer qui eſt tres importante, c'eſt que les
Paſſions qui ſe forment en chacun de ces
trois Appetits ſe communiquent ordinairement de l'vn à l'autre, en ſorte que celles
de la volonté deſcendent dans l'Appetit
ſenſitif & dans l'Appetit naturel, comme
les leurs montent dans la volonté. Car
il eſt certain que la volonté ſe laiſſe ſouuent emporter à l'Amour, au Plaiſir & à la

la douleur dont l'Appetit fenfitif eft agité ;
tout de mefme que l'Amour , la joye &
la triftefle de l'Efprit fe refpandent fur le
Corps, & y caufent des efmotions toutes pareilles.

La difficulté eft de fçauoir comment
cette communication fe fait. Car il femble puifque les chofes materielles ne peuuent agir fur les fpirituelles , que les maux
ny les biens fenfibles ne peuuent toucher
l'Efprit, ny par confequent luy eftre des
obiets agreables ou fafcheux. D'vn autre
cofté, quoy que l'Entendement puifle efle-
uer les Phantofmes de l'Imagination , &
les rendre fpirituels , il n'eft pas au pouuoir
de l'Imagination de changer les jdées de
l'Entendement qui font fpirituelles en des
phantofmes corporels : Ainfi les biens &
les maux de l'Efprit ne fçauroient toucher
l'Ame fenfitiue ny y exciter aucune Paffion.

Pour refpondre à ces raifons & refoudre
cette grande difficulté , on pourroit dire
auec l'Echole qu'il y a fympathie entre
les facultez de l'Ame , & qu'elles font fi
eftroitement liées enfemble, qu'il eft impof-

V

fible que l'vne ne reffente ce qui-fe paffe
en l'autre; ou bien qu'eftant toutes reunies
dans la fubftance de l'Ame qui en eft le
centre & le principe, & comme la maiftreffe rouë où elles font toutes enclauées,
c'eft l'Ame mefme qui les fait agir l'vne
apres l'autre, conformement aux actions
qui fe doiuent faire. De forte que l'Appetit, par exemple, s'agite apres la connoiffance de l'imagination, & les membres fe
meuuent apres l'émotion de l'Appetit,
parce que ces facultez ont fympathie enfemble, ou parce que l'Ame les excite &
les fait agir dans cét ordre-là. Cela eftant
ainfi, il feroit facile de dire comment les
Paffions d'vn appetit paffent dans vn autre, parce que ces puiffances-là agiffant
l'vne apres l'autre par la fympathie qu'elles ont enfemble, ou par la direction de
l'Ame, il faut non feulement que la volonté fe meuue, apres auoir efté éclairée
de l'Entendement, mais encore il faut que
l'Appetit fenfitif s'agite apres elle ; tout
de mefme qu'apres que l'Imagination a
excité quelque mouuement dans l'Appe-

tit senstif, la volonté se doit mouuoir
en suitte.

Mais pour en parler franchement, ces
opinions ne satisfont pas pleinement l'esprit : car outre que le mot de sympathie
est vn de ces termes qui eludent les difficultez, & qui flattent nostre ignorance :
Si c'est par elle que l'Ame raisonnable &
la sensitiue se communiquent leurs passions, il faudra qu'il n'y en ait aucune dans
la volonté qui ne descende dans l'Appetit
sensitif, ny aucune en celuy-cy qui ne mon-
te dans la volonté, & que toute sorte de
tristesse soit accompagnée de la douleur,
& que toute douleur le soit de la tristesse.
Ce qui n'est pas veritable, puisqu'il n'y a
que les grandes tristesses qui se fassent ressentir au corps, & que les legeres douleurs
ne touchent point l'esprit & ne le iettent
point dans la tristesse. Dailleurs cette Sympathie n'exclud pas la maniere d'agir qui
est naturelle aux facultez ; c'est vn ordre
establly par la Nature que l'Appetit sensitif soit esclairé par l'Imagination, & que
l'Imagination ne connoisse que les choses

senſibles. Comment ſe peut-il donc faire
qu'elle connoiſſe l'objet d'vne Paſſion ſpirituelle ? D'vn autre coſté, comment l'Entendement & la volonté qui ſont des Puiſſances ſpirituelles, ſe laiſſent-elles émouuoir par des objets corporels ? Et comment
la douleur, par exemple, peut-elle exciter
la triſteſſe dans l'eſprit, quelque ſympathie
qu'il y ait entre ces Puiſſances ? Enfin la
Sympathie préſuppoſe touſiours quelque
connoiſſance; Car le fer doit ſentir la preſence de l'aymát pour ſe mouuoir vers luy.
Et par conſequent il faut que tout appetit connoiſſe le Iugement de la faculté qui
l'éclaire : Cependant c'eſt vne puiſſance
aueugle, & qui n'a aucune connoiſſance.

De dire auſſi que c'eſt la ſubſtance de
l'Ame qui fait agir ces facultez, comme
cela ne ſe peut faire qu'elle n'ayt la connoiſſance de l'ordre qu'elles doiuent garder en
leurs actions, & qu'elle ne ſçache particulierement la maniere dont l'Appetit ſe
doit mouuoir en chaque Paſſion : il faudroit que l'Ame euſt de ſoy meſme la connoiſſance d'vne infinité de choſes, & qu'el-

le les connuſt par ſa propre ſubſtance ſans le ſecours d'aucune faculté, ce qui ne ſe trouue en aucun eſtre crée, & qui eſt re-ſerué à la Nature diuine.

Cherchons donc quelque autre moyen plus plauſible par lequel le Corps & l'Eſ-prit ſe communiquent l'vn à l'autre le bien & le mal qu'ils reſſentent. A ce deſſein il faut remarquer que l'Eſprit qui eſt la plus noble & la plus excellente partie de l'Homme, eſt auſſi comme le Roy de cette petite Monarchie, qui prend garde à tout ce qui s'y paſſe de plus conſiderable, & qui a vn ſoin particulier du Corps com-me eſtant l'Inſtrument de la plus-part de ſes actions, & compoſant auec luy vn tout à la ſubſiſtence & conſeruation duquel il s'intereſſe comme à la ſienne propre. De ſorte qu'il ne faut pas s'eſtonner s'il ſe laiſſe toucher aux biens & aux maux qui luy arriuent, & s'il forme les meſmes Paſſions qu'ils excitent dans l'Appetit ſenſitif: Car cela ne luy eſt pas difficile à faire, parce qu'il voit les phantoſmes que l'Imagina-tion en a faits, ſur leſquels il forme ſes

idées & ſes jugemens qu'il preſente apres
à la volonté.

C'eſt donc par ce moyen que les Paſſions
du corps ſe communiquent ordinairement
à l'Eſprit. Mais il n'en va pas ainſi de
de celles de l'Eſprit à l'eſgard du Corps, dautant que ce n'eſt pas par la connoiſſance
que l'Entendement les communique à
l'Ame ſenſitiue, pour la raiſon que nous
auons dite cy-deuant; mais c'eſt immediatement par le mouuement que la volonté imprime dans l'Appetit ſenſitif. Car il
n'y a point d'inconuenient que la volonté
meuue l'Appetit, parce que le mouuement eſt commun aux choſes ſpirituelles
& aux corporelles; mais il y en a que les
penſées de l'Entendement ſe cómuniquent
à l'Imagination, dautant que les choſes
ſpirituelles ne peuuent jamais deuenir
corporelles.

Pour eſclarcir cette propoſition il faut
obſeruer que la volonté a vn empire immediat ſur toutes les parties de l'Ame &
du corps qui ſe meuuent volontairement.
Car elle peut faire mouuoir les membres

fans que l'Appetit fenfitif y interuienne,
n'eftant pas vray-femblable que dans la
refolution que l'Entendement a prife d'é-
tendre la main, par exemple, il faille que
ce mouuement fe faffe par les ordres de
l'Ame fenfitiue qui n'a aucune connoiffance de l'obiet ny du motif de cette
action. Or fi elle à ce pouuoir fur les
membres, à plus forte raifon l'aura-t'elle
fur l'appetit ; qui eftant plus proche & plus
mobile qu'ils ne font, luy doit eftre auffi
plus foufmis, & partant elle le peut agiter
& luy imprimer les mefmes mouuemens
qu'elle s'eft donnez à elle mefme.

En effet toutes les chofes qui font en
mouuement tant les corporelles, que les
fpirituelles, produifent dans celles aufquelles elles font appliquées vne certaine qualité motrice qu'on nomme Impetuofité
qui eft comme vne Impreffion, & vne
communication de leur mouuement. Car
c'eft par elle que les corps qui font pouffez ou lancez continuent le mouuement
qu'ils ont receu de la main, quoy qu'ils en
foient feparez. C'eft par elle que les An-

ges pouffent les corps , & qu'ils chaffent
les Demons, parce qu'ils n'ont aucune vertu , ny aucun moyen pour agir réellement
& phyfiquement fur les chofes,que le mouuement qu'ils leur impriment.

Cela eftant donc veritable, il faut que
la volonté qui fe meut, imprime fon mouuement dans l'Appetit fenfitif, & qu'elle
l'agite fans qu'il ait befoin d'aucune connoiffance precedente de l'Imagination : Car
quoy qu'il foit vray qu'il ne fe puiffe émouuoir que cette faculté ne l'ait auparauant
éclairé , cela fe doit entendre quand il fe
meut de luy - mefme fans eftre violenté
par aucune caufe eftrangere comme il eft
icy.

Or de la mefme maniere que la volonté
imprime dans cét Appetit l'émotion qu'elle fe donne , auffi quand il eft agité il communique le fien à la volonté , parce que
tout ce qui fe meut peut imprimer fon
mouuement aux chofes qui luy font proches fi elles n'y refiftent par leur pefan-
teur ou par vn mouuement contraire. Car
la volonté & l'Appetit refiftent fouuent

l'vn

l'vn à l'autre par les agitations contraires
qu'ils se donnent : Et les membres ny les
autres corps ne leur obeïssent pas toûjours
à cause de leur poids qui est plus fort que
le mouuement que la Volonté & l'Appetit leur impriment.

Tout ce qu'on pourroit dire là-dessus, seroit, qu'en ce cas les mouuemens de la volõ-
té &de l'Appetit ne seroient pas des actions
vitales qui ne peuuent estre violentées, ny
venir de dehors ; Et qui doiuent sortir du
fonds de la puissance qui les exerce. Mais il
faut répódre que la volóté&l'Appetit apres
auoir receu ce mouuement estranger s'a-
gitent eux-mesmes, & produisent leurs
actions propres, immanentes & vitales ; de
la mesme maniere qu'vn homme qui est
poussé se meut & va apres de luy-mesme;
Ou comme celuy qui est contraint de faire quelque chose contre son gré : Car sa
volonté est d'abord ébranlée par la force
qu'on luy fait ; mais enfin elle y consent,
& se meut elle-mesme pour executer l'a-
ction. De sorte que ces mouuemens exterieurs que l'Appetit & la Volonté se don-

X

nent reciproquement, ne font pas de veritables Paſſions, tandis que ces puiſſances
ne ſe meuuent pas elles-meſmes : Mais comme il y a des reſſorts qu'on ne ſçauroit ſi
peu toucher qu'ils ne ſe meuuent incontinant, auſſi ces facultez font ſi mobiles
qu'elles n'ont pas ſi-toſt receu l'impreſſion
l'vne de l'autre, qu'elles ne s'agitent & ne
produiſent de veritables Paſſions. Ce n'eſt
pas qu'il n'arriue tres-ſouuent qu'elles ſe
trouuent ébranlées fans ſe mouuoir elles-
meſmes : Et fans doute quand la Volonté
qui ne veut pas ſe laiſſer emporter à quelque Paſſion de l'Appetit ſenſitif, ſent
neantmoins vne douce violence qui la
fait pancher vers elle, on peut dire qu'elle ſouffre alors l'impreſſion du mouuement que luy donne l'Appetit; mais
qu'elle ne s'agite pas, & ne ſe donne aucune émotion.

  Or la difference qu'il y a entre les Paſſions qui font ainſi excitées, c'eſt que l'Entendement voit incontinent l'objet qui a
émeu l'Appetit ſenſitif; Mais l'Imagination
qui ne peut connoiſtre l'objet de la vo-

lonté, remarquant le mouuement que celuy-cy a excité dans l'Appetit, fe figure vn
objet & vn motif conforme à ce mouuement, & rend ainfi la Paffion complete;
tout de mefme qu'elle fait dans les Songes, dans l'Amour d'inclination, & dans
les Paffions que la Mufique infpire, comme nous auons dit ailleurs. Car nous
auons montré que quand l'Ame remarque
dans l'Appetit ou dans les Efprits quelque
mouuement qui eft propre à vne Paffion,
quoy qu'elle ignore l'objet qui excite ce
mouuement, elle s'en figure vne autre
qui eft proportionné à cette Paffion. C'c&
ainfi qu'vn homme qui s'endort fur fa cholere fe reprefente en dormant des ennemis
& des combats, parce que le trouble qui
eft demeuré dans les efprits eft reconnu
par l'Imagination qui fe figure apres des
objets conformes à ce mouuement.

Il en eft de mefme de la Mufique & de
l'Amour d'Inclination : Car l'vne & l'autre
impriment dans les Efprits des mouuemens
qui fe trouuant pareils à ceux des Paffions
font caufe que l'Ame qui les reconnoift

se represente des objets qui sont propres
à ces Passions, & forme ainsi les Passions
mesmes.

Quoy qu'il en soit quand l'Imagination a ressenty l'esmotion que la volonté
a excitée dans l'Appetit, elle se forme vn
objet tel qu'il le luy falloit pour produire
cette Passion. Mais c'est vn objet vague
& confus qui ne la determine pas preci-
sement ; c'est pourquoy il arriue souuent
qu'en cét estat on ne sçauroit dire pourquoy on est triste ou joyeux, & quoy que
l'on ressente le Mal ou le Bien, on ne peut
specifier quel il est.

Quel est le Siege & le premier sujet de l'Appetit.

PAr tout ce que nous auons dit cy-deuant, il paroist assez que l'Appetit est
le premier sujet des Passions, parce que
ce sont des mouuemens, & que l'Appetit
est la seule partie de l'Ame qui se meut.
Mais comme l'Ame est la forme du Corps,

& que les facultez ont des Organes propres où elles refident, & où elles agiffent,
il faut voir quelle eft la partie du Corps
qui fert de Siege à l'Appetit, & où elle
forme fes premiers mouuemens : Car cette
recherche eft tout à fait neceffaire à noftre deffein, puifque nous ferons à tous
momens obligez de parler du lieu où naiffent les Paffions.

Il faut premierement fuppofer que les
Facultez de l'Ame font infeparables de fa
fubftance, & que par tout où elle eft, elles
y font auffi. Mais comme il y en a qui
ont befoin d'Organes pour agir, quoy
qu'elles foient par tout où eft l'Ame, elles
n'agiffent pourtant que dans leurs Organes.

Celles qui font fpirituelles n'eftans
point attachées à la matiere n'en ont pas
de befoin, & par confequent elles font &
agiffent par tout où eft l'Ame, comme
l'Entendement & la volonté. Car quoy
que les actions de l'Entendement paroiffent plus dans la Tefte, & celles de la volonté dans le Cœur, qu'elles ne font ailleurs, ce n'eft pas que ces deux parties en

ſoient les Organes, mais c'eſt à cauſe que les facultez qui les ſeruent ſont en ces lieux-là , & que l'on attribuë à ces hautes puiſſances les actions de celles qui leur obeyſſent, comme l'on attribuë au Prince ce qui ſe fait par ſes Miniſtres.

Il n'en eſt pas ainſi des Facultez Corporelles, il faut qu'elles ſoient attachées à quelque partie du Corps qui leur ſerue de ſujet & d'inſtrument pour faire leurs fonctions. Et il n'y a pas lieu de douter que l'Appetit ſenſitif, & l'Appetit naturel ne ſoient de cét ordre-là : Mais il y a grande conteſtation entre les Philoſophes pour ſçauoir quel eſt le Siege de l'vn & de l'autre.

Quel eſt le ſiege de l'Appetit Senſitif.

QVant à l'Appetit Senſitif nous experimentós que dás quelque Paſſion que ce ſoit, le Cœur ſe trouble & s'agite & qu'il n'y en a gueres, quelques ſecretes qu'elles ſoient, qu'on ne puiſſe deſcouuir par le batement des arteres. La commune façon de parler & la Religion meſme veulent que cette partie ne ſoit pas ſeulement la source de toutes les Passions qui alterent le Corps, mais encore de toutes les affe-ctions & de tous les mouuemens de l'A-me ; de sorte qu'on peut dire que c'est le Siege, le sujet & le premier Organe de l'Appetit Sensitif.

Mais aussi nous voyons que dans les in-sectes & dans les serpens, les parties sepa-rées du Cœur ne laissent pas de sentir & de se mouuoir quand on les touche. On a mesme remarqué que dans les Animaux les plus parfaits, les membres se remuent quelque temps apres qu'on leur a arraché cette partie. Et nos dernieres obseruations font foy, qu'auant que le Cœur & le Cer-ueau soient formez, il y a mouuement & sentiment dans l'Embryon. Enfin la Faim & la Soif sont deux Appetits sensitifs, & tout le monde sçait que la bouche de l'Estomach, & non pas le Cœur en est le veritable sujet. Il n'y a mesme aucune partie sensible qui soit si peu blessée qui ne se meuue au mesme instant, sans que l'on puisse dire que le Cœur soit cause de ce mouuement : Et qu'en effet il semble

que l'Appetit doit eftre par tout où eft le
fentiment, puifque le fens éclaire l'Appetit, & qu'il ne fe peut mouuoir fans luy:
Et de là quelques-vns ont creu que le Cerueau, qui eft le principe du fentiment &
l'organe de l'imagination, le doit eftre
auffi de l'Appetit Senfitif.

De toutes ces obferuations on peut
conclure qu'il y a deux fortes d'Appetit Senfitif, l'vn qui eft general & commun qui regarde la conferuation de tout
l'Animal, tel qu'eft celuy qui forme les
Paffions ordinaires de l'Amour, de la Hayne, &c. l'autre qui eft particulier & propre à chaque partie. Le premier, fans doute eft placé dans le Cœur qui eft la fource
de la vie, & le Centre d'où partent toutes les puiffances qui gouuernent l'Animal. Le fecond, a fon Siege dans chaque
partie comme la Faim & la Soif dans l'E-
ftomach, &c.

Mais comme ces deux Appetits font
d'vne mefme nature ayant les mefmes
mouuemens, les mefmes objets, & vne
mefme fin & qu'ils ne different l'vn de
l'autre

l'autre, que comme les parties d'vn tout
qui font homogenes, il faut qu'ils ayent
vn fujet qui foit auffi de mefme nature;
Et par confequent il eft neceffaire qu'il y
ait au Cœur, & en chaque partie quelque
Organe qui leur foit commun pour eftre
le premier Sujet de cette faculté qui leur
eft commune.

Pour le defcouurir, il faut fe reffouue-
nir de ce que nous auons dit cy-deuant,
que toutes les puiffances de l'Ame font
infeparables de fa fubftance, & que neantmoins elles n'agiffent pas par tout où elle
eft, mais feulement en certaines parties.
Or cela ne peut venir que de la difpofition particuliere qu'ont ces parties pour
ayder à leur action, foit qu'elles foient
plus propres pour reçeuoir l'impreffion
des objets, comme l'œil qui deuoit eftre
tranfparent pour donner paffage à la Lumiere & aux efpeces vifibles, & ainfi des
autres fens ; foit qu'elles foient plus propres à executer le mouuement que l'Ame
doit faire ; comme les Mufcles font les inftrumens des mouuemens volontaires,

Y

parce qu'ils font compofez de tendons &
de chair qui font capables de la contraction , fans laquelle ces mouuemens ne fe
peuuent faire.

Cela prefuppofé comme vne verité qui
ne peut eftre conteftée , il faut que la partie où l'Appetit refide immediatement,
foit propre à l'action qu'il doit faire ; Et
comme il n'a point d'autre action que le
mouuement , il eft neceffaire que cette
partie ait les difpofitions qui font propres
au mouuement. Or il n'y a point de difpofition plus propre au mouuement que
la legereté & la fubtilité , & par confequent il faut que l'Organe & le premier
Sujet de l'Appetit foit d'vne matiere fubtile & legere , & qu'elle fe trouue en tous
les lieux où les mouuemens de l'Appetit
fe font. De forte que n'y ayant aucune
partie à qui cela conuienne que les Efprits,
il s'enfuit que c'eft en eux que l'Appetit
refide comme en fon premier fujet.

Mais comme il y a deux fortes d'Efprits
en general , ceux qui font fixes & attachez à chaque partie , qui font les pre-

miers liens qui joignent l'Ame au Corps ;
Et ceux qui font errans & vagabonds ,
qui portent à tous les membres la chaleur que le Cœur leur doit départir ; il
faut que ce foient les Efprits fixes qui foient
le premier fujet de l'Appetit , parce que
c'eft la partie la plus mobile qui entre dans
la compofition des membres , qui a vne
confiftence durable & permanente comme l'Appetit, & qui fans conteftation eft
animée; les facultez de l'Ame ne pouuant
eftre dans vn fujet qui ne foit animé. Car
les Efprits errans qui font non feulement
priuez d'Ame & de vie comme on croit
communement; mais encore qui n'ont aucune fubfiftence durable , non plus que la
Flamme qui ne fe conferue qu'en naiffant,
& en periffant continuellement, ne fçauroient fouftenir vne faculté de l'Ame qui
eft fixe & permanente comme eft l'Appetit.

De forte que le Cœur eft bien le fiege
de l'Appetit general; mais c'eft à caufe des
Efprits fixes qui entrent en fa compofition;
& il en eft de mefme de chaque membre à

l'égard de l'Appetit particulier,

Quel est le siege de l'Appetit Naturel,

TOut ce que nous venons de dire de l'Appetit Senſitif ſe peut appliquer à l'Appetit Naturel: Car il y en a vn general qui a ſoin de tout le corps , & qui eſt auſſi placé dans le cœur : C'eſt luy qui pouſſe les Eſprits & les humeurs à toutes les parties , qui les agite dans la fievre, qui fait les criſes & autres ſemblables mouuemens qui regardent tout le corps. L'autre eſt particulier , & a ſon ſiege en chaque partie : Il attire ce qui luy eſt bon , il chaſſe ce qui luy eſt mauuais , il fait la contraction des fibres, la conuulſion des nerfs, &c.

Mais comme l'Appetit Senſitif n'eſt placé au Cœur & aux autres parties qu'à cauſe des Eſprits fixes qui entrent en leur compoſition, il en eſt de meſme de l'Appetit Naturel ; ce ſont eux auſſi qui luy ſeruent de premier ſujet, & de premier Organe pour la meſme raiſon qu'ils le ſont de l'autre. Car puiſque cette puiſſance eſt la partie la plus mobile de l'Ame vegetatiue, il luy faut vn ſujet qui ait les diſpoſitions propres à faire ſes mouuemens , & il n'y en a point d'autre que ces Eſprits comme nous auons dit.

On ne manquera pas ſans doute de nous objecter que diuerſes facultez demandent diuers Organes, & que ces deux Appetits eſtant differents, non ſeulement en eſpece, mais encore en genre appartenant à diuers ordres d'Ame , ils ne peuuent auoir pour ſujet les meſmes Eſprits. Mais il eſt facile de répondre à cette objection, puiſque nous auons l'experience qui s'oppoſe à ces maximes : Car les meſmes Eſprits animaux portent le ſentiment & le mouuement , la meſme ſubſtance du cerueau ſert de ſujet à toutes les puiſſances Superieures de l'Ame Senſitiue,& la chair toute ſimple qu'elle eſt a la vertu Senſitiue, & la Vegetatiue, &c.

Apres tout, le mouuement de l'Appetit Senſitif n'eſt point different de celuy de l'Appetit naturel , quant à la nature & à l'eſpece du mouuement; il ſe fait de meſme maniere en l'vn & en l'autre, & toute la diuerſité qui s'y trouue eſt acci-

dentelle & eſtrangere au mouuement.
Car elle ne vient que de la cauſe & de la
condition de l'objet qui l'émeut, qui ſont
des choſes eſtrangeres au mouuement.
Dans l'vn, c'eſt la faculté ſenſitiue qui ſe
meut pour le bien & pour le mal ſenſible;
dans l'autre, c'eſt la faculté naturelle qui ſe
meut pour le bien & pour le mal naturel:
Mais l'vn & l'autre ſe meut de la meſine maniere & forme de meſmes Paſſions, comme nous auons montré : Et par conſequent il n'y a point d'inconuenient que
ces deux puiſſances ayent vn meſine ſujet
pour vne meſme action.

Nous n'auons plus rien à adiouter icy
ſinon que les parties à meſure qu'elles ont
vne plus grande portion de ces Eſprits fixes
ont auſſi l'vn & l'autre Appetit plus fort
& plus vigoureux. Et que l'Appetit general, & l'Appetit particulier ſe ſecourent
ſouuent l'vn l'autre, & ſouuent auſſi agiſſent tous ſeuls. Mais nous retoucherons
de temps en temps ces matieres quand
nous traiterons des Paſſions en particulier.

Aintenant pour acheuer ce qui appartient au difcours general des Paffions, il faut voir tout ce qui fe paffe dans le crops apres l'efmotion de l'Ame, & des efprits fixes. Car quoy que la nature de chaque Paffion confifte en cette efmotion, on peut dire qu'elle n'eft pas complete fi on n'y ioint l'agitation que fouffre le cœur, & l'alteration qui fe fait dans tout le corps.

Il faut donc remarquer qu'apres que l'Ame s'eft efmeuë, le cœur & les efprits vitaux fuiuent fon mouuement; & fi elle veut executer au dehors ce quelle s'eft propofée en foy mefme, elle fait enfin mouuoir les mufcles dans les Paffions de la volonté &.de l'Appetit fenfitif, & les fibres dans celles de l'Appetit naturel; parce que les mufcles font les inftrumens du mouuement volontaire, comme les fibres le font de celuy qui fe fait par l'Appetit naturel. Nous allons expliquer comment tous ces mouuemens fe font.

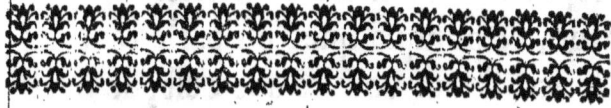

DV MOVVEMENT
du Cœur & des Esprits
dans les Passions.

CHAPITRE IV.

E mouuement du Cœur se fait
pour les Esprits , & celuy des
Esprits se fait pour tout le Corps:
Car le Cœur se meut pour les
produire & pour les conseruer ; Et eux
aussi se meuuent pour communiquer la
chaleur vitale à toutes les parties, pour leur
porter l'aliment qui les doit nourrir, &
pour transporter les humeurs d'vn endroit à l'autre selon que l'Ame le juge
necessaire, comme il arriue dans les Passions , dans les crises & autres rencontres.

Pour bien comprendre cecy, il est à
propos

propos de reprendre les chofes de plus
haut, & puifque que l'on parle tant des
Efprits, il faut voir ce que c'eft, de quelle matiere ils font compofez, & comment
ils fe forment : Auffi bien la Philofophie
& la Medecine ne fe font gueres bien expliquées là-deffus, & les doutes qu'elles y
ont laiffez donnent à chacun la liberté de
propofer fes coniectures pour l'éclairciffe-
ment d'vne chofe fi obfcure & fi cachée.

Ans entrer dans vne exacte recherche
des Elemens dont les corps font compofez, il eft certain & l'on reconnoift fenfiblement qu'il y a trois fortes de parties
qui entrent en la compofition de tous les
Mixtes : Les vnes font fubtiles, actiues &
volatiles; les autres groffieres, paffiues &
pefantes; & les troifiémes font humides
qui feruent de moyen pour ioindre ces
deux extremitez fi oppofées. Car elles ont
quelque chofe de la fubtilité des premieres, & de la groffiereté des autres; &
quand elles fe refoluent, tout le mixte fe
deftruit, parce que c'eft le lien qui vnit

Quelle eft la Nature des Ef- prits.

Z

toutes les parties enfemble. Les fubtiles
font appellez Efprits, parce qu'elles ont fi
peu de matiere & tant d'actiuité, qu'elles femblent n'eftre pas au rang des corps;
Et tandis qu'elles font vnies auec les autres, elles feruent de principaux organes
aux formes, comme eftant les parties les
plus actiues ; & font comme le lien qui
les retiennent dans les corps. Parce que
la Nature qui joint toûjours les extremitez par quelque milieu qui a quelque rapport auec elles, employe les parties fubtiles qui ont peu de matiere, pour joindre
& lier les formes qui n'en ont point, auec
les groffieres qui en ont beaucoup.

Il eft vray qu'elles peuuent fe feparer
& fe conferuer apres, comme nous expe-
rimentons dans les diftillations : car c'eft
ainfi que l'on tire l'Efprit du vin, du fou-
phre, &c. Et pour lors quoy qu'elles perdent l'vfage qu'elles auoient quand elles
eftoient vnies auec leurs formes naturelles, elles ne perdent pourtant rien de leur
fubftance ny de leur fubtilité.

OR comme les plantes se nourrissent des sucs qu'elles tirent de la Terre, ces sucs ont leurs parties subtiles & spiritueuses comme tous les autres Mixtes: Lesquelles ne se perdant point comme nous auons dit, passent dans les animaux qui se nourrissent de plantes, comme celles des animaux passent en ceux à qui ils seruent d'aliment. De sorte qu'il ne faut pas douter que le sang ne soit plein de ces essences deliées que la chaleur naturelle digere encore & rafine dans les veines pour en faire les instrumens de l'Ame; & qu'elles ne soient la matiere que la Nature employe pour former & pour entretenir les Esprits vitaux, puisque les choses subtiles se doiuent faire de celles qui sont de mesme nature.

Quelle est la matiere des Esprits.

MAis pour sçauoir le secret de toute cette œconomie il faut se representer que le sang qui est dans la veine caue entre dans le ventricule droit du cœur où il s'eschauffe par la chaleur & par le

Comment se formèt les Esprits.

mouuement de cette partie qui eſt la plus
chaude de tout le corps ; Et qu'apres cela
il en ſort tout boüillant & tout fumeux ,
& entre dans les poulmons , où il rencontre l'air que la reſpiration a attiré , qui
par ſa fraicheur eſpaiſſit les fumées qu'il
exhale de toutes parts , leſquelles ne ſont
autres que les parties ſpiritueuſes dont il
eſt remply , & qui à la moindre chaleur
ſe ſeparent , & s'éuaporent. De ſorte que
la Nature fait icy ce que l'on fait dans les
diſtillations de l'eau de vie , où l'on met
de l'eau froide à l'entour du recipient
pour ramaſſer & donner corps aux eſprits
du vin qui ſont changez en vapeur , &
pour les faire couler auec les autres. C'eſt
pourquoy la veine qui porte ce ſang tout
fumeux dans les poulmons eſt auſſi eſpaiſſe
qu'vne artere , afin d'empeſcher la diſſipa-
tion qui s'en pourroit faire auant qu'il ait
eſté rafraichy. Au contraire l'artere qui
le reçoit apres auoir eſté rafraichy eſt auſſi
mince qu'vne veine ; la diſſipatió n'en eſtant
alors plus à craindre. Et peut eſtre que c'eſt
la raiſon pour laquelle cette artere n'a que

deux valuules au lieu que les autres vaiſſeaux qui entrent dans le cœur en ont trois;
Car comme ces valuules ne ſont faites, quoy
qu'on en veüille dire, que pour empeſcher
l'impetuoſité du ſang qui doit entrer dans
le Cœur & qui en doit ſortir, il n'eſtoit
pas beſoin que l'artere veneuſe euſt tant
d'obſtacles pour retenir l'impetuoſité du
ſang qu'elle porte, lequel ne doit pas eſtre
beaucoup impetueux apres auoir eſté ra-
fraiſchy & temperé par l'air qui eſt dans
les poulmons. Quoy qu'il en ſoit c'eſt de
là que vient la neceſſité indiſpenſable de
la reſpiration : Car ſi ces parties du ſang
qui ſont ainſi reduites en fumées, ne s'é-
paiſſiſſoient & ne reprenoient corps, elles
ſe diſſiperoient incontinant; & comme ce
doit eſtre la matiere des Eſprits eſtant la
portion la plus ſubtile & la plus pure qui y
ſoit, il ne s'en feroit aucune nouuelle generation, ſi la Nature n'euſt trouué moyen
de condenſer ces vapeurs par la fraiſcheur
de l'air qui eſt attiré continuellement par
les poulmons. C'eſt pourquoy on ne peut
eſtre gueres de temps ſans reſpirer, parce

Z iij

que toutes les parties du corps ayant befoin de l'influence continuelle des Esprits,
il faut que le Cœur les repare à tous momens; ce qu'il ne peut faire fans la respiration, pour la raifon que nous venons de
dire.

Ie fçay bien que la doctrine commune
veut que l'air entre dans la composition
des Esprits, & que la chaleur naturelle &
le feu mefme ont befoin de l'air pour fe
temperer, ne fe pouuant conferuer fans
luy; Et que c'eft la raifon pour laquelle la
respiration eft neceffaire, parce qu'elle
porte l'air au Cœur, & qu'elle modere
l'excez de la chaleur qu'il a. Mais l'Anatomie nous apprend qu'il n'y a aucun
vaiffeau qui porte l'air en cette partie,
& que l'artere veneufe qu'on s'eftoit
autrefois imaginé feruir à cét vfage, fe
trouue toûjours pleine de fang, & porte
veritablement au Cœur tout celuy qui eft
entré dans les poulmons. Outre que les
poiffons ont leurs Esprits vitaux, quoy
qu'il n'y ait aucun air qui puiffe feruir à
leur production. Ils ont bien le mouue-

ment des oüyes qui répond à celuy des poulmons, & qui cause le mesme effet auec l'Eau qu'ils attirent à tous momens, que ceux-là font auec l'air qu'ils respirent.

Ce n'est pas que ie ne croye que l'air que l'on respire qui est tout plein de ces parties spiritueuses qui s'exhalent de tous les corps, n'en fournisse aux Esprits vitaux quelque portion qui se mêle auec eux, & qui passe & s'insinuë dans le Cœur & dans les arteres à trauers les pores des vaisseaux. C'est pourquoy les animaux se ressentent des qualitez de l'air qu'ils respirent : Et Hippocrate dit, que la plus prompte nourriture se fait par les odeurs. Mais c'est-là vne chose qui arriue par accident, & qui n'entre point dans les desseins de la Nature. Et pour ce qui est du rafraischissement que l'air cause, ce n'est pas pour temperer l'excez de la chaleur, c'est pour la raison que nous auons dite, qui est commune au feu & aux Esprits : Car la froideur de l'air condense les exhalaisons qui doiuent s'enflammer ; elle les ramasse & empesche qu'elles ne se dissipent ;

C'eſt pourquoy quand il fait bien froid le
feu en eſt plus aſpre; Parce que la matiere de la flamme eſt plus reſſerrée : Et la
lumiere du Soleil diminuë la chaleur du
feu, parce qu'elle rarefie & diſſipe l'exhalaiſon dont il s'entretient. Ce n'eſt pas que
l'air ne tempere la chaleur du Cœur quand
elle eſt violente : Mais ce n'eſt pas-là le
premier but où viſe la Nature, ce n'eſt
qu'vn petit ſeruice & vne commodité
qu'elle meſnage & qu'elle tire de ſon principal deſſein.

Quoy qu'il en ſoit. Apres que le ſang
qui eſt ſorty du ventricule droit, a tra-
uerſé les poulmons, il ſe décharge dans
le gauche; Où l'on peut dire qu'il eſt re-
mis à la fournaiſe, où il eſt remüé &
agité de nouueau, & où ſes plus ſubtiles
parties ſe rafinent de telle ſorte, qu'elles
acquierent toutes les diſpoſitions qui ſont
neceſſaires aux Eſprits pour les rendre
vitaux; & alors ils en reçoiuent la forme & la vertu, & prennent la place & la
fonction de ceux qui ont eſté diſtribuez
aux parties.

On

ON peut iuger de là que le mouuement du Cœur sert à la generation
des Esprits ; mais que ce soit là le premier
motif qui oblige la Nature à luy donner ce
mouuement, c'est ce qui n'est pas aisé à dire : Car enfin tous les animaux ont ces sortes d'esprits, & tous n'ont pas ce mouuement ; De sorte qu'on peut asseurer qu'il
n'est pas absolument necessaire à leur generation.

Pourquoy le Cœur se meut.

Pour moy ie croy qu'en cette rencontre
la Nature a plus eu d'égard à la conseruation des Esprits qu'à leur production. Car
comme les choses se conseruent par ce qui
leur est conforme & naturel, & le mouuement estant naturel aux Esprits qui sont
de nature ignée & proportionnée à l'Element des Astres, comme parle Aristote ; il
faut qu'ils soient en perpetuel mouuement
comme ces corps-là. En effet on ne sçauroit arrester le mouuement du feu sans l'é-
teindre, & toutes les choses qui empes-
chent les Esprits de se mouuoir, comme les
narcotiques & la plenitude, les corrom-

A a

pent & détruifent l'animal. Il eftoit donc
de la prouidence de la Nature d'inuenter
quelque artifice, par lequel les Efprits vitaux fuffent continuellement agitez, afin
de les conferuer par ce qui leur eft de plus
propre & de plus naturel. Et il ne s'en
pouuoit trouuer de plus commode que
le mouuement du Cœur & des arteres
qui excite & réueille à tous momens les
Efprits qui font mélez auec le fang : Car
comme cette humeur eft groffiere & pefante, il y euft eû danger qu'elle ne les
euft étouffez par fon poids, fi ce reffort
merueilleux qui fait mouuoir continuellement le fang arterial, n'euft empefché ce
defordre. C'eft pourquoy les arteres accompagnent toûjours les grandes veines,
afin que leur agitation excite les Efprits
qui font mélez auec le fang ; Les petites
n'ayant pas befoin de cette focieté à caufe de la petite quantité de l'humeur qu'elles contiennent, qui n'eft pas capable
d'empefcher leur mouuement. Et dans les
animaux qui n'ont point de fang, ce mouuement n'eft pas fi fenfible ny fi neceffaire,

parce que les humeurs y font plus fubtiles, & ne font prefqu'autre chofe que fe-
rofitez qui obeïffent plus facilement aux
Efprits.

La premiere intention de la Nature a
donc efté de donner le mouuement au
Cœur pour conferuer les Efprits ; Mais
cela n'empefche pas qu'elle ne l'employe
à d'autres vfages : Car comme vne bonne
mefnagere elle fait que ce qui eft neceffaire à fa fin principale, fert encore à d'autres commoditez dont elle fe fuft pû paffer fans cela. C'eft ainfi qu'elle employe
le mouuement du Cœur pour fubtilifer la
matiere des Efprits, pour chaffer les im-
puretez qui s'y trouuent, pour temperer
la chaleur qui s'y pourroit rendre excef-
fiue, & pour les pouffer aux extremitez
des arteres, afin de répandre en toutes les
parties la chaleur & la vertu vitale : Qui
font tous des vfages vtiles ; mais non pas
abfolument neceffaires, puifque tout cela
fe fait en beaucoup d'animaux fans le mouuement du Cœur.

Les Esprits se meuuent pour trois fins. POur reprendre le mouuement des Esprits, nous auons dit qu'il estoit destiné pour communiquer la chaleur vitale à toutes les parties, pour leur porter le sang dont elles se doiuent nourrir, & pour transporter les humeurs d'vn endroit à l'autre, comme il arriue dans les Passions, dans les crises, & autres pareilles rencontres.

Quant au premier, il ne sera pas difficile de le prouuer : Car tout le monde est d'accord, & le sens & la raison nous apprennent que toute la chaleur & la force des parties vient des Esprits vitaux que le Cœur produit, & qu'aussi-tost que cette influence cesse, elles deuiennent froides & languissantes.

Les Esprits portent le sang aux parties. MAis pour le transport du sang il n'y a point de Philosophes qui l'ayent commis aux Esprits, & tous le rapportent ou à l'impulsion qu'il reçoit du battement du cœur, ou à vne vertu attractiue qui l'attire à chaque partie. Il faut donc

faire voir que ces opinions ne se peuuent soustenir, & qu'il n'y a que les Esprits
qui le puissent faire couler dans les veines.
Car il faut de necessité qu'il soit ou poussé ou attiré, ou porté; de sorte qu'en
montrant qu'il n'y a rien qui le pousse ny
qui l'attire, il s'ensuit qu'il y a quelque
chose qui le porte, & qu'il n'y a que les
Esprits qui puissent estre employez à cela.

LA plus part de ceux qui tiennent la
circulation du sang ne reconnoissent
point les Esprits, du moins comme des
corps qui soient distinguez du sang, &
tiennent qu'il ne se meut dans les veines
que par l'impulsion qu'il reçoit du battement du Cœur, & qu'il ne souffre aucun
mouuement que celuy qui procede de
l'effort de cette partie. Nous ne voulons
pas côbatre cette circulation & quoy qu'elle soit accompagnée de grandes difficultez,
on peut neantmoins asseurer qu'elle est
veritable, & qu'elle se fait effectiuement,
quoy que ce ne soit pas peut-estre de la
maniere qu'ils disent. Il suffit pour nostre

deſſein de montrer que le battement du
Cœur n'eſt point la cauſe du mouuement
du ſang, principalement de celuy qui coule dans les veines. Car apres cela il ſera
facile de faire voir qu'il n'y a que les Eſprits qui le puiſſent tranſporter aux lieux
où il va, & par conſequent que ce ſont
des corps diſtinguez des humeurs, qui
ſuiuent les mouuemens de l'Ame & non
celuy du Cœur, & qui ſe peuuent mouuoir d'vne agitation differente de la ſienne.

Suppoſé donc, comme veut cette opinion, que le cœur en ſe comprimant chaſſe dans les arteres le ſang qu'il a receu
dans ſes ventricules, & que par la violence de ce mouuement, il le pouſſe iuſques à
leurs extremitez pour le faire paſſer dans
les petites veines qui ſont proches d'elles,
& de là dans la veine caue, & enfin au
Cœur, d'où apres il repaſſe dans les arteres, & puis dans les veines, coulant per-
petuellement des vnes dans les autres
par vne circulation continuelle.

ON pourroit dire qu'il n'eſt pas hors d'apparence que cette impulſion qu'il reçoit du cœur le faſſe couler le long des arteres: Mais on ne ſçauroit jamais conceuoir comment elle ſe puiſſe conti- nuer iuſques dans les veines apres que ſon effort aura eſté rompu par tant de detours, & par tant d'obſtacles que le ſang rencon- tre en ſon chemin.

Le battement du Cœur ne pouſſe pas le ſang à toutes les par- ties.

Quoy! il ouurira les bouches des vaiſ- ſeaux, il paſſera à trauers les chairs, com- me ils pretendent, il ſurmontera les im- preſſions que l'air & les autres cauſes ex- terieures font à tous momens dans les parties; Et apres cela par la vertu de cette premiere impulſion il montera au cœur auec la meſme viteſſe qu'il en eſt deſcendu? c'eſt vne choſe qui ne peut entrer dans l'I- magination. Ie veux bien qu'en paſſant par les petits vaiſſeaux la côtrainte qu'il y ſouf- fre puiſſe entretenir l'impetuoſité de ſon mouuemét; mais qu'elle continuë lors qu'il aborde dans les grandes veines, & que la largeur de leur canal luy donne plus de liberté, c'est ce que l'on ne sçauroit auoüer sans choquer l'experience & la raison ; Et il faut de necessité qu'il luy en arriue comme aux fleuues, & aux ruisseaux qui passant d'vn lit estroit en vn plus large perdent la rapidité de leur cours.

Certainement si le battement du Cœur & des arteres le fait ainsi mouuoir, la nature s'est bien oubliée de n'auoir pas donné la mesme agitation aux veines & principalement à celles qui sont aux parties inferieures où le sang est plus grossier & plus pesant, & qui doit monter au Cœur par vn si long espace. Car c'est là où la cause & les instrumens de ce merueilleux transport deuroient estre plus puissans, ayant vn poids plus grand & plus lourd à conduire & à pousser mesme en haut, que n'est le sang arterial qui est plus subtil, plus mobile, & qui descend alors en bas.

Ceux qui ont mis en auant cette opinion n'ont pas consideré que les corps fluides ne peuuent conseruer pour vn long espace la vertu de l'impulsion si elle n'est

extreme-

extremement forte, & que celle qui se fait
au Cœur est trop foible pour soustenir le
mouuement du sang dans vne si longue
course, & à trauers tant d'obstacles. Que
s'il estoit poussé de cette sorte il enfleroit
si fort les veines qu'elles paroistroient
toûjours pleines & tenduës, principalement quand il seroit contraint de monter
en haut. Et qu'enfin en les ouurant il
deuroit sortir par reprises & par saillies,
comme celuy qui sort des arteres, puisque c'est la mesme impulsion qui fait
mouuoir l'vn & l'autre ; & que nous
voyons dans les machines hydrauliques
que l'eau coule toûjours conformement
aux secousses qu'on luy donne à l'entrée
de son canal.

Mais pourquoy s'imaginer dans les veines vn mouuement du sang different, non
seulement de celuy qui se fait dans les os,
dans la profondeur desquels il penetre
pour les nourrir, mais encore de celuy
qui porte le suc des plantes à toutes leurs
parties ? Car & ce suc & le sang est le dernier Aliment qui les entretient, c'est vne

Bb

mefme faculté qui en a la direction; Et
la Nature qui eſt vniforme en ſes operations n'a garde de changer celle-cy puis
qu'elle ſe peut & ſe doit faire d'vne meſme maniere.

D'ailleurs ſi l'impulſion eſt l'vnique cauſe du mouuement du ſang, il faut qu'elle
le ſoit de tous les mouuemens naturels
dont il eſt agité. Cependant le tranſport
des humeurs que la Nature fait dans les
criſes, & la rectitude qu'elle garde ſi regulierement quand elle les porte d'vn endroit à l'autre, depend d'vn autre principe. Car l'effort qui ſe fait au Cœur ſe doit
communiquer également à tous les vaiſſeaux, & ne peut determiner le ſang à
couler vers vne partie pluſtoſt que vers
l'autre. Comment le fera-t'il donc monter à la narrine gauche dans les inflammations de la rate pluſtoſt qu'à la droite?
Sera-ce luy qui pouſſera la bile aux inteſtins dans les diarrhées? Qui portera les
ſeroſitez au cuir dans les ſueurs critiques?
Car toutes ces ſortes de mouuemens viennent de la Nature, & ſe font ou commen-

cent du moins dans les veines, quoy que le battement & l'impulfion du Cœur, & des arteres y foit inutile.

Enfin puifque la Nature ne multiplie point les moyens d'agir aux operations qui font femblables, il faut qu'elle faffe monter le fang par la mefme vertu qu'elle fait monter le chyle, le faifant paffer des inteftins dans fes vaiffeaux, & le conduifant apres aux lieux où il eft neceffaire. Or il eft certain que perfonne ne dira que le battement du Cœur ferue à ce mouuement, n'ayant point de communication auec les inteftins qui foit affez grande pour pouffer le chyle en haut; & par confequent il faut que le fang ne fe meue pas non plus que luy par cette impulfion.

Il faut donc chercher vne autre caufe que celle-là, à laquelle on puiffe rapporter, non feulement le tranfport ordinaire du fang, & tous fes autres mouuemens, qui pour eftre extraordinaires ne laiffent pas de luy eftre naturels, comme ceux qui fe font dans les Paffions : Mais

encore ceux du chyle & des autres humeurs qui se meuuent dans le corps. Or
apres auoir bien examiné tous les resforts
& tous les instrumens dont la Nature se
peut seruir pour cet effet, on trouuera
qu'elle n'y en peut employer d'autre que
les Esprits.

Le sang n'est pas attiré par les fibres.

Car il ne faut point mettre icy en
auant l'Attraction, quoy que ce soit
le seul moyen dont les anciens ont crû
que se deuoit faire le mouuement du sang;
puisque que c'est vn mouuement imaginaire qui combat la raison & l'experience.

En effet elle ne se peut faire qu'en deux
manieres, à sçauoir par quelque corps
qui touche le sang qui l'amene & le tire
à luy; ou par quelque vertu magnetique
qui soit dans les parties, & qui se repan-
dant dans les vaisseaux le saisisse & l'en-
traisne vers elles, de la mesme sorte que
la qualité de l'aymant attire le fer & l'ap-
proche de luy. Et ces deux manieres d'attirer ont formé deux opinions, qui depuis

la naiſſance de la Medecine iuſques à ce
ſiecle-cy ont toûjours eſté ſuiuies des vns
ou des autres.

Car les vns ont creû que les Fibres
droites qui entrent dans la ſtructure des
veines auoient la puiſſance d'attirer, &
que c'eſtoit par leur moyen que le ſang
eſtoit porté à chaque partie. Mais ils
n'ont pas conſideré que lors qu'vn corps
doit attirer vne choſe fluide & coulante,
il faut qu'il la touche, qu'il la ſaiſiſſe, &
qu'il la retienne en toutes ſes parties;
Autrement celles qui ſeront libres s'eſ-
chapperont, & ne ſeront pas attirées:
Comme on peut eſprouuer en attirant de
la main quelque liqueur que ce ſoit : Car
les parties qui ne ſeront pas retenuës de
la main s'ecouleront & ne viendront pas
auec les autres. Or il eſt certain que les
Fibres ne touchent que la ſuperficie de
l'humeur qui eſt dans la veine, & tout
ce qui eſt dans la profondeur du vaiſſeau
ſe peut eſcouler quelque, effort qu'elles
faſſent.

Ioint que les Fibres ne ſçauroient atti-

rer qu'en se resserrant & comprimant les
veines; & alors les sens apperceuroient
quelque chose de ce mouuement comme ils remarquent celuy des intestins
qui se fait en cette maniere : Et par
consequent puisque l'on n'en voit aucune marque quelque forte que deust
estre la contraction & la compression des
veines pour faire ce mouuement, il y a
lieu de croire qu'il ne se fait pas de cette
sorte.

Mais ce qui doit absolument decider
cette question ; C'est que l'aliment des
plantes est conduit par leurs canaux de la
mesme maniere, & par la mesme vertu
que le sang le peut estre dans les animaux;
Cependant leurs fibres ne souffrent point
cette contraction que l'on se figure dans
les veines. Ainsi il faut trouuer vn autre
moyen par lequel l'humeur qui les nour-
rit puisse monter dans leurs branches, &
qui se rencontre aussi dans les animaux
pour porter le sang à toutes les parties.

l'adjouste encore que les os attirent
comme ils disent leur nourriture sans le

secours des fibres , & que le sang se meut quelquefois si impetueusement dans les Passions que ce mouuement pretendu des fibres, ne sçauroit suffire à cette vitesse, ne se pouuant faire que lentement, & par des contractions successiues qui demandent beaucoup de temps en vn si long transport comme est celuy du sang.

Vant à l'autre opinion qui admet la vertu magnetique, quoy qu'elle ait esté plus generalement receuë, elle n'a pourtant aucune raison qui la puisse fauoriser, que la foiblesse de la precedente & l'impossibilité qu'elle s'est imaginée de trouuer d'autres moyens que ces deux-là pour faire couler le sang dans les veines. De sorte qu'elle ne se soustient que de quelques exemples, comme de l'aymant qui attire le fer, & des medicamens purgatifs qui attirent les humeurs, & de quelques autres semblables ; qui est vne preuue bien legere, & dont le fondement mesme n'est pas trop asseuré, puisque nous pretendons montrer que l'aymant ny les purgatifs,

Il n'y a point de vertu magnetique qui attire le sang.

ny quelque autre chose que ce soit, n'ont point de vertu attractiue.

Quoy qu'il en soit ceux qui tiennent ce party doiuent supposer, comme ils ont fait, que cette vertu est en chaque partie, puis qu'il n'y en a pas vne qui n'attire, comme ils disent, du sang pour sa nourriture. Cela estant ainsi on leur peut demander si toutes ont cette vertu égale ou non : Car si elle est égale en toutes, comme il y en a de hautes & de basses, il est impossible que le sang puisse aller aux parties superieures, puisque les inferieures attirent aussi puissamment qu'elles, n'y ayant point de raison pour laquelle il doiue plustost suiure l'impression des vnes que des autres. Que s'il y en a qui ayent cette vertu plus forte, elles attireront tout le sang à elles, & cette juste distribution qui s'en doit faire par tout le corps ne s'acheuera jamais, puis qu'il sera retenu où cette vertu magnetique est plus vigoureuse : Car il faut qu'il en soit de mesme que du fer, lequel estant placé prés de plusieurs aymans, se range toûjours vers celuy

celuy qui eſt le plus fort. De plus s'il eſt
vray que l'influence des vertus naturelles
ſe faſſe par lignes droites, comment eſt-
ce que la vertu Attractiue gardera cette
rectitude dans les deſtours innombrables
des veines & des arteres? Quel meſlange,
ou pour mieux dire quelle confuſion ne
ſe trouuera pas dans les vaiſſeaux, où chaque partie reſpandra ſa vertu magnetique.

Enfin ſi la conformité de ſubſtance eſt
le fondement de cette Attraction ainſi
qu'ils diſent; Comment eſt-ce que le ſang
qui eſt alteré & corrompu pourra couler
dans les veines? Par quel moyen les eaux
minerales qui ne reçoiuent point la co-
ction ny la forme du ſang, peuuent-elles
paſſer toutes pures dans les vaiſſeaux?
Quelle conformité ou ſympathie peuuent auoir toutes ces ſubſtances qui ſont
ſi differentes entre elles, auec le foye, auec
le cœur, & auec quelque autre partie qui
les attire à elle? Et pourquoy le ſang peut-
il jamais ſortir hors du corps puiſque cette
qualité le retire au dedans, & qu'il en

C c

doit eſtre comme de la poudre d'acier que l'aymant retient ſans la laiſſer tomber.

Il n'y a point de vertus attracti-ues.

MAis ie diray bien plus, c'eſt vne erreur de croire qu'il y ait dans la Nature de ces vertus Attractiues ; Elles n'en reconnoiſt aucune autre que celle qui ſe fait par le mouuement du corps , & toutes les choſes que l'on dit eſtre attirées par ces qualitez ſont meuës par vne autre ſorte de mouuement que celuy de l'attraction. En effet qui pourroit conceuoir qu'vne ſimple qualité puſt ſi promptement & ſi puiſſamment violenter des choſes ſolides & peſantes ? Quel mouuement peut auoir vne vertu incorporelle pour aller querir & amener des corps maſſifs ? Comment ſe peut-il faire, qu'au contraire de toutes les autres qualitez qui vont en auant , celle-cy retourne en arriere ? Ne faudroit-il pas qu'en ramenant les corps qu'elle entraiſne, elle quittaſt l'eſpace où elle les a trouuez, qui demeure pourtant toûjours remply de la meſme qualité ?

Il eſt vray , il le faut confeſſer, l'aymant a vne vertu magnetique qu'il répand hors

de foy ; Mais elle n'eft pas attractiue, elle
fe fait feulement fentir au fer , lequel
apres fe porte de foy-mefme vers luy, comme luy-mefme fe porte vers le fer : Car fi
on les met tous deux fur l'eau en forte
qu'ils y puiffent voguer librement , ils
s'approcheront l'vn de l'autre s'ils font
d'égale force ; Et fi le fer eft plus pefant,
ou qu'il foit arrefté , il n'y aura que l'aymant qui fe meuue vers luy. Certainement l'vn n'attire l'autre que comme on
dit que le Soleil attire les vapeurs qui
montent d'elles-mefmes par leur legereté
apres qu'elles ont fenty fa chaleur.

CE n'eft pas auffi par Attraction que les
Purgatifs agiffent : Car il y en a qui
font vomir eftant appliquez à la plante des
pieds & autres parties baffes : qui eft vne
marque tres-certaine qu'ils n'attirent pas
les humeurs , puifqu'au lieu de les faire
venir à eux ils leur font faire vn mouuement contraire. Outre que la vertu pur-
gatiue eftant vne faculté naturelle deuroit attirer les humeurs qui luy font con-

Les Purgatifs n'attirent pas.

Cc ij

formes en quelque sujet qu'elles se trou-
uassent : Cependant elle ne les attire point
dans les corps qui sont foibles, ou qui
sont priuez de vie. Aussi ceux qui ont
examiné plus subtilement la maniere dont
se fait la purgation , montrent que les
purgatifs n'ont point d'autre vertu que
de dissoudre & de separer les humeurs
comme la presure fait les parties du lait :
Et que la separation en estant faite, la Nature qui en est irritée les chasse & les fait
sortir ; De sorte que l'euacuation s'en fait
non point par attractiõ ; mais par impulsiõ.

La douleur ny
la cholere n'at-
tirent pas.

ON dit bien encore que la douleur &
la chaleur attirent : Mais ce sont les
Esprits que la Nature enuoye auec le sang
aux parties pour les secourir ; Et ce n'est
point vne veritable attraction, non plus
que celle qui se fait par le vuide : Car vne
priuation qui n'est rien en effet, ne peut
auoir aucune vertu ; Mais en cette rencontre les corps se poussent d'eux-mesmes
pour empescher vn desordre que la Nature ne peut souffrir.

Il n'y a donc point de vertus Attracti-
ues, & par conſequent il ne faut point en
aller chercher dans les animaux pour faire
monter le ſang dans les veines.

Mais on pourroit dire là-deſſus qu'il eſt
vray que le ſang n'eſt point attiré ; mais
qu'il ſe meut de luy-meſme comme le fer
qui ſent la vertu magnetique, & qu'en
reſſentant auſſi la vertu ſympathique qu'inſpirent les parties, il ſe porte de luy-meſme vers elles. A la verité cét expedient
ne ſeroit pas mauuais ſi on pouuoit bien
eſtablir cette vertu ſympathique ; Mais le
moyen qu'elle puiſſe ſubſiſter en des ſu-
jets ſi diuers, comme ſont les plantes &
les animaux ; comme ſont les membres de
differente conſtitution & temperament ;
comme ſont les parties ſaines & malades?
Et quand elle y ſeroit, quelle alliance
peut-on s'imaginer entre-elle & le ſang
qui eſt ſouuent alteré ou corrompu ; entre-elle & les eaux minerales que l'on boit,
entre-elle & les poiſons qui ſe diſtribuënt
par le corps ?

Apres tout, ce moyen ny tous les autres

Cc iij

qu'on a propofez ne fatisfont point à la
rectitude que la Nature garde dans les
mouuemens du fang, ny à la plus-part
des agitations qu'il fouffre dans les Paffions de l'Ame, ny au tranfport du Chyle
& des autres humeurs qui fe fait dans le
Corps: Et il faut de neceffité recourir aux
Efprits comme à la caufe generale de tous
ces effets.

Et certainement comme le Sang ne fe
meut pas de luy mefme, & que tout ce
qui eft meu par vn autre doit eftre ou
pouffé, ou attiré, ou porté, l'impulfion
ny l'attraction n'ayant point icy de lieu,
il faut que quelque Corps qui ayt la vertu de fe mouuoir fe mefle auec luy & le
porte par tout où il va. Or comme nous
fçauons que les Efprits font les premiers
inftrumens de l'Ame, que la Nature enuoye à toutes les parties pour les faire agir,
qu'elle mefle auec le Sang pour le rendre
fluide, qu'elle infinuë mefme dans les humeurs contre Nature pour les cuire & pour
les chaffer: On ne peut douter que ce ne
foient eux qui faffent le tranfport des fucs

qui font dans les vaiffeaux ; puifqu'ils y
font déja pour les tenir fluides , & qu'il
n'y a point d'autres fubftances qui fe puiffent mefler auec eux, pour les porter aux
lieux où ils doiuent aller ; Et qu'en effet
ce font des Corps tres mobiles, qui eftant
animez ou immediatement meuz par l'A-
me, font les feuls qui peuuent mouuoir
le fang en toutes les differences de fituation que nous y remarquons.

Ovy fans doute ce font eux qui dans
fon cours ordinaire le font monter
en haut fans peine, le font defcendre en
bas fans precipitation, & qui l'introdui-
fent dans toutes les parties, & mefme iuf-
que dans le profond des os pour les nourrir. Ce font eux qui dans les paffions
l'agitent diuerfement felon les diuers deffeins que l'Ame fe propofe ; qui le portent
aux parties bleffées pour les fecouurir, &
qui luy font garder cette rectitude que
l'on remarque dans fes mouuemens. Car
enfin c'eft la Nature qui eft le principe &
la fource de toutes ces operations, & cette

*Ce font les Ef-
prits qui portent
le fang aux par-
ties.*

Nature n'eſt autre choſe que l'Ame & ſes facultez, qui toutes ont beſoin d'organes pour agir, & qui n'en peuuent auoir d'autres que les Eſprits, auſquels on puiſſe rapporter tous ces effets.

Ils ſe meſlent dont auec le ſang, & comme l'air agité entraiſne les vapeurs qui ſont meſlées auec luy, ou comme les exhalaiſons de la terre eſleuent les matieres qui ſont iointes auec elles; Eux auſſi ayant receu le mouuement & la direction de l'Ame emportent le ſang & les humeurs en tous les lieux où ils ont ordre de les conduire. Car il ne faut pas douter qu'vne œconomie ſi iuſte & ſi reguliere dans la varieté de ſes operations, ne ſoit gouuernée par quelque puiſſance qui ſoit au deſſus des vertus elementaires, & qui participe à cette ſecrete intelligence que Dieu a cachée dans l'Ame pour la conſeruation de l'animal. C'eſt donc elle ſeule qui fait mouuoir les eſprits, & qui les charge de ſes ordres pour la conduite des humeurs.

Les

Les Esprits sont animez.

L A difficulté est maintenant de sçauoir comment elle les fait mouuoir; si c'est comme des instrumens separez du corps, ou comme des organes qu'elle anime. En vn mot la question est de sçauoir s'ils sont animez ou non. L'opinion commune en demeure à la negatiue, & tient que ce ne sont que des instrumens separez qui portent la vertu de l'Ame aux parties, & qui sont conduits par la direction qu'elle leur donne comme la flesche qui est poussée par l'Archer & qui va au but où il la dirige. Mais à considerer de prés cette Direction, & la maniere auec laquelle elle se peut faire, on trouue que ce ne sont que des belles paroles qui n'expliquent point la chose, & qui laissent dans l'Esprit mille difficultez qui obligent de prendre l'autre party.

En effet, si ce mouuement & cette Direction se doiuent donner aux Esprits

comme à des inſtrumens ſeparez , il faut
que cela ſe faſſe dans le Cœur, qui eſt le
lieu où ils naiſſent, & d'où ils tirent toute leur force & toute leur vertu. Mais il
faut encore que toute la maſſe des Eſprits
qui ſort de là, reçoiue la meſme impreſſion, parce qu'ils ne ſont point diuiſez les
vns des autres : Comment ſe peut-il donc
faire que les vns aillent en vn endroit
pluſtoſt qu'en vn autre ? Comment vne
Paſſion les peut elle porter au front,
comme l'Amour ; aux yeux, comme la
Cholere; au bas des ioües & des oreilles,
comme la Honte ? Comment ſe iettent
ils en plus grande quantité ſur la partie
malade que ſur celles qui ſont ſaines?
Car tout ainſi que dans les fontaines l'impetuoſité de l'eau ſe communique également à tous les canaux; & que l'art du
fontenier ne ſçauroit faire que l'eau coule
pluſtoſt par l'vn que par l'autre, s'ils ſont
également ouuerts : On ne ſçauroit auſſi
conceuoir que les Eſprits aillent en vne
partie pluſtoſt qu'en vne autre, puiſque
les rameaux des arteres par leſquels ils

doiuent couler, font ouuerts les vns comme les autres.

D'ailleurs, qui confiderera comment
dans la Cholere ils choififfent le venim
qui eſt dans les veines pour le porter aux
dents des Animaux ; Comment dans les
maladies ils diſcernent les humeurs qui
les ont cauſées pour les faire fortir ; verra
bien qu'il n'y a aucune Direction d'Ame
qui puiſſe fatisfaire à tous ces effets , &
qu'il y faut vne connoiſſance & vn diſcernement vital, qui ne peut partir que
d'vn inſtrument animé. Car ſi l'on dit que
c'eſt l'Ame qui fait ce diſcernement & ce
choix, il faudra qu'elle ſe meſle auec ces
humeurs pour les pouuoir feparer, & l'on
fera contraint de confeſſer que l'Ame eſt
dans ces humeurs ; qui fera vn plus grand
inconuenient que de dire que les Eſprits
font animez. Or nous auons montré cy-
deſſus que c'eſt par leur moyen que ces
mouuemens ſe font.

Enfin la Direction des choſes qui font
pouſſées ne fait rien que regler leur mouuement vers le but où elles doiuent al-

ler : Elle ne diminuë point l'impetuofité
qui leur a efté imprimée , & il faut que
leur mouuement aille jufqu'au bout auec
toute la force que le moteur leur a donnée.
Cependant les Efprits vont fouuent en d'autres lieux, que l'Ame ne leur auoit ordonné
quand ils ont receu fa premiere impulfion;
Et quelquefois dans leur cours ils fe meuuent plus fort ou plus lentement que l'impetuofité qu'ils ont receuë ne deuoit exi-
ger. Car dans la Honte ils ont ordre de
poufser le fang fur tout le vifage, comme
pour couurir & cacher l'Ame à l'infamie
qui va tomber fur elle: Neantmoins ils fe
jettent fur l'extremité des Oreilles, & au
bas des jouës contre fon premier deffein.
Souuent ils commencent vne crife par les
fueurs qu'ils terminent par les vrines , &
quelquefois ils fe relafchent & fe retirent
dans le combat que la Nature leur auoit
fait entreprendre.

Apres tout l'Ame ne pouffe pas feulement les Efprits, elle les fait encore retirer, elle les dilate, elle les refferre ; Que
fera cette Direction pretenduë en toutes

ces rencontres? Comment les peut-elle ra-
mener au Cœur quand ils en sont éloignez?
il faut alors qu'on suppose vne vertu attractiue qui les aille saisir aux extremitez
du Corps, & qui les retire vers leur source: Mais nous auons montré que cette vertu est imaginaire; & en tout cas il faudroit
qu'elle eust quelque sujet qui la portast
au lieu où elle doit faire son operation,
ce qu'on ne sçauroit conceuoir.

Il y a encore bien plus de difficulté à dire
comment elle les peut dilater & resserrer
quandils sont esloignez du cœur: Car il n'y
a dans la Nature aucune impulsion ny direction, par lesquelles ces mouuemens se
puissent communiquer. Il n'y a que le
Chaud & le Froid qui le puissent faire: Et
comme ces qualitez n'agissent qu'auec
beaucoup de temps, elles ne peuuent estre
cause de la dilatation & contraction des Es-
ptits qui se font subitement. Ioint qu'il
faudroit que l'Ame enuoyast ces qualitez
dans les vaisseaux pour produire cét effet,
& que dans la Crainte par exemple, elle fist
naistre le froid pour faire resserrer les Es-

prits, ce qui ne ſe peut dire ny imaginer ſans abſurdité : Car ſi le Froid ſe remarque dans quelques Paſſiõs, il n'eſt pas cauſe de la côtraction des Eſprits, il n'en eſt que l'effet.

Enfin tous les Maiſtres de la Medecine ſont d'accord que les Eſprits portent aux parties la faculté vitale, la ſenſitiue & la motiue ; Et l'experience confirme cette verité, puiſque la vie, le mouuement & le ſentiment y ceſſent quand ils n'y coulent pas. Comment cela ſe peut-il faire s'ils ne ſont animez ? car les facultez de l'Ame ne ſe ſeparent point d'elle. A la verité quelques-vns ont dit qu'ils ne portoient pas les facultez, mais vne certaine qualité qui les mettoit en exercice, & ſans laquelle elles ne pouuoient agir. Mais ils ne diſent point de quelle Nature eſt cette qualité, & il n'y a pas d'apparence qu'vne ſeule qualité ait rapport auec tant de facultez & de fonctions differentes.

Quoy qu'il en ſoit les plus grands Philoſophes qui ont examiné ces matieres à fonds, ſe ſont trouuez ſi empeſchez à rendre raiſon du mouuement des Eſprits dans

l'opinion commune , qu'ils ont aduoüé
franchement que c'eſt vne des choſes la
plus difficile à comprendre qu'il y ait
dans la Nature, & tout ce qu'ils en ont dit
ne les a point ſatisfaits, ny ceux qui ont
voulu ſuiure leurs ſentimens.

Quel inconuenient y a-t'il donc à ſouſtenir qu'ils ſont animez ? puiſqu'on leue
toutes les difficultez par cette voye-là, &
qu'il faut de neceſſité que des Organes qui
agiſſent auec tant de diſcernement, qui ſe
meuuent en toute ſorte de ſituation & qui
font tant d'actions differentes, ayent en
eux-meſmes vn principe de vie.

A La verité il y a deux choſes qui tiennent l'Eſprit en doute, & qui le peuuét *Objections*
empeſcher de conſentir à cette verité.
L'vne qu'il n'y a pas d'apparence que des
Corps qui courent toûjours , & qui ſe
diſſipent à tous momens puiſſent eſtre animez. L'autre , que la vie qui doit eſtre
commune à toutes les parties ne ſe peut
trouuer en celles qui ſont ſeparées de leur
tout, & que les Eſprits ſont de ce rang-là,

n'eftant point vnis ny continus auec les parties folides.

Mais quant à la premiere il n'eft pas veritable qu'ils fe diffipent toûjours fi promptement que l'on dit. Ceux qui conduifent le fang par les veines fe conferuent long-temps, & font la mefme circulation que luy; Et l'on voit à toute heure, qu'apres qu'ils font accourus à quelque partie & qu'ils y ont agi felon l'ordre de l'Ame, ils fe retirent & retournent à leurs fources. Apres tout quand ils fe diffiperoient ainfi, pourquoy ne pourroient-ils pas eftre animez? La longue durée n'eft point vne difpofition neceffaire à la vie, & il y a des parties, comme les portions les plus molles de la Chair, qui vn peu de temps apres qu'elles ont efté animées, peuuent fe refoudre & fe diffiper par vne chaleur violente. Si toft que les Efprits ont acquis les difpofitions qui font neceffaires pour eftre les inftrumens de l'Ame, elle s'infinuë parmy eux & les anime: Quand ils fe diffipent, ou qu'ils perdent la continuité qu'il doiuent auoir auec leur principe, elle les quitte de

la

la mesme maniere que les autres parties
qui se separent du Corps.

Mais quoy ! l'Ame peut-elle animer vn
corps simple & homogene, comme sont
les Esprits ? Pour quoy non, puis qu'elle
anime l'humidité radicale, la chair, les
fibres, & toutes les autres parties simi-
laires. Quand on dit que l'Ame demande
vn corps organique, cela s'entend de tout
le corps qu'elle doit animer, & non pas de
ses parties qui doiuent estre simples. Il
estoit mesme necessaire que comme la plus
part de ces parties sont fixes & solides,
il en eust de mobiles & de subtiles pour
satisfaire aux diuerses fonctions ausquelles
il est destiné ; Et puisque l'Ame est toujours en action, il falloit qu'elle eust vn
organe qui se meust continuellement.

POur ce qui regarde l'vnion des Esprits
auec les autres parties, il n'y a pas lieu
d'en douter, puis que la moindre interrup-
tion qui y ariue fait cesser les actions de
la vie. Car c'est de là que viennent les
defaillances & les syncopes dans les excez

de la ioye & de la douleur, les Efprits eftant pouffez fi impetueufement qu'ils perdent la continuité qu'ils doiuent auoir auec le cœur. C'eft de là que viennent les Apoplexies par l'interception des veines, comme parle Hippocrate, les matieres qui y font contenuës empefchant les Efprits de couler, & rompant l'vnion qu'il auoient auec les autres.

Mais auec quoy fe peuuent-ils vnir pour participer à l'vnion qui eft cõmune à tout le corps? C'eft fans doute auec les parties fpiritueufes qui entrent en la compofition du cœur? C'eft auec les Efprits fixes qui font de mefme nature qu'eux. Et peut-eftre que c'eft à quoy fert le battement du cœur; Car par l'agitation qu'il leur donne il les fait penetrer l'vn dans l'autre, il les lie enfemble & les ferrumine, s'il eft permis de parler ainfi de chofes fi de-liées.

TOut ce qui peut icy laiffer du doute, c'eft que les Efprits fe meflent auec le fang & auec les humeurs & qu'il eft difficile

de comprendre comment dans ce mélange
ils puiſſent conſeruer l'vnité qu'ils doiuent
auoir enſemble. Mais il ne faut que ſe
repreſenter la lumiere qui paſſe à trauers
les nües, car elle a des rayons qui ne les
peuuent trauerſer, & ceux qui en ont
le pouuoir s'eſcartent les vns des autres,
ſans neantmoins que pas-vn perde la continuité qu'il a auec le corps lumineux: Ou
pour demeurer dans l'ordre des Corps, il en
eſt comme des exhalaiſons qui ſe meſlent
auec l'Air, elles ont pluſieurs lignes qui ſe
reſpandent d'vn coſté & d'autre, mais ces
lignes ſont ordinairement continuës auec
la matiere d'où ſort l'exhalaiſon. Il faut ſe
figurer la meſme choſe dans les Eſprits, car
ils ſortent du Cœur comme vne maſſe de
rayons & de lignes ſpiritueuſes qui s'eſcartent d'vn coſté & d'autre, & qui penetrent
les humeurs ſans ſe diuiſer d'auec leur principe. Et cela eſt d'autant plus facile à croire qu'outre que les choſes de meſme nature
ont tant de peine à ſe ſeparer les vnes des
autres, l'Ame qui ſçait que cette interru-
ption des Eſprits doit faire ceſſer toutes les

actions, empefche autant qu'elle peut
qu'elle n'arriue.

Mais que les Efprits foient animez ou
non, il eft certain qu'ils fe meuuent, &
que c'eft l'Ame qui leur donne le mouuement: Car quoy que l'on puiffe dire que
c'eft le Cœur qui les agite dans les Paffions
à caufe qu'il s'ouure, qu'il fe ferme, qu'il
fe dilate, & fe refferre comme-eux, &
qu'il y a de l'apparence que luy qui eft le
principe de la vie, & des Efprits mefmes
le doit eftre auffi de tous leurs mouuemens.
Nous fçauons neantmoins par experience
qu'il y a quantité de Paffions qui s'efleuent
dans l'Ame fans qu'on puiffe remarquer aucun changement dans le battement du
Cœur & des Arteres, quoy que fans doute
les Efprits y foient agitez. Auffi font-ce des
corps fi legers & fi mobiles, que la moindre agitation de l'Ame les doit efbranler.
Ce que l'on ne peut pas dire du Cœur qui
eft maffif & pefant de luy mefme, & qui a
vne fonction fi neceffaire à la vie, qu'il ne
doit pas fans grande neceffité, ny fans vn
grand effort l'interrompre ny la troubler.

Les Esprits sont donc les seuls qui sont agitez dans les Passions legeres, & quand elles sont fortes, le Cœur suit aussi-bien qu'eux les esmotions de l'Ame.

Pourquoy le Cœur & les Esprits se meuuent dans les Passions.

MAis quelle est la fin qu'elle se propose dans ces mouuemens, quelle vtilité en peut-elle receuoir? Il ne faut pas douter que comme elle a dessein de s'vnir au bien, de fuir ou d'attaquer le mal, elle n'employe ces Organes pour arriuer à ces fins, & qu'elle ne croye que les mouuemens qu'elle leur fait faire n'y soient tout à fait necessaires. Et il est vray qu'il y en a qui font l'effet qu'elle en attend : Mais il y en a bien aussi qui y sont inutiles. Quand dans la Cholere les Esprits separent le venin & la bile, & les portent aux dents & aux autres defences des Animaux, il est certain que ce sont autant d'armes offensiues, qui sont propres à attaquer & à destruire l'en-

nemy. Quand dans l'Amour & dans la Ioye,
les Esprits agitent les plus pures & les plus
douces parties du sang, cela est conforme
à l'estat où l'Ame se trouue qui ne demande que des objets agreables, & qui seroit
troublé par l'agitation de la bile & de la
melancholie, qui sont des humeurs fascheuses & malignes. Et l'on peut asseurer
que dans toutes les autres Passions les Esprits ont des mouuemens qui sont vtiles
aux desseins de l'Ame, comme nous ferons
voir au discours de chacune en particulier.

Mais pour vn de cette nature, il y en a
mille autres qui sont inutiles, & qui seruent plus à marquer la precipitation & l'a-
ueuglement où elle est, qu'à obtenir ce
qu'elle se propose. Car que le Cœur s'ouure
& se dilate dãs l'Amour & dans la Ioye, qu'il
se ferme & se resserre dans la Crainte &
dans la Tristesse : Que les Esprits se respan-
dent & sortent en celles-là, & qu'ils se retirent & se ramassent en celles-cy ; Tout cela
ne fait rien pour aïriuer au but où elle
tend. Ie sçay bien qu'elle croit qu'en ouurant le Cœur elle donne vne plus facile

entrée au Bien, qu'en le refferrant elle ferme les paffages au Mal ; qu'en iettant les
Efprits au dehors, elle penfe s'approcher
de fes objets, tout de mefme qu'en les re-
tirant au Cœur elle s'en doit efloigner.

Mais en verité, le Bien ny le Mal n'entrent point dans le Cœur ; Et le mouuement des Efprits n'en rend point l'Ame ny
plus proche ny plus efloignée qu'elle en
eftoit au parauant. Comme elle eft refpan-
duë par tout le Corps, elle eft déja où les
Efprits la portent, & elle n'abandonne
point les lieux d'où ils tafchét de l'éloigner.

Il ne faut pas pourtant s'eftonner de l'erreur où elle tombe en ces rencontres : car
comme elle n'a pas vne exacte connoiffance de toutes les chofes qui la regardent,
elle eft furprife par l'abord inopiné du Bien
& du Mal qui fe prefentent à elle ; & dans le
trouble qu'ils luy caufent, elle fait tout ce
qu'elle peut, elle s'agite & fait mouuoir
fes Organes felon la vifée qu'elle prend ; Et
parmy beaucoup de chofes qui feruent à
fon deffein, elle en fait cent autres qui luy
font inutiles, & mefme qui luy font dom-

mageables. Dans les actions qui luy sont
ordinaires, & qui luy ont esté prescrites
par la Nature, elle ne se trompe que tres-
rarement: Car elle pousse regulierement les
Esprits aux parties pour leur inspirer la chaleur vitale, pour leur porter le sang qui les
doit nourrir, pour faire les euacuations qui
sont necessaires; parce que c'est l'Instinct
qui la conduit & qui luy marque juste-
ment ce qu'elle doit faire. Mais quand ce
secours luy manque, elle fait comme vn
homme qui execute ponctuellement ce
que porte son instruction, mais qui se trouue fort empesché quand il luy faut faire
quelque chose qui ne se trouue point en
ses memoires ; il se regle alors sur ce qu'il a
déja fait en semblables occasions, & comme il est pressé, il hazarde le succez de
l'affaire, qui reussit quelquefois, mais qui
le plus souuent n'est pas tel qu'il se l'estoit
imaginé.

L'Ame en fait de mesme quand le Bien
& le Mal la surprennent; comme elle ne
trouue point dans les instructions de l'instinct ce qu'elle doit faire en ces rencontres;
elle

elle ſuit ſa façon ordinaire d'agir , elle
pouſſe ou retire les Eſprits comme elle a
accouſtumé dans les actions neceſſaires de
la vie; & dans la precipitation où elle eſt,
& le peu de connoiſſance qu'elle a , elle n'a
pas le temps ny la lumiere pour voir s'ils ſeront vtiles ou inutiles à ſon deſſein.

Quelle faculté fait mouuoir les Eſprits.

IL eſt donc conſtant que l'Ame fait mouuoir les Eſprits , afin qu'ils communiquent la chaleur vitale à toutes les parties,
qu'ils leur portent le ſang qui les doit
nourrir, & qu'ils tranſportent les humeurs
d'vn lieu à l'autre quand elle le juge neceſſaire, comme il arriue dans les Paſſions ,
dans les criſes & les autres. La queſtion eſt
maintenant de ſçauoir quelle partie de l'A-
me leur dône ces mouuement; Eſt-ce la vegetatiue?Eſt-ce la Senſitiue? Il n'y a pas lieu
de douter pour la diſtribution de la chaleur
vitale & de l'aliment, ny meſme pour le

tranfport des humeurs dans les maladies ;
Car il eft certain que c'eft l'Ame vegetatiue
qui eft le principe de toutes ces actions.
Mais la difficulté eft pour le mouuement
des Efprits dans les Paſſions. Car d'vn coſté
il femble que ce doit eſtre l'Ame Senſitiue
qui les doit agiter , puiſque c'eſt elle qui
excite les Paſſions , qu'ils fe meuuent en
effet pour le Bien & pour le Mal fenfible,
& qu'ils fe propofent la mefme fin qu'elle.
D'vn autre coſté les mouuemens de l'Ame
Senſitiue font volontaires & peuuent fe faire ou ne fe pas faire felon qu'il plaiſt à l'A-
mal, comme on voit dans le mouuement
des membres. Cependant celuy que les Efprits fouffrent dans les Paſſions fe fait neceſſairement , & l'Ame ne peut ny l'exciter
ny l'empefcher quand elle le voudroit : De
forte qu'il femble que cela foit du reſſort
de l'Ame vegetatiue , & que dans la focieté que les facultez ont enfemble , & dans
le fecours mutuel qu'elles fe donnent, celle-
cy fe joint à la Senſitiue pour luy ayder à
poſſeder le bien , ou à l'eſloigner du mal
qui fe prefente à elle

Nonobſtant ces dernieres raiſons auſquelles il eſt facile de reſpondre, il s'en
faut tenir aux premieres qui prouuent que
c'eſt l'Ame ſenſitiue qui fait mouuoir les
Eſprits dans les Paſſions. Il eſt vray que les
mouuemens de la vegetatiue ſe joignent
ſouuent aux ſiens, comme on experimente
dans les grandes Douleurs: Mais c'eſt quand
le Bien & le Mal ſont conſiderables, &
qu'ils font vne ſi profonde impreſſion qu'ils
penetrent juſqu'à elle : car quand ils ſont
legers elle ne s'en eſmeut pas, & laiſſe agir
la partie ſenſitiue toute ſeule, laquelle
pourtant ne laiſſe pas d'agiter les Eſprits.

En effet, ce ſont les Organes generaux
de toutes les fonctions de l'Ame ; & toutes
les facultez de quelque ordre qu'elles
ſoient les employent également à leur ſeruice. Ils ſeruent à la vie, au ſentiment, au
mouuement, à la raiſon meſme, & dans
les plus hautes meditations ils s'agitent
comme dans les actions naturelles. C'eſt
comme vn inſtrument dont pluſieurs Ar-
tiſans ſe ſeruent à diuers Ouurages : Car du
meſme Compas dont vn Maçon aura pris

ſes alignemens, le Geometre en fera ſes Figures, l'Aſtronome en meſurera le Ciel
& les Aſtres. Ainſi les Eſprits qui auront
ſeruy à la faculté naturelle, pour les plus
baſſes actions de la vie, ſont employez par
l'Ame ſenſitiue aux fonctions animales, &
l'Entendement meſme s'en ſert dans ſes
operations les plus releuées.

Mais quoy ! leur mouuement n'eſt pas
libre dans les Paſſions, comme il ſemble
qu'il deuroit eſtre ſi l'Appetit ſenſitif en
eſtoit le Directeur, ainſi qu'il l'eſt des mouuemens volontaires. Il n'importe ; puiſque
meſme les Eſprits Animaux qui coulent par
les nerfs pour faire ces mouuemens là , &
qui ſans doute ſont meuz par l'Appetit ſenſitif, n'ont pas leur mouuement plus libre
que celuy qui ſe fait dans les veines & dans
les arteres. La neceſſité du mouuement ſe
trouue ſouuent dans la faculté ſenſitiue,
auſſi bien que dans la naturelle ; Et quoy
que les muſcles ſoient les Organes du
mouuement libre , nous voyons que la
reſpiration qui ſe fait par leur moyen eſt
neceſſaire, que le mouuement du Cœur

qui est comme vn composé de plusieurs
muscles, & qui reçoit vn nerf du Cerueau
pour luy donner le sentiment & le mouuement, n'est point au rang de ceux qui
sont volontaires. La volonté mesme auec
cette souueraine liberté qu'elle a n'est
point libre en ses premieres saillies , &
quelque-temps qu'elle prenne à considerer le Bien & le Mal, il n'est pas en
son pouuoir de haïr le Bien & d'aymer
le Mal.

D'où vient donc cette diuersité, c'est
sans doute de l'Instinct, qui est vne Loy
qui contraint l'Ame à faire ce qu'elle ordonne pour le Bien de l'Animal. C'est elle
qui conduit toutes les actions de la faculté
Naturelle, qui marque à l'Ame Sensitiue
les mouuemens qu'elle doit faire sans relasche, comme ceux du Cœur & des Poulmons, ceux des Esprits Animaux, mais encore tous ceux qui se font par rencontre
où la connoissance des sens est inutile. Car
encore que le mouuement des Esprits dans
les Passions ne se fasse pas precisément par
luy, l'Ame le leur fait faire sur l'exemple

que l'Inſtinct luy donne en d'autres occa-
ſions, comme nous auons dit cy-deuant.

Quel eſt le
mouuement du
Cœur & des Eſ-
prits dans les
autres Paſſions? VOila pour ce qui regarde le Mouuement du Cœur & des Eſprits dans les
Paſſions de l'Appetit Senſitif, il faut voir
maintenant s'il ſe fait de la meſme ſorte
dans celles de la volonté, & de l'Appetit
Naturel.

Nous pouuons dire d'abbord qu'il y a
beaucoup de Paſſions qui s'éleuent dans la
volonté, ſans que le Cœur ny les Eſprits y
ſoient agitez, parce que c'eſt vne faculté
ſpirituelle, qui peut agir de ſoy-meſme
ſans le ſecours d'aucun organe. Mais il
faut qu'elles ſoient bien legeres ; car quand
elles ſont vn peu fortes, ils ne manquent
pas tous deux de s'y mouuoir, comme
dans les Paſſions de l'Appetit ſenſitif.

Ce n'eſt pas que la volonté conſiderée
en ſoy ne pûſt toute ſeule exciter les plus
violentes, comme on ſçait qu'elle fait
dans les Anges: mais dans l'Homme où les
facultez Corporelles ſont vnies auec les
ſpirituelles, il eſt impoſſible que les vnes

ne fecourent les autres, quand vn Bien ou vn Mal confiderable fe reprefente à quelqu'vne d'elles; foit parce que le mouuement qu'elles ont fe communique neceffairement aux autres, comme nous auons dit; foit parce que l'Ame en ces rencontres fe defie de fes forces, & veut employer toutes celles qu'elle a. C'eft pourquoy elle ne fe contente pas d'émouuoir l'Appetit fenfitif dans les grandes Douleurs pour fuir le Mal qui la preffe; Elle fait naiftre la Trifteffe dans la partie fuperieure pour le mefme deffein; Et comme fi cela ne fuffifoit pas encore, elle excite fouuent la Fievre dans la faculté naturelle pour chaffer& deftruire cét ennemy.

Pour ce qui eft des Paffions de cette baffe partie de l'Ame, il n'y en a aucune où les Efprits ne foient agitez, mais il faut qu'elles foient violentes pour emouuoir le Cœur: Car il n'en eft pas comme de celles des autres Appetits, qui toutes mediocres qu'elles foient, font capables d'alterer fon mouuement. En effet nous voyons dans les playes & dans les tumeurs

que les Esprits y accourent auec impetuosité sans qu'il y ait aucun changement
dans le battement du cœur & des arteres;
& il se fait des euacuations considerables
dans les crises , sans que ces mouuemens
en soient alterez. Mais dans la Fievre qui
est la cholere de l'Appetit naturel , dans
la Consternation où la Nature se trouue
quelquefois dans les maladies malignes ,
& dans les Agonies qui deuancent la mort,
il se fait vn notable changement dans le
Pouls.

La raison de cette difference vient de
la nature de la faculté vegetatiue, qui est
plus materielle , & par consequent plus
pesante que la Sensitiue. Car tout de mesme qu'vn homme paresseux ne s'engage
qu'aux choses les plus aisées à faire , &
n'entreprend les difficiles que lors qu'il y
est contraint par la necessité. Aussi cette
faculté qui se meut auec peine, se contente
dans les Passions legeres d'agiter les Esprits
à cause qu'ils sont faciles à mouuoir : Mais
elle n'entreprend pas d'y ébranler le Cœur,
parce que c'est vne Machine plus difficile

à

à remuer, si ce n'est lors que le Mal luy
paroist considerable, & qu'elle juge qu'il
faut employer tous ses Organes , toutes
ses forces pour luy resister.

Comment l'Ame fait mouuoir le Corps.

MAis nous oublions le point le plus
difficile qui soit en cette matiere,
à sçauoir comment l'Ame fait mouuoir le
Cœur & les Esprits ; Et pour le dire en vn
mot , comment elle fait mouuoir toutes
les parties : Car il est assez difficile à conceuoir comment vne chose qui n'a point
de corps puisse remuer vn Corps ; Et bien
plus encore que ce qui est immobile comme on veut que l'Ame soit , puisse faire
mouuoir les membres de l'animal. On
void bien qu'ils se meuuent par le moyen
des Muscles , & que les Muscles agissent
par la contraction des fibres qui entrent
en leur composition, mais la question est de
sçauoir côment l'Ame fait retirer ces fibres,

Gg

Qu'on ne nous die point que l'Appetit commande à la vertu motiue qui est dans les membres, & que cette vertu execute ce qu'il luy a ordonné. Ce sont des paroles qui au lieu d'esclaircir la chose l'obscurcissent & l'embarrassent dauantage. Et qui considerera de pres la nature de ce commandement, & la maniere dont il peut estre fait par l'Appetit, & celle dont il doit estre receu par la vertu motiue, ne sera pas plus instruit de ce que nous cherchons qu'il estoit auparauant, & ne verra point comment les fibres se ramassent & se racourcissent. Pour nous expliquer donc promptement & en peu de mots, sur ces difficultez, nous disons que toutes les parties se meuuent, parce que l'Ame qui est vnie auec elles, se meut elle mesme, & qu'elle les contraint de suiure le mesme mouuement qu'elle s'est donné: De sorte que les fibres se retirent, parce que l'Ame qui les anime se resserre la premiere & les fait apres raccourcir.

Il en faut dire autant des Esprits, car quand ils vont d'vn endroit à l'autre,

quand ils se dilatent ou se resserrent dans
les Passions, c'est l'Ame qui leur donne
ces mouuemens en se les donnant à elle-
mesme.

Cela ne sera pas difficile à croire si l'on
se souuient de ce que nous auons dit au
4. Chap. de cét Ouurage, où nous auons
montré que l'Ame estoit mobile en toute
sa substance, & qu'ayant vne extension
propre, elle auoit aussi des parties qu'elle
pouuoit remuer comme il luy plaisoit.
Car cela presupposé, il est certain qu'e-
stant vnie auec les membres, il est impossible qu'elle se donne aucun mouuement
qu'elle ne leur en fasse faire vn semblable.

Mais on pourroit dire que si cela est
ainsi, il n'est point necessaire que les Esprits Animaux coulent dans les Muscles
pour les faire mouuoir, parce que l'Ame
estant toute en chaque partie, n'a pas besoin que ces Esprits luy aportent vne vertu qu'elle a déja. Nous auons déja touché
à cette difficulté, qui a mis en confusion
toutes les Escholes. Car les vns veulent

que les Esprits Animaux portent la faculté motiue auec eux ; & les autres disent
que ce qu'ils portent n'est qu'vne certaine
qualité qui n'est point animale, & qui ne
sert que de disposition pour faire agir la
faculté motiue qui est dans les parties.

Les vns & les autres se trompent asseu-
rement, supposant comme ils font que les
Esprits ne sont pas animez: Les premiers
en ce qu'ils donnent les vertus animales
à des corps qu'ils croyent n'auoir point de
vie; les autres en ce qu'ils mettent en auant
vne qualité imaginaire qu'ils n'expliquent
point, & qui laisse la chose aussi douteuse qu'auparauant.

Il faut donc dire que les Esprits Animaux
ne portent pas la vertu motiue aux parties,
mais le commandement de la faculté Estimatiue, sans lequel il n'y a point de mouuement qui se puisse faire.

Pour entendre ce-cy, il faut se ressou-
uenir de ce que nous auons dit aux discours precedens : Que l'Appetit ne se
meut que par le commandement de la faculté Estimatiue, qui ordonne de faire les

chofes ; Que ce commandement confifte dans l'Image ou l'idée qu'elle fe forme en elle-mefme ; Et qu'apres que cette Image y a efté produite , elle fe multiplie & fe refpand comme vne lumiere en toutes les parties de l'Ame.

Or c'eft par les Efprits animaux que cette communication fe fait : Car comme les actions corporelles fe font par le moyen des Organes qui leur font propres, la connoiffance fe doit faire dans le Cerueau où font tous les Organes qui font neceffaires à cette action. Et parce que les parties qui doiuent executer ce qu'elle ordonne là , en font efloignées , il eft neceffaire que l'Ame ait des miniftres qui leur portent les refolutions qu'elle a prifes en fon confeil, fans lefquelles comme dans vne Republique bien policée , rien ne fe doit & ne fe peut faire.

Ce font donc les Efprits Animaux qui ont cét employ , qui portent les ordres & les commandemens de l'Eftimatiue aux parties , lefquelles apres fe meuuent comme nous auons dit.

DES VERTVS
ET DES VICES,
dont l'Art de connoiſtre les Hommes peut juger.

CHAPITRE V.

PVisque l'Art de connoiſtre les Hommes ſe vante de découurir les vertus & les vices quelques cachez qu'ils ſoient, c'eſt à luy à nous dire de quelles vertus, & de quels vices il entend parler ; s'il a ce pouuoir pour tous en general, ou s'il ne l'a que pour quelques-vns. Et à ce deſſein il luy en faut faire vn denombrement, afin qu'il nous marque ceux qui ſont de ſon reſſort & de ſa connoiſſance.

Mais auant que d'en venir là il eſt neceſſaire de ſçauoir que les vertus & les vices sont des habitudes qui se forment dans l'Ame par plusieurs actions morales, qui souuent reïterées luy laissent vne Inclination & vne facilité à en faire de pareilles.

POur esclaircir cette doctrine il faut remarquer que nostre ame fait de deux sortes d'actions ; Les vnes qui sont necessaires, les autres qui sont libres. L'eschole appelle les premieres Actions de l'Homme, & celles qui sont libres, Actions Humaines, parce qu'elles sont propres à l'homme en tant qu'il est raisonnable, estant le seul de tous les animaux qui ait la liberté. Quelques-vns confondent celles-cy auec les Morales qui font les bonnes ou mauuaises mœurs, qui meritent la loüange ou le blasme, la recompense ou le chastiment. Mais si entre les actions libres il y en a d'indifferentes qui ne sont ny bonnes ny mauuaises, comme beaucoup de Philosophes croyent, il faut qu'il y ait quelque diuersité entre les actions Humaines & les Morales, & que celles-là soient comme le genre de celles-cy, en sorte que toutes les

Qu'elles sont les actions Morales.

actions Morales foient Humaines parce qu'elles font libres & que toutes les Humaines ne foient pas Morales, parce qu'il y en a qui ne font ny bonnes ny mauuaifes.

Qu'elle eft la droite raifon.

OVoy qu'il en foit, les Actions Morales font bonnes ou mauuaifes felon qu'elles font conformes ou contraires à la droite raifon. Or la Droite Raifon eft vne connoiffance iufte de la fin & des moyens que l'Homme doit auoir pour fe rendre parfait. Et fa perfection confifte en deux points ; En celle de l'Entendement pour connoiftre la verité, & en celle de la volonté pour arriuer au fouuerain bien auquel il eft deftiné. En effet on dit que l'art eft vne habitude de l'Entendement qui fait operer felon la droite raifon, & que la vertu eft vñe habitude de la volonté qui fait agir felon la droite raifon ; de forte qu'il y a vne Droite Raifon pour l'Entendement & pour la volonté, l'vne qui conduit à la verité, lautre qui tend au bien.

Cette Droite Raifon ou cette connoiffance vient de Dieu, de la nature ou du

raifon.

raisonnement. Car Dieu fait connoistre
aux Hommes ce qu'il desire d'eux ; Et cette connoissance est la regle souueraine
de nos pensées & de nos actions. La Nature inspire aussi des connoissances generales, qui sont comme les premiers gui-
des qu'elle nous donne pour conduire
nostre Esprit où il doit aller : Telles sont
les communes Notions qui seruent aux
sciences speculatiues: Telles sont les loix
naturelles qui reglent nos mœurs. Enfin
le Raisonnement aydé de ces premieres
connoissances, & de l'experience a trouué
des Regles pour les Arts & pour les sciences,
des loix ciuiles pour maintenir la societé
des Hommes, & des maximes pour la conduite de chacun en particulier : Et celuy
qui agit par quelqu'vne de ces lumieres
agit selon la Droite Raison. Mais pour ne
nous escarter pas de nostre suiet, il faut
conclure de tout ce que nous venons de
dire que les actions morales sont conformes à la Droite Raison quand elles sont
reglées, ou par la Loy diuine, ou par
les Loix naturelles & ciuiles, ou par le

raiſonnement de la Philoſophie Morale.

Pourquoy les vertus ſont au milieu.
OR entre beaucoup de Regles que
cette Philoſophie donne, il y en a
vne qui regne preſque en toute la matiere
que nous traitons. C'eſt que les actions
de la volonté & de l'Appetit ſenſitif &
les vertus meſmes qu'elles produiſent doiuent eſtre dans vne mediocrité qui ne connoiſſe ny l'excez ny le defaut. C'eſt pourquoy la vertu tient toûjours le milieu entre deux vices qui ſont oppoſez l'vn à
l'autre: Et quoy qu'il y en ait quelques-
vnes qui ſemblent eſtre diſpenſées de cette Regle, comme la Iuſtice, & la Charité,
& quelques autres, neantmoins il y a touiours quelque milieu qu'elles doiuent ſuiure, comme l'Eſchole enſeigne.

La raiſon ſur laquelle eſt fondée cette
mediocrité eſt aſſez difficile à trouuer ;
Car celle que l'on apporte communement,
que la conformité que les actions ont
auec la Droite Raiſon, conſiſte en ce qu'il
n'y a ny plus ny moins dans les actions

que ce qui y doit eftre, & que la difformité n'y furuient que parce qu'on y ad-
joutte quelque chofe ou quelque circon-
ftance qui ne leur conuient pas, ou parce qu'on en retranche celles qui leur conuiennent: Et que cette Addition & Sub-
ftraction fait l'excez & le defaut des
actions. Cette raifon dis-je, prefuppofe ce
qui eft en queftion ; car on peut demander pourquoy ces chofes & ces circonftances conuiennent ou ne conuiennent
pas, & fouftenir le party que l'on voudra.

l'eftime donc qu'il eft plus à propos de
dire que la mediocrité des actions eft fondée fur l'indifference qui eft propre &
naturelle à l'Ame : Car comme l'action
n'eft rien qu'vn progrez, & comme vn
efcoulement de la puiffance Actiue, elle
doit eftre conforme à cette puiffance. Et
par confequent l'Ame humaine eftant indifferente & indeterminée, parce qu'elle
eft en puiffance toutes chofes ; Il faut que
fes actions le foient auffi : Et de là vient
non feulement la liberté qu'elle a de les

faire, ou de ne les pas faire ; Mais encore la
mediocrité qu'elle leur donne quand elle
les fait. Car quoy qu'elle soit alors determinée par l'action où elle s'applique,
elle y conserue neantmoins son indifference par la mediocrité où elle la met,
dautant que ce qui est au milieu est indifferent aux extremitez, & que ce qui
est à l'extremité est plus determiné que
ce qui est milieu. C'est pourquoy les mouuemens de l'Apetit sensitif qui en tous les
animaux sont plus parfaits plus ils sont
dans l'excez & dans le defaut qui leur est
naturel , doiuent estre moderez dans
l'Homme, parce qu'estant soumis à la Raison , il faut qu'ils se conforment à elle
comme nous auons dit cy-deuant.

Les Actions Morales qui ont donc la
mediocrité que la Droite Raison prescrit,
font bonnes & honnestes, & celles qui
font dans l'excez ou dans le defaut sont
mauuaises & priuées de l'honnesteté morale. Elles sont appellées vertueuses ou vicieuses, mais elles ne communiquent pas
ce nom à ceux qui les font : Car vn Hom-

me pour faire vne bonne ou vne mauuaife action , n'eſt pas appellé vertueux ou
vicieux, il faut qu'il en ait fait pluſieurs,
& qu'il en ait acquis l'habitude; dautant
qu'il ne peut eſtre appellé ainſi, que parce qu'il a la vertu ou le vice, qui ſont des
habitudes comme nous auons dit.

MAis où ſont ces habitudes ? en
quelle partie de l'Ame ſe forment
elles ? La difficulté n'eſt pas pour l'Entendement ny pour la volonté , parce qu'il
faut que les habitudes naiſſent dans les
facultez qui font les actions , puiſque les
actions produiſent les habitudes. Et l'on
ne peut douter que les actions Morales
qui doiuent ſe faire auec liberté & auec
choix, ne partent de l'Entendement & de
la volonté qui ſont des puiſſances libres,
& que par conſequent les vertus & les
vices ne ſoient dans ces facultez comme
dans leur veritable ſujet. La queſtion eſt
donc ſeulement pour l'Appetit ſenſitif, à
ſçauoir s'il eſt capable des vertus & des
vices, puiſque ce n'eſt point vne faculté

Quel eſt le Sie-
ge des habitu-
des Morales.

Hh iij

qui foit libre ny qui puiffe connoiftre la
Droite Raifon , qui eft la regle de toutes
les actions Morales. Et ce qui fait naiftre
la difficulté fur ce point, c'eft que l'Appetit fenfitif eft foumis aux facultez fu-
perieures, & que fes mouuemens entrent
dans les actions vertueufes ou vicieufes fe-
fon qu'il les modere, ou qu'il les laiffe aller
dans l'excez ou dans le defaut. De forte
que fi ces mouuemens fouuent reïterez y
laiffent vne inclination & vne facilité à en
faire de pareils, ce fera vne habitude quī
femble ne pouuoir eftre autre que Vertu
ou Vice : Ainfi l'Appetit fenfitif fera fufceptible de l'vn & de l'autre auffi bien que
la volonté.

Or il eft certain qu'il s'y forme des habitudes, comme nous apprenons par l'inftruction que l'on donne aux beftes, & par
l'experience que nous faifons de la facilité auec laquelle noftre Appetit fe porte à
certaines actions apres qu'il les a faites
plufieurs fois. Ioint qu'eftant vne puiffance qui n'eft pas determinée à vne feule
maniere d'agir , & qui a fes mouuemens

tantoſt plus foibles , & tantoſt plus forts
pour vn meſme objet , il eſt impoſſible
qu'il ne ſoit capable de quelques habitudes, & que les actions qu'il reïtere ſouuent ne luy laiſſent la meſme facilité
qu'ont toutes les autres facultez qui agiſſent de la meſme ſorte.

Pour leuer ces doutes, il faut mettre
pour vn fondement aſſeuré, que les habitudes que les Beſtes acquierent ne peuuent
eſtre miſes au rang des Vertus & des vices, & par conſequent l'Appetit ſenſitif
de l'Homme , qui eſt du meſme ordre que
celuy des beſtes , n'eſt pas capable de ſoy
d'en auoir d'autres qu'elles.

Mais parce que dans les actions Morales
la volonté agit touſiours auec luy , il ſe
forme en meſme temps vne habitude dans
la volonté, & vne autre dans l'Appetit
ſenſitif. La premiere eſt veritablement
vertueuſe ou vicieuſe : La ſeconde eſt indifferente, n'eſtant ny bonne ny mauuaiſe. Et comme on ne les diſtingue pas, on
attribue à l'Appetit ſenſitif , ce qui n'appartient qu'à la volonté. De ſorte que

tout ce qu'on peut dire de ces dernieres habitudes, c'eſt qu'elles ſeruent de matiere & de corps aux vertus & aux vices, dont la forme & l'eſſence eſt dans la volonté. Et que les vertus qui ſont dans la volonté, ſont des vertus viuantes & animées, qui font naiſtre le merite, l'eſtime & la loüange; au lieu que celles de l'Appetit ſenſitif n'en ſont, s'il eſt permis de le dire, que des pourtraits ſans vie & ſans ame, n'ayant pas la force de produire aucune de ces choſes, ſi ce n'eſt quand elles ſont accompagnées des autres. Car quand quelqu'vn eſt naturellement porté à la temperance il en peut acquerir l'habitude, mais ce ne ſera pas vne vertu qui merite ny loüange ny recompenſe, ſi la volonté n'y a contribué ; encore faut-il qu'elle ait eſté eſclairée de la Droite Raiſon, autrement l'habitude qu'elle en aura contractée, ſera du meſme ordre que celles de l'Appetit ſenſitif. Et meſme on peut aſſeurer qu'elle ſera vicieuſe, puiſque la volonté ne ſe ſera pas ſeruie de la lumiere qui la doit conduire. Il ne ſuffit pas qu'elle

faſſe

faffe de bonnes actions, il faut qu'elle les
faffe bien. Et c'eft pourquoy on dit, que
la vertu confifte plus dans les Aduerbes
que dans les Adjectifs, & que pour me-
riter le nom de jufte, il faut non feulement que les chofes foient juftes, mais
encore qu'elles foient faites juftement.

Or pour les faire ainfi, il faut auoir
connoiffance, il faut faire effection des
moyens & des circonftances; En vn mot,
il faut fuiure les ordres de la Droite Raifon, qui font des actions où la faculté
fenfitiue ne peut atteindre, fi ce n'eft indirectement. Car il faut remarquer que
comme la Droite Raifon eft vne connoiffance qui fe forme par des Images intellectuelles; elle ne peut auoir aucune liaifon ny rapport auec l'Appetit fenfitif, &
ne le peut exciter à fe mouuoir, parce
qu'il n'eft pas fufceptible de ces fortes d'I-
mages, comme eft la volonté qui eft fpirituelle. Mais apres que celle-cy en a efté
efclairée, elle fe meut & imprime en fuite fon mouuement à l'Appetit fenfitif,
qui fe laiffe aller aueuglement où il eft

pouſſé. De ſorte que s'il arriue que ſes mouuemens ſoient alors conformes à la Droite Raiſon, il n'en eſt pas la cauſe, c'eſt la volonté qui le pouſſe; Et il en eſt comme des mouuemens d'vne Horloge, qui doiuent toutes leurs meſures & leur regularité à l'Art qui eſt dans l'Eſprit de l'Horloger.

Il y a quatre puiſſances qui peuuent eſtre reglées par la droite raiſon.

MAis de quelque façon que l'Appetit ſenſitif ſoit eſmeu, il eſt certain qu'il peut eſtre reglé par la Droite Raiſon, ſoit directement ou indirectement, & par conſequent on peut aſſeurer que puiſqu'il eſt double, & qu'il a ſa partie concupiſcible & Iraſcible : Il y a quatre puiſſances dans l'Homme qui doiuent eſtre reglées par la Droite raiſon : A ſçauoir, l'Entendement, la Volonté & ces deux Appetits. Et comme la vertu eſt la regle ferme & conſtante de la Droite Raiſon, il faut que chacune de ces puiſſances ait ſa vertu particuliere qui la conduiſe, & qui l'empeſche de tomber dans le mal qui eſt contre la Droite Raiſon. Ainſi il y aura quatre vertus generales ; La Prudence pour conduire l'Entendement ; la Iustice pour diriger les actions de la volonté ; la Temperance pour regler les Passions de l'Appetit Concupiscible ; & la Force pour celles de l'Irascible, soit que les vnes & les autres s'esleuent dans l'Appetit sensitif ou dans la volonté. Car la volonté a deux sortes d'actions, les vnes qui regardent le Bien & le Mal de celuy qui agit, & qui se font reseruées le nom de Passions ; Et celles qui regardent le Bien & le Mal que l'on peut faire aux autres, & s'appellent simplement actions ou operations qui font les actions justes & injustes.

A ces quatre vertus se rapportent non seulement toutes les autres qui en font comme les especes, mais encore les vices qui leur font opposez : C'est pourquoy il faut diuiser ce discours en quatre parties dont chacune traitera d'vne de ces vertus, de toutes ses especes, & des vices qui luy font contraires.

DE LA PRVDENCE.

LA Prudence & la Synderese sont deux habitudes de l'Entendement qui reglent les Actions morales. Mais elles sont differentes en ce que la Synderese prescrit à toutes les vertus la fin qu'elles doiuent auoir; Et la Prudence ne traite que des moyens dont elles se doiuent seruir pour y arriuer.

Or tout l'employ que celle-cy a en cette matiere se reduit à trois actions generales, dont la premiere est de rechercher les moyens ; la seconde de iuger quel est le meilleur ; Et la troisiesme de le prescrire. C'est proprement deliberer ou consulter, iuger ou conclure, ordonner ou prescrire. Et ces choses sont tellement differentes que bien souuent il se trouue des Hommes propres pour l'vne qui ne le sont pas pour les autres. Tel proposera tous les expediens imaginables en vne affaire qui ne pourra iuger quel est le meilleur,

& tel y reuſſira bien qui n'aura pas l'ad-
dreſſe de le faire executer.

Cette difference vient du manquement
de quelqu'vne des facultez intellectuelles qui n'a pas les diſpoſitions pour produire ces actions. Car pour bien Deliberer il faut auoir la viuacité d'Eſprit pour
trouuer les expediens ; & la Docilité pour
entendre & pour ſuiure les bons aduis.
Pour bien Iuger il faut penetrer dans le
fonds & toucher le nœud des affaires qui
eſt l'Intelligence & le Bon ſens ; & voir de
loin les ſuccez que peuuent prendre les
choſes, & c'eſt la Preuoyance. Pour bien
ordonner il faut examiner toutes les cir-
conſtances des actions, c'eſt la Circonſpe-
ction ; Il faut conſiderer les inconueniens
& les empeſchemens qui peuuent ſurue-
nir, & c'eſt la Precaution. Enfin le raiſonnement & la memoire ſeruent à tous
les trois enſemble : car il ne faut rien dire
ſans raiſon, & celle qui eſt fondée ſur l'experience eſt la plus aſſeurée.

Mais parce qu'il ne ſuffit pas d'auoir
bien conſulté, bien jugé & bien ordonné

les choſes ſi on ne les execute promptement, il faut adjouſter à toutes ces qualitez la Diligence qui eſt la derniere perfection & l'accompliſſement de la Prudence.

Au reſte ſi l'on applique ces actions à la
conduite de ſa perſonne, de ſa famille, de
l'Eſtat ou des armes, elles font la Prudence
particuliere qu'on appelle Monaſtique,
l'Oeconomique, la Politique & la Militaire:
Et celles-cy ſont les veritables eſpeces de
la Prudence, les autres en ſont pluſtoſt les
parties integrantes.

Or quoy que l'on die que la vertu ſoit
entre deux extremitez vicieuſes, il n'eſt
pas aiſé de les marquer icy : Car il y en a
à qui on ne ſçauroit rien oppoſer que le
defaut, comme à la Memoire : Il y en a
meſme qui ont pour contraires les meſmes
vices qui ſont oppoſez à d'autres.

Celuy qui a donc la viuacité d'eſprit a
l'Extrauagant & le Stupide pour ſes extremitez. Celuy qui eſt Docile a le Facile &
l'Opiniaſtre. Celuy qui eſt Iudicieux a les
meſmes que l'Ingenieux. Le Preuoyant a
le Soupçonneux & le Stupide. Le Circon-

ſpect a l'Incõſideré & le Negligent. L'Aduiſé a le Cauteleux & le ſimple. Celuy qui a
bonne memoire n'a pour oppoſé que celuy
qui en a peu, auſſi bien que celuy qui a
l'experience des choſes n'a que celuy qui
ne l'a pas. Le Diligent a le Precipité & le
Pareſſeux.

CE ſont là les vertus & les vices qui
ſe rapportent à la Prudence ſelon la
diſtribution qu'en a faite la Philoſophie
Morale, & que l'Art dont nous traitons ſe
promet de découurir. Mais il ne les conſidere pas en ce détail là, ny ſous les meſmes
noms. Car il ne met point de difference entre le Circonſpect, le Preuoyant & l'Aduiſé.
Et tout ce qui appartient à l'Eſprit, au Iugement & à la Memoire, il le comprend
ſous l'heureuſe naiſſance qui doit donner
la viuacité de l'Eſprit, la force du Iugement
& la bonté de la memoire; Celuy qu'on
appelle εὐφυεῖς, bien ou heureuſement né,
deuant auoir toutes ces qualitez enſemble.
Il eſt vray qu'il examine en particulier
ceux qui ont ſeulement vne de ces quali-

tez-là, comme nous allons faire voir. Or
la raison pour laquelle il ne suit pas toûjours
l'ordre de la Philosophie Morale, c'est que
toute sa connoissance est fondée sur les signes, & qu'il n'y en a pas pour toutes ces
habitudes si exactement distinguées. Car
comme il y en a qui ne sont diuersifiées que
par des circonstances exterieures, elles ne
donnent pas des marques precises qui les
puissent distinguer les vnes des autres:
C'est assez que le principe d'où elles dépendent en soit connu. Et quand on sçaura
qu'vn homme est Iudicieux, on pourra juger qu'il est Aduisé, Circonspect & Preuoyant, qui sont des effets du Iugement,
qui considere les circonstances presentes
ou à venir.

Voicy donc l'ordre qu'il gardera en cette matiere.

Le bien ou heureusement } *l'Extrauagant.*
né a pour opposez. . . } *Le Stupide.*
L'Ingenieux ou le bon esprit.
Le Iudicieux.

Celuy

Celuy qui a bonne memoire.	{ *Celuy qui n'en a point.*
Le Sage ou Consideré. . . .	{ *L'Estourdy.* { *Le Sot.*
Le Prudent ou Aduisé. . . .	{ *Le fin ou cauteleux.* { *Le simple.*
Le Docile.	{ *Le facile.* { *L'opiniastre.*
Le Diligent.	{ *Le precipité.* { *Le Paresseux.*

DE LA IVSTICE.

LA Iustice est vne vertu qui rend à chacun ce qui luy appartient. Car comme nous ne sommes pas nez par nous mesmes, ny seulement pour nous mesmes, nous sommes obligez à ceux dont nous auons tiré l'estre, & à ceux pour qui nous l'auons receu ; c'est pourquoy les vns & les autres ont droit sur nous, & nous deuons par Iustice leur rendre ce qui leur appartient.

Kk

Comme il y a donc deux caufes à qui
nous deuons l'eftre, Dieu & nos Parens,
il faut qu'il y ait auffi deux fortes de Iuftice, par lefquelles nous leur puiffions
rendre ce que nous leur deuons, qui font
la Religion, & la Pieté.

Or parce que nous fommes nez pour
la focieté, & que la focieté fe confidere
comme vn tout, dont chacun fait partie,
il faut auffi que chacun ait auec la focieté & tous ceux qui la compofent ce
jufte rapport qui fe doit trouuer entre la
partie & le tout, & entre toutes les parties enfemble; autrement l'vnion & l'ordre qui y doiuent eftre ne s'y rencontre-
ront pas, & ce ne fera que defordre &
confufion. C'eft pourquoy & la Commu-
nauté & chacun en particulier nous obligent de leur rendre ce que nous leur deuons pour ce rapport & pour cette vnion.
Or la Iuftice qui regarde la Communau-
té eft celle que l'on appelle Politique, par
laquelle nous rendons à toute Commu-
nauté ce que nous luy deuons.

Pour ce qui eft des particuliers, comme il y en a qui font deftinez pour commander , foit à caufe de leur dignité, foit à caufe de l'Excellence qu'ils ont , la Iuftice que nous leur deuons eft l'Obeïffance & le Refpect.

En tous les autres il faut confiderer ce qu'on leur doit par rigueur de Iuftice, ou feulement par obligation Morale. La premiere fait la Iuftice Diftributiue & Commutatiue: L'autre en fait fix efpeces , à fçauoir, l'Amitié & la Gratitude, l'Affabilité & la Verité, la Fidelité & la Liberalité; dont les deux premieres refpondent au cœur, les deux autres aux paroles, & les dernieres aux actions; tout ce que nous deuons ne pouuant eftre tiré que du cœur, des paroles & des effets.

Voicy comme noftre Art fe fert de ces maximes. Il confidere premierement l'Homme de bien, le Iufte ou l'Equitable, fous lequel il comprend particulierement ce qui appartient à la Iuftice Politique, & à la Commutatiue & Diftributiue. Et à l'Homme Iufte il oppofe le Simple & le Méchant; mais il n'examine

point le ſimple , à cauſe qu'il fait auſſi vne
des extremitez de la Prudence. La Religion vient apres que nous appellons Pieté,
car noſtre langue a reduit ce mot à la Religion : Et la Iuſtice que nous deuons à
nos parens eſt compriſe ſous la Bonté. Les
vices qui ſont oppoſez à la Pieté , ſont le
Superſtitieux & l'Impie. Pour ce qui eſt de
l'Obeïſſance il n'en donne point de marques ; celles de la Docilité peuuant ſeruir
au lieu d'elles. Le Reſpect ſe peut auſſi
rapporter à la Prudence ou aux autres eſ-
pecés de la Iuſtice : Car celuy qui ne rend
pas le reſpect qu'il doit , eſt ſot ou ſuperbe.
De ſorte qu'il poſe l'Amy au troiſieſme
rang , auquel il oppoſe le Flateur & l'Ennemy. Le Reconnoiſſant ſuit apres qui n'a
que l'Ingrat pour contraire. L'Affable tient
le cinquieſme rang , qui à le Cajoleur & le
Ruſtique pour oppoſez. Au ſixieſme il
met le veritable , qui a le Menteur pour
contraire. Mais parce qu'on peut mentir
par les paroles & par les actions , en ſes
affaires propres & en celles d'autruy ; de
là vient qu'il y a cinq ſortes de Menteurs,

le Vain, le Dissimulé, l'Arrogant, l'Hypocrite, & le Medisant. La Fidelité vient apres à qui on ne peut opposer aucun excez, mais seulement le defaut qui est la Perfidie: Enfin le dernier de tous est le Liberal qui a pour contraires le Prodigue & l'Auare. Mais parce que la Misericorde & la Clemence approchent de la Liberalité, celle-là secourant ceux qui sont en necessité, & l'autre remettant la peine qui estoit deuë: Il adjouste le Misericordieux & le Charitable, auquel il n'y a que l'Impitoyable qui soit opposé; Et le Clement dont le vice excessif est l'Indulgent & le defectueux, le Cruel. La Magnificence appartient encore en quelque façon à la Liberalité; car il semble que ce soit vne liberalité somptueuse & excellente: Elle a pour contraires la Despense superfluë, & la Mesquinerie.

L'Homme de bien & juste. .	{ Le Simple. { L'Iniuste ou mechant.
Le Pieux ou Deuot.	{ Le Superstitieux. { L'Impie.

L'Amy. . . . . $\begin{cases} \textit{Le Flatteur.} \\ \textit{L'Ennemy.} \end{cases}$

Le Reconnoissant. . . . . . . *L'Ingrat.*

L'Affable. . . . . $\begin{cases} \textit{Le Caioleur.} \\ \textit{Le Rustique.} \end{cases}$

Le Veritable. *Le Menteur.* $\begin{cases} \textit{En Paroles.} \begin{cases} \textit{Le Vain.} \\ \textit{Le Dissimulé.} \\ \textit{Le Medisant.} \end{cases} \\ \textit{En Actions.} \begin{cases} \textit{L'Arrogant.} \\ \textit{L'Hipocryte.} \end{cases} \end{cases}$

Le Fidelle. . . . . *Le Perfide.*

Le Liberal. . . . . $\begin{cases} \textit{Le Prodigue.} \\ \textit{L'Auare.} \end{cases}$

Le Magnifique. . . . . $\begin{cases} \textit{Le Despensier.} \\ \textit{Le Mesquin.} \end{cases}$

Le Misericordieux. . . . . . *L'Impitoyable.*

Le Clement. . . . . $\begin{cases} \textit{L'Indulgent.} \\ \textit{Le Cruel.} \end{cases}$

DE LA TEMPERANCE.

LA perfection de chaque puissance consiste en la force de son action, de

forte que les Paſſions, quelques violentes
qu'elles ſoient, ſont des perfections, eu
égard à l'Appetit qui les produit. Mais
parce que l'Appetit a eſté donné à l'animal pour ſa conſeruation, & que dans
l'Homme il doit eſtre ſoûmis aux facultez
ſuperieures, il ne faut pas que ſes actions
ſoient defectueuſes, puiſque la perfection
conſiſte dans la force de l'Action, ny qu'elles ſoient auſſi exceſſiues, parce qu'elles
deſtruiroient la ſanté & troubleroient les
plus nobles actions de l'Ame. Et partant
il faut qu'elles ſoient moderées pour eſtre
conformes à la raiſon : Car eſtre conforme
à la raiſon n'eſt autre choſe que d'eſtre
conuenable à l'Homme, c'eſt à dire à ſa
Nature. Les Paſſions meſmes qui s'eſleuent
dans la volonté doiuent receuoir le meſme
temperament : Car bien qu'elles ne puiſſent pas touſiours alterer la ſanté, elles
peuuent occuper l'Ame à des objets qui ne
la doiuent point eſmouuoir, ou l'arreſter
trop long-temps à ceux qui ne ſont pas
mauuais. C'eſt pourquoy l'eſtude trop ar-
dente eſt vitieuſe, parce qu'elle occupe

trop l'Eſprit à la contemplation, & le de-
ſtourne de la vie Actiue, & des ſoings le-
gitimes de la vie, qui doiuent partager
enſemble les actions de l'Homme. Quoy
qu'il en ſoit toutes les Paſſions ſont reglées
par deux vertus, celles de l'Appetit concupiſcible par la Temperance, & celles de
l'Iraſcible par la Force.

Pour ce qui eſt de la Temperance il
n'y a que deux genres de Paſſions ſur qui
elle ſoit employée, & qui en conſtituent
les eſpeces, à ſçauoir le Plaiſir & le Deſir. Car bien que l'Amour ſoit la premiere & la plus puiſſante de toutes, il eſt
neantmoins impoſſible de la conceuoir ſi
ce n'eſt entant qu'elle ſe porte au bien
preſent ou abſent. S'il eſt preſent, il cauſe
le Plaiſir, s'il eſt abſent, il forme le Deſir;
De ſorte que l'Amour eſt comme enuelop-
pée & enfermée en ces deux Paſſions, &
la vertu qui a ſoin de les moderer, regle
en meſme temps la Paſſion d'Amour. Si
l'on veut meſme bien examiner ces choſes, on trouuera que le Plaiſir comprend
les deux autres, & qu'en effet la Temperance

rance n'a point d'autre but, que de moderer les plaifirs qui fe tirent des Biens de l'Ame, du Corps, & des chofes Exterieures. Mais parce qu'il y a de ces Biens que l'on confidere pluftoft Abfens que Prefens, & d'autres tout au contraire : auffi le Defir fe fait mieux voir aux vns & le Plaifir aux autres, c'eft pourquoy nous les auons voulu feparer.

Car il y a trois chofes en general où nos Defirs peuuent eftre vitieux ; fçauoir eft, la Connoiffance, les Richeffes & les Honneurs ; & deux autres qui peuuent donner des plaifirs déreglez ; fçauoir eft, les Sens & les Diuertiffemens.

Pour ce qui eft de la Connoiffance, comme il y a des chofes mauuaifes & inutiles que l'on peut apprendre, & que mefme on fe peut occuper trop long-temps ou trop peu dans les bonnes & dans les vtiles, la Vertu qui regle nos defirs dans leur recherche fe peut appeller Eftude, ou Curiofité loüable.

Pour les Richeffes, fi on a efgard à la difpenfatió qu'on eft obligé d'en faire aux

autres, la Vertu qui y eſt employée s'appelle Liberalité, & appartient à la Iuſtice:
Mais ſi on les deſire pour ſon vſage particulier, la Vertu qui modere les ſoins que
l'on a de les acquerir & de les employer,
s'appelle Meſnage.

Le Deſir de l'honneur eſt reglé par l'Humilité, par la Modeſtie & par la Magnanimité. L'Humilité empeſche qu'on ne s'a-
baiſſe trop bas; La Magnanimité qu'on ne
s'eſleue trop haut; la Modeſtie tempere les
deſirs que l'on a pour les honneurs mediocres.

Le Plaiſir regarde principalement les
Sens, nommement celuy du Gouſt & du
Toucher, parce que ce ſont eux dont le
déreglement nuit dauantage à la ſanté, &
aux fonctions de l'Entendement. La So-
brieté modere le Plaiſir du Manger, & du
Boire, & la Chaſteté tient en bride les voluptez charnelles.

Or parce que les diuertiſſemens ſont
neceſſaires pour relaſcher l'Eſprit & le
Corps, & pour leur donner de nouuelles
forces, & qu'on peut abuſer du Plaiſir

qui s'y trouue ; il y a vne vertu particuliere qui les doit regler, à sçauoir, l'Eutra-
pelie, laquelle a diuerses especes selon les
diuers objets où l'on sepeut diuertir ; Tels
que sont la conuersation, les Ieux, la Musique, la Chasse, la Promenade & autres ausquelles on n'a point donné de nom, si ce
n'est à celle qui modere le plaisir que l'on
prend à railler.

L'Art de connoistre les Hommes n'est
pas icy plus exact que la Morale, qui
n'a sçeu découurir toutes les especes de la
Temperance ; Car il y a beaucoup de Passions de l'Appetit Concupiscible, ausquelles elle n'a point ordonné de vertus particulieres pour les moderer, comme est la
Hayne, l'Auersion & la Tristesse. Elle n'a
pas mesme marqué toutes les differences
des Desirs & des voluptez, où l'on peut
faillir, comme en tout ce qui regarde
l'vsage des Sens superieurs, puisque les
mesmes excez qui se trouuent au Goust &
au Toucher se rencontrent dans la veuë,
dans l'Oüye & dans l'Odorat. Mais com-

me elle a fuppleé par le mot general de
Temperance à toutes les Vertus particulieres qu'il euft fallu pour cecy ; noftre Art
s'eft auffi donné la liberté de comprendre
fous la Moderation tout ce qui regarde la
direction de ces Paffions.

Il met donc le Moderé entre le voluptueux & l'Infenfible. Le Studieux eft
compris fous le Curieux, dont les extremitez font, le trop Curieux & le Negligent. Le Mefnager a les mefmes vices
que le Liberal, l'vn & l'autre n'eftant differens que par la fin differente qu'ils ont
dans l'vfage des Biens. L'Humble, le Mo-
defte, & le Magnanime, ont prefque mefmes extremitez. Il n'y a que le Superbe &
l'Ambitieux qui foient* differens. La Mo-
deftie qui confifte au Gefte fe confond auec
le Charactere du Sage : Celle qui regarde
les Habits s'appelle Propreté, qui a pour
contraires le Somptueux & le Mal-propre.
Mais l'Art ne confidere point cette vertu
qui eft toute dans l'Exterieur, eftant facile à connoiftre d'elle-mefme. Le Sobre a
deux Vices qui font tous deux dans l'excez,

& n'en a point dans le defaut. Le reste se
verra dans la Table suiuante.

Le Moderé a pour opposez. { *Le Voluptueux.*
{ *L'Insensible.*

Le Curieux. .... { *L'Enquerant.*
{ *Le Negligent.*

Le Mesnager. .... { *Le Prodigue.*
{ *L'Auare.*

L'Humble. .... { *Le Superbe.*
{ *Le Vil.*

Le Magnanime. ...... { *Le Presomptueux.*
{ *Le Pusillanime.*

Le Modeste. .... { *L'Ambitieux.*
{ *Le honteux.*

Le Sobre. .... { *Le Gourmand.*
{ *L'Yurogne.*

Le Chaste. .... { *L'Impudique.*
{ *Le Froid.*

Le Gay. .... { *Le Boufon.*
{ *L'Austere.*

On adjouste à ceux-cy ... { *Le grand Ioüeur.*
{ *Le grand Chasseur.*

DE LA FORCE.

LA Force modere les paſſions de l'Ap-petit Iraſcible ; car c'eſt elle qui regle l'Ame dans la rencontre des choſes faſ-cheuſes & difficiles. Or quoy qu'il y ait trois Genres de Paſſions dans cét Appetit, à ſçauoir l'Eſperance, la Hardieſſe & la Cole-re, les deux derniers ſont les plus violens & les moins dociles; De ſorte que cette vertu paroiſt mieux dans la Colere & dans l'Au-dace que dans l'Eſperance. Et comme l'Audace regarde les Perils, nommement celuy qui eſt le plus à craindre de tous, à ſça-uoir la Mort ; De là vient que la pluſpart des Philoſophes reduiſent cette vertu à moderer cette ſeule Paſſion. Mais ſuiuant l'Ordre que nous auons propoſé, il faut l'eſtendre à toutes ces Paſſions. Neant-moins auant que d'en venir à ſes Eſpeces, il faut remarquer qu'il y a trois ſortes de Force, celle du Corps, celle de l'Eſprit & celle de l'Appetit. La premiere eſt pure-ment naturelle, la derniere s'acquiert par l'Eſtude & par la Raiſon, l'autre eſt en partie naturelle, en partie acquife : Toutes trois ont deux fonctions principales,qui eft d'attaquer & de refifter.

Comme la Colere eft donc la plus forte, & la plus ordinaire Paffion de cét Appetit, on place auffi en premier lieu la Douceur par laquelle cette Paffion eft moderée. L'Audace fait diuerfes efpeces felon les diuers objets qui l'obligent d'attaquer ou de refifter. Car en attaquant le Mal, fi c'eft dans les Armes elle fait la Vaillance, par tout ailleurs elle fait la Hardieffe : Mais fi elle mefprife les grands Perils, elle fait la Magnanimité ou la grandeur de Courage. Au contraire en refiftant elle fait la Conftance, la Patience.

Pour ce qui eft de l'Efperance elle eft reglée par la Patience & par la Perfeuerance : Celle-cy regarde le retardement, l'autre confidere toutes les autres difficultez qui fe peuuent rencontrer dans l'attente du Bien.

Suiuant cét ordre noftre Art doit premierement examiner la Force, & la Foibleffe du Corps & de l'Efprit, puis parler

de la Douceur, qui a la Colere & l'Infenſi-
bilité pour oppoſez, & ainſi des autres,
comme on peut voir en cette Table.

*Le·Robuſte n'a qu'vn con-
traire, qui eſt.* · · · · · · · Le foible de Corps.

*L'Eſprit fort n'en a auſſi
qu'vn, qui eſt.* · · · · · · L'Eſprit·foible.

Le Doux ou Bening. - - - - { Le Colere.
  L'Inſenſible.

Le Vaillant. - - - - - - - { Le Temeraire.
  Le Poltron.

Le Hardy. - - - - - - { L'Impudent.
  Le Timide.

Le Magnanime. · · · · · · { Le Presõptueux.
  Le Puſillanime.

Le Conſtant. - - - - - { L'Inconſtant.
  L'Obſtiné.

Le Patient. - - - - - { L'Impatient.
  Le Stupide.

Le Perſeuerant· · · · · · · { L'Opiniatre.
  Le Laſche.

Fin du Liure premier.

LIVRE II.
DES MOYENS
PAR LESQVELS
ON PEVT CONNOISTRE
LES HOMMES.

APRES auoir expliqué la Nature des Inclinations, des Mouuemens de l'Ame, & des Habitudes que l'Art de con- noiftre les Hommes fe vante de pouuoir decouurir, il faut maintenant voir les Moyens dont il fe fert pour arri- uer à cette connoiffance.

Comme il nous eft impoffible de connoi-

Mm

ftre les chofes obfcures que par celles qui
nous font connuës; C'eft vne neceffité que
s'il y a vn Art qui apprenne à découurir ce
qu'il y a de caché dans les Hommes, il fe
doit feruir de quelques moyens connus &
manifeftes, qui ayent auec les chofes qu'il
veut connoiftre, quelque rapport & connexion qui faffe confequence des vns aux
autres. Et parce qu'il n'y a point de rapport de cette nature que celuy de la caufe à fon effet, ou de l'effet à fa caufe, ou
d'vn effet à vn autre effet en tant qu'ils
procedent tous deux d'vne mefme fource,
il s'enfuit qu'il y a trois moyens que cét
Art peut employer pour arriuer à la fin
qu'il fe propofe, & qu'il peut découurir
vn effet caché par la caufe qui luy eft connuë, ou vne caufe obfcure par vn effet
manifefte, & vn effet inconnu par vn autre qui eft euident. Et ces Moyens font
appellez Signes, parce qu'ils marquent &
defignent les chofes qui font obfcures.

Ainfi en connoiffant vn Homme de
temperament melancholique, on peut dire
qu'il a inclination à la Trifteffe, parce que

ce Temperament est cause de cette inclination, & alors la cause est signe de l'effet:
Au contraire par l'inclination naturelle
que quelqu'vn aura à la Tristesse on pre-
sume qu'il est de temperament melancholique, & en ce cas l'effet est signe de la
cause. Enfin par la Timidité qui se trouue
en l'vn & en l'autre on juge qu'ils sont
Dissimulez, parce que la Timidité & la
Dissimulation procedent toutes deux de la
Foiblesse qui accompagne le temperament
melancholique, & c'est alors que l'effet est
Signe de l'effet. Or puisque les causes &
les effets seruent de Signes à l'Art dont
nous parlons, il faut sçauoir quelles sont
ces causes & ces effets.

ON ne peut douter que les Causes qui
doiuent faire connoistre les Hom-
mes ne soient celles qui agissent sur l'Homme & dans l'Homme, qui alterent son
Corps & son Ame, & qui font & changent les actions de l'vn & de l'autre. Elles
sont de deux Ordres, car les vnes sont
Interieures & les autres Exterieures.

Quelles sont les causes qui seruët de Signes.

Mm ij

Les Interieures sont les facultez de l'Ame,
le Temperament, la Conformation des parties, l'Aage, la Naissance noble ou vile,
les Habitudes tant Intellectuelles que Mo-
ralles, & les Passions. Les Exterieures sont
les Parens, les Astres, le Climat, les Saisons, les Alimens, la bonne ou mauuaise
Fortune, l'Exemple, les Conseils, les Peines & les Recompenses. Car toutes ces
Causes font de differentes impressions dans
l'Homme, & selon la force qu'elles ont
elles y produisent diuers effets & le dispo-
sent à telles & telles actions : De sorte que
chaque Faculté de l'Ame, chaque Temperament, chaque Aage, chaque Naissance a
ses actions propres, ses dispositions particulieres, ses inclinations & ses auersions.

Les Parens laissent aussi tres-souuent à
leurs Enfans les qualitez du corps & de
l'esprit qui leur font naturelles, le Climat, la Santé & la Maladie, la façon de
viure, la Prosperité & l'Aduersité, le Bon
& le Mauuais exemple ; Enfin les differens aspects des Astres alterent le Corps
& l'Ame, leur impriment diuerses qua-

litez, & les rendent enclins à certaines actions.

LEs Effets qui procedent de ces cauſes ſont auſſi de deux ſortes ; car les vns ſont Corporels & les autres Spirituels.

Les Spirituels ſont les qualitez de l'Eſprit, les Inclinations, les Habitudes, toutes les actions & les mouuemens de l'Ame : Car bien qu'ils ayent eſté mis au rang des Cauſes, ç'a eſté en conſideration des effets qu'ils produiſent, côme icy ils ſont au rang des Effets à raiſon des cauſes d'où ils procedent : Ainſi l'Inclination que l'on a à la Colere eſt la eauſe de la Colere, mais c'eſt auſſi l'effet du Temperament bilieux qui fait naiſtre cette inclination.

Les Effets Corporels conſiſtent dans la Grandeur, & dans la Figure des parties, dans les Qualitez premieres & ſecondes, dans l'Air du viſage, dans le Maintien & le Mouuement du Corps, comme nous dirons plus particulierement cy apres.

De ſorte qu'en connoiſſant ces Cauſes, & ſçachant le pouuoir qu'elles ont, on

Quels ſont les effets qui ſeruent de Signes.

Mm iij

peut juger de leurs effets prefens ou à venir ; Et remarquant auffi ces Effets, &
fçachant à quoy ils fe doiuent rapporter,
on en peut deuiner les caufes prefentes
ou paffées. Ainfi ils font signes l'vn de
l'autre, & l'Art de connoiftre les Hommes
a droit de s'en feruir pour executer ce qu'il
promet.

Mais parce que tous ces Signes ne donnent pas vne connoiffance égale des chofes aufquelles elles fe rapportent, & qu'il
y en a qui les defignent auec plus de certitude les vns que les autres, il en faut foigneufement examiner la Force & la Foibleffe, puifque c'eft là le premier & le plus
folide fondement de cét Art.

De la Force & de la Foibleſſe des Signes.

CHAPITRE PREMIER.

ENERALEMENT parlant , le jugement que l'on fait par les Cauſes eſt plus incertain que celuy qui ſe fait par les Effets, parce que pour connoiſtre la cauſe d'vne choſe , il ne s'enſuit pas qu'elle la produiſe , à raiſon des diuers empeſchemens qui y peuuent arriuer : Mais quand on voit vn effet , il faut de neceſſité que la cauſe ait precedé. C'eſt pourquoy la connoiſſance que l'on a des Temperamens par les marques qu'ils laiſſent ſur le Corps, eſt plus certaine que celle que l'on a des inclinations par le Temperament , dautant que ces marques ſont les effets du Tempera-

Quel eſt le jugement qui ſe fait par les cauſes.

ment, & que le Temperament eſt cauſe des Inclinations.

D'ailleurs comme il y a des Cauſes Prochaines & d'autres qui ſont Eſloignées, les premieres donnent vn jugement plus certain, parce qu'elles ont vne connexion plus eſtroite auec leurs effets ; Ainſi la connoiſſance que l'on a du Temperament decouure mieux les inclinations que ne fait la Naiſſance, l'Aage ou le Climat, &c. Mais il n'y en a point qui faſſe juger ſi certainement des actions que l'Habitude : Car qui ſçaura qu'vn Homme eſt juſte, ne manquera jamais à dire qu'en telle & telle occaſion il fera vne action de juſtice.

On peut mettre en ce rang les Paſſions à l'eſgard de celles qui ont accouſtumé de les accompagner ; Car les Paſſions ne marchent jamais toutes ſeules, & il n'y en a point qui n'en faſſe naiſtre d'autres qui paroiſſent auec elle ou qui la ſuiuent de prés. Ainſi l'Orgueil, l'Impatience, l'Indiſcretion accompagnent la Colere ; & qui ſçaura qu'vn Homme ſe laiſſera emporter à celle-cy, peut aſſeurer qu'il tombera dans

les

les autres. Et cette obſeruation eſt ſi conſiderable, qu'elle donne lieu à la plus belle regle de la Phyſionomie, dont Ariſtote eſt l'Autheur, & qu'il nomme Syllogiſtique, dont nous parlerons cy-apres.

Les Qualitez de l'Eſprit donnent encore vn jugement certain des bonnes & mauuaiſes Productions qui en partiront; & on peut aſſeurer que lors qu'vn Homme ſera obligé de prendre de luy-meſme quelque ſentiment, ou de parler ſur vne affaire, qu'il en jugera & en parlera ſelon la capacité de l'Eſprit qu'on aura reconnüe en luy.

QVant aux cauſes eſloignées, ſi l'Aſtrologie eſtoit auſſi certaine que beaucoup ſe ſont imaginez, il n'y a point de doute que les jugemens que l'on feroit par la conſideration des Aſtres ne fuſſent les plus certains de tous. Mais nous n'y reconnoiſſons pas vn ſi grand pouuoir que celuy qu'on leur donne, & nous ne leur pouuons accorder tout au plus que quelque petit aduantage ſur le Climat, qui fait juger des Inclinations par le moyen

Les cauſes eſloignées.

Nn

du Temperament, dont il est vne cause
Esloignée aussi-bien qu'eux. L'Aage & les
Maladies peuuent estre mises en ce rang là.
Mais la bonne & mauuaise Fortune, la
Naissance noble ou vile, l'Exemple sous le-
quel ie comprens les Conseils, les Recom-
penses, & les Chastimens ne donnent que
des coniectures fort douteuses. Enfin les
Saisons & les Alimens font les jugemens
les plus incertains de tous.

Quel est le ju-
gement qui se
fait par les
Effets.

POur ce qui concerne la découuerte
que l'on fait des Causes par les Effets,
il faut présupposer la distinction que nous
en auons faite, & qu'il y en a de Spirituels & de Corporels. Car generalement
parlant celuy qui se fait par les Corporels
est plus certain que celuy que l'on tire des
Spirituels, dautant que ceux-là partent
immediatement du Temperament & de la
Conformation, qui font les Causes Prochaines des Inclinations; Ou ils procedent
de la Passion mesme qui les produit sur le
Corps quand l'Ame en est agitée. Et quant
aux Spirituels qui font les Qualitez de l'Es-

prit, les Inclinations, les Actions & les Mouuemens de l'Ame, & les Habitudes; comme il y a beaucoup de Caufes dont chacun peut-eftre produit, le iugement en eft plus vague & plus incertain. Car la Paffion peut eftre caufée par diuers obiets, par la Foibleffe de l'Efprit, par l'Inclination, &c. L'Inclination auffi peut venir de l'In-ftinct, du Temperament & de la Couftu-me. Les Habitudes ont auffi diuers prin-cipes auffi bien que les qualitez de l'Efprit, de forte qu'il n'eft pas aifé de dire preci-fement la Caufe d'où chacun de ces Effets procede.

Or puifque les Effets Corporels donnent vne connoiffance plus exacte, & que ce font les feuls dont la Phyfionomie fe fert pour découurir les Inclinations, il faut les examiner plus foigneufement, & voir en quel nombre ils font, quelles en font les caufes, & quelle eft la Force & la Foi-bleffe qu'ils ont pour juger non feulement des Inclinations comme fait la Phyfiono-mie, mais encore des qualitez de l'Efprit, des Paffions & des Habitudes que l'Art de

connoiſtre les Hommes pretend de pouuoir découurir par eux.

Des Signes Naturels.

CHAPITRE II.

PREMIEREMENT il faut icy
preſuppoſer qu'il y a deux ſortes d'Effets ou de Signes qui
s'impriment ſur le Corps. Les
Naturels qui viennent de la
conſtitution du Corps, & des autres Cauſes
Elementaires ; & les Aſtrologiques qui
procedent des Aſtres, dont la Metopoſcopie & la Chiromance ſe ſeruent. Nous
examinerons cy-apres s'il y a quelque certitude en ces Sciences, & ſi les Signes ſur
leſquels elles ont formé leurs Regles peuuent donner quelque connoiſſance des Inclinations, des Paſſions & des Habitudes
comme elles pretendent.

Quant aux Signes Naturels Ariftote les
reduit à neuf Chefs ou Articles, qui font,

1. *Le Mouuement du Corps, comme le*
   Marcher, le Gefte, le Maintien.
2. *La Beauté & la Laideur.*
3. *La Couleur.*
4. *L'air du Vifage.*
5. *La qualité du Cuir.*
6. *La Voix.*
7. *La Charnure.*
8. *La Figure &*
9. *La Grandeur.* } *Des Parties.*

Tous ces Signes viennent des Caufes
Internes ou Externes. Et cette diftinction
eft fi neceffaire qu'elle fait prefque toute
la difference de ceux qui font vtiles &
inutiles, comme nous allons faire voir.

Les Caufes Interieures font la Conformation, le Temperament & la vertu Motiue; Les Externes font toutes les chofes
qui viennent de dehors, & qui alterent
le Corps. Ainfi vn Homme peut marcher
lentement, de fon Inclination naturelle,
par deffein ou par foibleffe. La Beauté
& la Laideur viennent de la Nature, de

l'artifice, ou par accident. La Couleur
doit fuiure le Temperament, mais l'air
& autres chofes femblables la peuuent
alterer; l'Air du vifage & la Voix, le Cuir,
& la Charnure fe changent de la mefme
forte. Enfin la Figure des Parties eft naturelle ou accidentelle, & vn Homme
peut deuenir boffu par vne fluxion, par
vne cheute, ou par nature. Il eft vray
qu'il y a de ces Signes qui fe changent
moins facilement par les Caufes Externes,
comme la Figure, l'Air du vifage, & le
Mouuement; mais la Couleur, le Cuir, &
la Voix en reçoiuent aifement l'impreffion.

Mais fuppofé, comme il eft veritable,
qu'il n'y a que les Caufes Internes qui produifent les Signes les plus certains, la Figure & la grandeur des Parties viennent
de la Conformation : Le Temperament
fait la Couleur, la qualité du Cuir, & la
Charnure : la façon de Marcher & les autres Mouuemens viennent de la Vertu motiue : Mais la Beauté, la voix & l'Air du
vifage procedent de toutes ces trois Cau-

fes enfemble. Car la Beauté confiftant en vne jufte proportion des membres, en la couleur , & en la grace , la proportion vient de la Conformation, la couleur du Temperament , & la grace du mouuement. La voix fuit la Conformation des Organes, leur Temperament & le mouuement des mufcles. Enfin l'Air du vifage, & le maintien appartiennent principalemét au Mouuement : Car dans l'emotion des Paffions, l'Air qui les accompagne n'eft autre chofe qu'vne certaine proportion des parties qui refulte des diuers mouuemens qu'elles font en fuitte du Bien & du Mal qui efmeuuent l'Appetit. Mais hors le trouble de la Paffion , l'Air qui demeure fixe fur le vifage appartient à la Conformation & au Temperament, comme on voit en ceux qui ont naturellement la mefme conftitution , & difpofition des parties que celles que la Paffion a de Couftume de caufer.

D E ces fignes il y en a qui font communs & d'autres qui font propres.

Difference des Signes.

Les Communs ne sont pas determinez à vne seule qualité, mais en signifient plusieurs : Les Propres au contraire sont determinez à vne seule.

De plus, il y a des Signes qui ne changent presque jamais comme la Conformation; tous les autres se peuuent changer: Et entre ceux-cy les vns sont Stables & Permanens, les autres sont Passagers & ne durent guere. Ainsi ceux qui viennent de l'Aage & du Climat sont Stables, mais ceux qui viennent des Maladies & des Passions sont de peu de durée.

Toutes ces distinctions seruent à connoistre la Force & la Foiblesse des Signes: Car ceux qui viennent des causes Externes ne signifient rien d'asseuré. Et de ceux que les Internes ont produit, les Stables marquent les Inclinations Permanentes; les autres peuuent bien marquer les Passions presentes, mais non les Inclinations naturelles, si ce n'est par accident, comme parle Aristote.

D'ailleurs les signes qui se changent moins facilement par les causes Externes
font

font plus certains, tels que font la Figure, l'Air du visage, & le Mouuement ; mais la Couleur, le Cuir, la Charnure & la voix ne le font pas tant.

Les signes qui font communs ne signifient aussi rien d'asseuré s'il n'y a quelque signe propre qui les determine.

ARistote propose vne autre maxime pour connoistre l'efficace & la certitude des Signes : Car il dit, que ceux qui font dans les parties principales & les plus excellentes font les plus certains, & qu'entre toutes, la Teste est la plus considerable ; mais que les Yeux y tiennent la premiere place, le Front la seconde, & puis la Face qui comprend tout ce qui est au dessous des yeux. Apres la teste la Poitrine, & les Espaules tiennent le second lieu, les Bras & les Iambes le troisiesme, le ventre est le dernier de tous & le moins considerable.

Moyen d'Aristote pour connoistre l'efficace des Signes.

CEtte Regle neantmoins ne semble pas conforme aux maximes d'Aristote,

O o

ny à la raifon : Car luy qui met le cœur
pour principe de toutes les actions, & où
il eft bien affeuré que les Paffions fe forment, deuoit donner à la poitrine & non
pas à la Tefte la premiere & la plus excellente place , & dire que les Signes les
plus certains des Inclinations & des Paffions fe tirent de cette partie qui enfer-
me le lieu de leur origine ; Mais il faut
remarquer qu'Ariftote ne juge pas là de
l'excellence des parties comme feroit vn
Philofophe ou vn Medecin, il ne les confidere qu'entant que les Paffions s'y font
mieux connoiftre. Et de fait il place
les bras & les jambes deuant le ventre,
quoy qu'ils foient beaucoup moins ex-
cellens & moins confiderables pour l'ef-
fence & la nature de l'animal. Or il eft
certain qu'il n'y a point de partie où les
Paffions paroiffent pluftoft & plus euidemment que dans la Tefte.

Les Paffions pa-
roiffent mieux
dans la tefte.

PRemierement , parce que les Paffions
ne fe forment point fans l'vfage des
fens qui donnent la premiere connoiffance

des chofes qui efmeuuent les Paffions, &
qui hors le fentiment du toucher font
tous placez dans la tefte. Ioint que l'Eftimatiue qui conçoit les chofes qui font
bonnes & mauuaifes, & qui donne le
branfle à l'Appetit eft dans le cerueau, &
que la force & la foibleffe de l'Efprit, qui
dépendent auffi de·la mefme partie font
vn grand effet fur les Inclinations & fur
les Paffions : Car il eft certain que les enfans, les malades, & les femmes font ordinairement choleres par la feule foibleffe
d'efprit, n'ayant point la chaleur du fang
& du cœur qui feruent de difpofition à
cette Paffion.

Mais la raifon principale de cecy vient
de l'impreffion que les Paffions font fur
cette partie : Car comme l'Ame n'a point
d'autre but dans les mouuemens de l'Appetit que de faire iouïr l'animal du bien
qu'elle croit luy eftre neceffaire, & d'efloigner le mal qui le peut bleffer, elle
employe pour cét effet toutes les parties
qui font fous fa Iurifdiction, & les fait
mouuoir conformement à l'intention

qu'elle a. Or les vnes eſtant plus mobiles
que les autres, elles font auſſi pluſtoſt
voir l'agitation où elle eſt, & le progrez
qu'elle y fait : Car il y a diuers degrez,
dans chaque Paſſion. Il y a premierement,
l'eſmotion de l'Appetit qui ne ſort point
de l'Ame, eſtant vne action immanente;
en ſuite le Cœur & les Eſprits s'agitent
qui ſont les premiers organes de l'Appetit Senſitif; & ſi la Paſſion va plus auant,
les yeux, le front, & les autres parties de
la teſte s'eſbranlent.   Que ſi elle va iuſqu'à l'execution, & que l'Ame vueille en
effet iouïr du bien & fuïr le mal, elle meut
les parties qui ſont deſtinées à cét vſage,
& enfin elle remuë tout le corps ſi elle
n'en eſt empeſchée.

De ſorte que le Cœur & les Eſprits
ſont les premieres parties du corps qui
ſont meuës dans les Paſſions. Mais le
mouuement du Cœur n'eſt pas ſi ſenſible
que celuy des Eſprits qui ſe fait voir incontinant ſur le viſage, à cauſe qu'ils
portent le ſang auec eux, dont l'abord
ou la fuïte altere en vn moment la cou-

leur & la figure du vifage : Ce qui n'arriue pas aux autres parties, & ce pour deux
raifons. La premiere par ce que les Efprits accourent au vifage en plus grande
quantité qu'aux autres, à caufe que les
fens y font logez, qui ont befoin de grands
canaux, par où les Efprits doiuent abondamment & facilement couler. La feconde eft que le cuir du vifage a vne conftitution particuliere qui ne fe trouue
point aux autres parties. Car par tout ailleurs fi ce n'eft au dedans des mains & à
la plante des pieds, la peau eft feparée
de la chair : Mais dans le vifage, l'vne
& l'autre font tellement vnies qu'on ne
les peut feparer l'vne de l'autre fans les
defchirer ; d'où vient que la couleur qui
procede du mouuement & de la qualité
du fang y paroift mieux que dans tout le
refte du corps ; & ce d'autant plus que le
cuir y eft extrememeent delié & delicat,
ce qui ne fe trouue pas aux mains ny
aux pieds. De forte que les Paffions changeant premierement & plus facilement
la couleur du vifage que de toutes les au-

tres parties ; Il faut tenir pour certain
qu'en ce cas-là c'eſt le lieu où elles paroiſſent le pluſtoſt & le plus euidemment.

Mais parce que l'Ame eſtant agitée,
meut, non ſeulement le cœur, les Eſprits
& les humeurs, mais encore les parties
qui ſe meuuent volontairement, il ne faut
pas douter que celles qui ſont les plus mobiles ſont celles qu'elle eſbranle les premieres, quoy que leur mouuement ne ſerue ſouuent guere à ſon deſſein. Car que
peut ſeruir à la cholere de rider le front,
de leuer les ſourcils, & d'ouurir les nar-
rines ; ou à la honte d'abaiſſer les yeux, de
de rougir & de perdre contenance. Et
c'eſt vne choſe aſſeurée que tous ces mouuemens viennent du trouble que la Paſſion met en l'Ame, & qui la precipite à
ſe ſeruir de tout ce qu'elle rencontre,
quoy qu'il luy ſoit inutile comme nous
auons dit.

Puis qu'il n'y a donc point de parties
ſi mobiles ny qui reſſentent ſi promptement l'effet des Paſſions, que celles qui
ſont à la Teſte, Ariſtote a eu raiſon de luy

donner la premiere place pour les Signes
Phyſionomiques; & de mettre les yeux au
lieu le plus excellent, puis apres le front
& les autres en ſuitte pour les raiſons que
nous venons d'apporter.

O N pourroit dire que tout ce diſcours fait bien voir que les Paſſions
paroiſſent ſur le viſage; mais qu'il ne con-
clud pas pour les Inclinations, & que
toute cette alteration & tous ces mouuemens qui ſuiuent l'agitation de l'Ame
ſont des Signes paſſagers qui ne peuuent
marquer les diſpoſitions permanentes telles que ſont les Inclinations & les Habitudes. Mais c'eſt toûjours beaucoup que
d'auoir montré que les Characteres des
Paſſions paroiſſent principalement en cette partie, puiſque par la regle de la conuenance dont nous parlerons cy-apres,
ceux qui ont naturellement le meſme air
que cauſe la Paſſion, ſont enclins à la
meſme Paſſion. Quoy qu'il en ſoit ſi le
Temperament, la Conformation & la vertu motiue ſont les cauſes des signes per-

*Les inclina-
tions paroiſſent
dans la teſte.*

manens, il eſt tres-aſſeuré qu'il n'y a point
de parties où la vertu Formatrice agiſſe
plus efficacement que dans la Teſte, à cauſe de l'excellence de ſes operations & de
ſes organes ; où le Temperament puiſſe
mieux ſe faire connoiſtre à cauſe de la
conſtitution particuliere du cuir qu'elle
a ; & où la vertu motiue ſoit plus forte,
& plus libre en ſes mouuemens, puiſque
c'eſt-là qu'elle eſt en ſon ſiege & en ſa vigueur.

On peut adiouſter à ces raiſons que la
grande varieté des organes qui ſe trouuent dans la Teſte fournit vn plus grand
nombre de Signes que quelque autre que
ce ſoit, & qu'oſté la hardieſſe & la crainte, & quelques autres qui ont du rapport
auec elles, il n'y a point de Paſſion qui
laiſſe des marques ſur les parties qui enferment le Cœur. De ſorte que ſans difficulté on doit donner la preeminence à
la Teſte, pour ce qui concerne les Signes
Phyſionomiques.

IL semble par ces dernieres raisons que
nous vueillions donner le second rang
aux Bras & aux Iambes, & que c'eſt le
lieu d'où apres la Teſte ſe tirent les Signes
qui ont le plus de certitude, & qui ſont en
plus grand nombre ; & par conſequent
que la Poitrine n'eſt pas ſi conſiderable
qu'eux. En effet ſi l'Air, la Contenance &
le Mouuement ſont des Signes plus certains que la Figure, comme Ariſtote ſemble dire, ἰσμερώτερα ἐν τῖς ἤθεσι, ϰ̀ ϰατὰ τὰς ϰινή-
σεις ϰ̀ τὰ χήματα, mettant la Figure apres les
Mouuemens, il eſt certain qu'ils paroiſſent beaucoup mieux dans le Geſte & dans
le Marcher que ſur la Poitrine, où il ſemble qu'il n'y ait que la Figure à conſiderer.

Mais il faut ſe reſſouuenir icy de ce
que nous auons dit que les Paſſions ſe peuuent conſiderer dans leur eſmotion, &
dans leur execution, & que l'execution
ne ſuit pas touſiours l'eſmotion. Or les
Bras & les Iambes ſont les principaux organes qui ſeruent à executer ce que l'Ap-

Les Bras & les Iambes font cō-noiſtre les Incli-nations.

P p

petit ordonne , & le Cœur eſt le principe
& la ſource de l'eſmotion. De ſorte
que les marques que donne celuy-cy ſont
plus vniuerſelles & plus certaines que
celles des autres , eſtant veritable que le
Cœur eſt touſiours eſmeu dans les Paſſions,
& que toute Paſſion ne va pas iuſqu'à
l'execution. I'adiouſte encore que la Poitrine & les Eſpaules ont auſſi leur maintien & leur mouuement particulier auſſi
bien que les Bras ; Ioint que le mouuement des Bras & la façon de marcher ſe
peut changer par l'accouſtumance , &
non pas la Figure de la Poitrine qui marque touſiours le Temperament du cœur,
& enſuite les Inclinations. Quant eſt
d'Ariſtote , il faut dire qu'il ne compare
pas l'Air & le Mouuement auec la Figure ; mais il compare ces trois enſemble
auec les autres Signes , comme eſt la Couleur , la Voix , la Qualité du cuir , & la
Charnure , qui ſans doute ſont beaucoup
moins certains que ces premiers , comme
nous auons dit. De ſorte qu'il faut tenir
pour conſtant que le plus excellent lieu

d'où fe tirent les fignes Phyfionomiques
eft dans la Tefte, le fecond dans les parties qui enferment le Cœur, le troifief-
me dans les Bras, & dans les Iambes, &
le dernier au Ventre. Car bien que celuy-cy ait quelque droit de difputer la
prefceance auec les Bras à caufe de beaucoup de fignes qui s'y trouuent, nommement pour ce qui regarde la Temperance;
il eft neantmoins tres-certain que la pudeur ne fouffre pas que l'on confidere facilement cette partie, d'où vient que les
fignes en font moins manifeftes; & que
mefme ils ne marquent pas premierement
les operations de l'Ame Senfitiue, mais
feulement de la vegetatiue, & ce n'eft
que par accident qu'ils portent témoignage des autres.

EN vn mot, dit Ariftote, les lieux les *De quels lieux*
plus confiderables font ceux ἐφ ὧν ἡ *fe tirent les Si-*
Φϱϱνήσεως πλείϛης Επιπρέπεια γνεται. *In quibus fa-* *gnes.*
pientia multa apparentia fit. Ce qui fe peut
expliquer en deux façons. La premiere',
Que les parties où la Sageffe & la Mode-

ſtie doiuent le mieux paroiſtre, ſont celles qui donnent les plus certaines marques
des Inclinations ; De ſorte que l'Air du
viſage & le maintien du corps, faiſant
principalement connoiſtre la Sageſſe d'vn
Homme, c'eſt auſſi de ces lieux-là d'où
l'on doit tirer les Signes les plus aſſeurez
de la Phyſionomie. Car comme la Prudence porte auec elle vne diſpoſition generale à toutes les autres Vertus ; l'Impru-
dence fait auſſi que l'Homme eſt capable
de toutes ſortes de vices & de deffauts.
De ſorte que les lieux où ces deux qualitez ſe reconnoiſſent le mieux doiuent
donner des marques de toutes les autres
Inclinations.

La ſeconde explication & la meilleure
à mon aduis, eſt que les parties exterieures dont l'Ame ſemble auoir plus de ſoin,
& où elle employe plus d'art & de conduite, ſoit à les former, ſoit à les entretenir, ſont celles d'où il faut puiſer les
Signes les plus certains des Inclinations:
Parce que l'Ame ſe faiſant mieux voir, &
ſe produiſant en quelque façon plus ma-

nifeftement en ces parties qu'aux autres,
elle y peut mieux auffi découurir fes Inclinations. Or il eft affeuré qu'il n'y en a
point où fes foins, fa conduite & fon ad-
dreffe paroiffent dauantage que dans les
Yeux, & dans les autres parties de la Tefte;
parce que tous les fens & la raifon mefme
y font logez: Puis apres dans la Poitrine,
à caufe qu'elle contient la fource de la vie,
& que l'Appetit y eft placé : Enfin dans
les Bras & dans les Iambes comme eftant
les inftrumens du mouuement volontaire, qui eft apres le fentiment la plus noble qualité de l'animal.

DE tout ce difcours il eft aifé de voir
que l'on ne peut iuger affeurement
des Inclinations de l'Ame que par les Signes propres & permanens, & qu'ils font
ordinairement tirez de la Figure, de l'Air
du vifage, des Mouuemens, & de la Charnure. De forte qu'entre les Signes propofez par Ariftote, la Figure & l'Air du vifage tiennent le premier rang. Le Mouuement fuit apres, dautant que l'animal

ne se meut que par le Mouuement de
l'Appetit : Ainsi il est facile de iuger quel
est l'Appetit par le Mouuement qui est vn
de ses effets. La Charnure tient la troisiéme
place, parce qu'elle marque la matiere dont
le corps est composé ; Or chaque matiere
demande sa forme particuliere, & par les
qualitez de la matiere on connoist les qualitez de la forme. La Peau & le Poil vont
apres, parce qu'ils donnent connoissance
de la Charnure. Enfin la Couleur & la
Voix tiennent le dernier rang, à cause
qu'elles peuuent estre plus facilement
alterées, & particulierement la voix qui
se change en vn moment par les Passions,
par la moindre fluxion, & par cent autres choses semblables.

Des Regles que la Phyſionomie a formées ſur les Signes Naturels pour connoiſtre les Inclinations.

CHAPITRE III.

OMME tous les ſignes dont nous auons parlé, pris en détail & ſeparement ne donnent pas vn jugement bien certain, & qu'il faut en auoir pluſieurs pour marquer juſtement ce que l'on veut découurir : La Phyſionomie en a fait diuerſes claſſes qui comprennent tous ceux qui ſe rapportent à vn meſme but. Et le nombre de ces Claſſes eſt tiré de quatre rapports ou reſſemblances que les Hommes ont auec d'autres choſes ; vn Homme pouuant reſſembler à vn autre qui ſera agité d'vne Paſſion, ou aux Hom-

mes d'vn autre climat , ou aux Femmes,
ou aux beſtes : Et ſur ces quatre rapports
elle a fait quatre Regles generales, qui outre qu'elles ſeruent à ſon deſſein , marquent encore la naiſſance & les accroiſ-
ſemens qu'elle a pris en diuers temps.

Le progreʒ de   CAr il ne faut pas douter qu'elle n'ayt
la Phyſionomie.   eu ſes commencemens & ſes progreʒ
comme les autres ſciences qui n'ont pas
tout d'vn coup & en vn meſme ſiecle atteint la perfection que le temps & l'experience leur ont donnée. En effet, il y a
grande apparence que les premieres obſeruations qui en ont eſté faites ont eſté
tirées des effets que les Paſſions produiſent ſur le viſage, & qu'ayant remarqué
qu'vn homme qui eſtoit enflammé de
Colere , ou abbatu de triſteſſe auoit le
viſage de telle ſorte; Il eſtoit vray-ſemblable que ceux qui naturellement l'a-
uoient ainſi eſtoient enclins aux meſmes
Paſſions. Car cette façon de juger des Inclinations eſt la plus conforme au ſens
commun , & la plus facile à remarquer.

Apres

Apres on s'eſt aduiſé de conſiderer le rapport que les Hommes auoient auec les
Animaux, & de juger de la conformité
de leurs Inclinations par la reſſemblance
qu'ils auoient enſemble. Puis apres on a
remarqué celle qui eſt entre les Sexes ; Et
enfin celle qui ſe trouuoit entre les Hommes de differents Climats : Car il eſt certain que les Sexes en chaque eſpece ont
la Figure du corps & les Inclinations differentes, auſſi bien que les Hommes de
diuers Climats, & que ſi l'vn d'eux a la
Figure qui conuient à l'autre, il doit auoir
auſſi les Inclinations qui luy ſont propres.

C'Eſt-là iuſqu'où l'ancienne phyſionomie eſt allée : Ariſtote y a depuis
adiouſté la Regle qu'il appelle Syllogiſtique. Or bien que les Regles dont les premiers Phyſionomiſtes ſe ſont ſeruis ne
ſoient pas mauuaiſes, elles n'eſtoient pas
neantmoins aſſez certaines pour eſtablir vne ſcience, parce qu'ils ne les
employoient pas toutes en leurs Iugemens, & que meſme ils ne s'en ſeruoient

*La Regle Syllo-
giſtique a eſté
adiouſtée par
Ariſtote.*

pas comme il falloit, & que la Regle Syllogiftique leur manquoit, fans laquelle
les autres font deffectueufes : C'eft pourquoy Ariftote les a blafmez, & a montré
par de fortes raifons que leur fcience n'é-
toit point affeurée.

Deffaut de la
premiere Regle
de la Phyfiono-
mie.

CAr pour ce qui regarde le premier
moyen qu'ils appellent la Conuenance apparente ἐπιπρέπεια , il y a beaucoup
d'Inclinations contraires qui caufent vne
mefme conftitution de vifage, comme la
Force & l'Impudence. D'ailleurs, l'Air du
vifage fe change en vn moment felon que
l'Ame eft efmeuë, & vn Homme naturellement trifte peut auoir le vifage gay par
la rencontre de quelque objet agreable.
Enfin cette Regle eft fort imparfaite, &
elle renfermoit la Phyfionomie en des
bornes trop eftroites.

Deffaut de la
feconde Regle.

LA feconde Regle qu'ils tirent de la reffemblance qui fe trouue entre l'Homme & les Animaux eft encore plus douteufe, principalement de la façon dont ils

s'en feruoient : Car il n'y a point d'Homme, comme dit Ariftote, qui reffemble
en tout à quelque animal que ce foit ; mais
feulement en quelque partie : Et il y a
raifon de douter fi vne partie eft capable
de faire juger d'vne Inclination propre à
toute l'efpece. Secondement comme il y
a peu de Signes propres & particuliers à
vne efpece, & qu'il y en a beaucoup de
communs ; fi on fait le rapport d'vn Homme à vn animal par les communs, le rapport fera defectueux & ne fignifiera rien,
puis qu'il fe peut auffi bien faire à vne
autre efpece qu'à celle-là. Que fi on le
fait par les Signes propres à vne telle efpece, il y aura toufiours raifon de douter
fi ces Signes-là marquent determinement
vne telle Inclination, veu que chaque animal en a beaucoup d'autres. Ainfi la Figure propre du Tygre eft d'auoir la gueule
fort grande, les oreilles courtes, & la peau
variée ; Mais cela ne peut marquer vne
Inclination particuliere, parce qu'eftant
fort, cruel, & indocile on ne fçauroit determiner à laquelle de ces qualitez cette

Q q ij

Figure peut conuenir. Et partant les Anciens ne pouuoient juger par cette Regle
des Inclinations, foit qu'ils fe feruiffent
des fignes communs ou propres aux animaux.

Comment Ari-
ftote fe fert de
la feconde Regle. ON dira que par cette raifon Ariftote détruit auffi bien fa doctrine que
celle des Anciens, veu qu'en d'autres endroits il fe fert de cette maxime, qu'vne
telle Figure marque vne telle Inclination,
& que cela fe rapporte aux Lyons, aux
Aigles aux, Corbeaux, &c. Il eft vray
qu'Ariftote fe fert en apparence de la mefme Regle; mais c'eft d'vne autre maniere
qu'ils n'ont fait : Car ceux-cy ne confide-
roient que les marques & les fignes des
animaux : Et enfuite ils concluoient que
celuy qui leur eftoit femblable en cela
auoit les mefmes Inclinations qui fe trou-
uoient dans l'Ame de ces animaux-là. Au
contraire Ariftote ne confidere pas les fignes comme propres aux animaux, mais
comme propres aux Inclinations; Ce que
Baldus n'ayant pas remarqué, fait tom-

ber ce grand Homme en vne contradi-
ction manifeste. Et de fait il enseigne
apres comment il faut faire cette obser-
uation, & dit, que l'on doit considerer
plusieurs personnes qui ont vne mesme
habitude naturelle, comme seroit par
exemple la Force, & regarder en quel signe particulier ils conuiennent; On trouuera que c'est à auoir la bouche grande,
& les extremitez grosses & robustes. Apres
il faut considerer les animaux que l'on sçait
estre naturellement forts, comme les
Lyons, les Taureaux, les Aigles, & les
Tygres, & trouuant que toutes ces especes d'animaux ont ces parties de la mesme façon, on jugera tres-probablement
que ce sont les marques de la Force. Mais
cela ne suffit pas encore, il faut voir s'il
n'y a point d'autres animaux qui soient
forts & qui n'ayent point ces marques:
Car s'il ne s'en trouue pas, le signe est certain, sinon il est douteux. Et c'est ainsi
qu'il faut faire pour toutes les autres Inclinations. Mais en quelque façon qu'on
puisse se seruir de cette Regle, elle n'est

pas affez eftenduë pour fatisfaire à ce que
la Phyfionomie peut faire, parce qu'il y
a fort peu d'Animaux dont nous connoif-
fions les Inclinations particulieres, & la
Figure des parties qui conuient à ces Inclinations : De forte qu'elle n'eft certaine
que lors qu'elle eft confirmée par les autres, & particulierement par la Regle
Syllogiftique qui fupplée au deffaut de
ces quatre.

Quelle eft la
Regle Syllogifti-
que.
OR cette Regle Syllogiftique marque
les Inclinations & les Paffions prefentes, tout au contraire des autres, parce qu'elle ne demande point de Signes propres ;
mais d'vne Inclination & d'vne Paffion
connuë par ces marques, elle tire la connoiffance d'vne autre qui n'en a point. Et
cette Regle eft fondée fur la connexion
que les Inclinations, les Habitudes & les
Paffions ont entr'elles : Car l'vne eftant
l'effet de l'autre, on peut juger qu'vn
Homme a Inclination à vne telle Paffion
ou Habitude, quoy qu'il n'y ayt point de
Signe qui luy foit propre, & qui la puiffe

faire connoiftre , fçachant qu'il a celle
qui eft caufe de celle-cy. Ainfi apres auoir
fçeu qu'vn Homme eft Timide , on peut
dire qu'il a Inclination naturelle à l'auarice, enfuite qu'il eft mefquin , qu'il eft
artificieux & diffimulé , que la crainte le
fait parler auec douceur & foumiffion ,
qu'elle le rend foupçonneux , deffiant , in-
credule , mauuais amy , &c. Ainfi Ariftote , donne pour exemple de cette forte de
jugement ; Que fi vn Homme eft colere &
petit , il eft enuieux. Mais i'eftime qu'il y
a erreur au Texte, & qu'au lieu de μικρὸς
qui fignifie petit, il faut lire πικρὸς , qui
veut dire fafcheux & à qui rien ne plaift ,
comme nous dirons en fon lieu.

Quant aux quatre autres Regles , celles
qui fe tirent de l'Air du vifage & de la
reffemblance des Sexes font les plus certaines , & les plus generales : Car il n'y a
prefque point de figne qui ne fe puiffe
rapporter à elles , comme dit Ariftote.
καλῶς δ᾽χει πάντα τὰ σημεῖα ἀναφέρειν εἰς τῆς ἐπι-
τρεπείας, ἢ εἰς ἄρρεν & θῆλυ. Celle des Climats
eft plus generale que l'autre qui fe tire

de la reſſemblance des animaux ; mais elle n'eſt pas ſi certaine, parce que tous ceux qui ſont d'vn meſme Climat ne ſont pas d'vn meſme Temperament, & n'ont pas tous vne meſme conformation des parties, & la conſequence n'eſt pas neceſſaire que parce qu'vn Homme eſt né dans la Grece il doiue eſtre vain, inconſtant & menteur, & ainſi des autres.

Comment l'Art de connoiſtre les Hommes employe les Regles de la Phyſionomie.

CHAPITRE IV.

E ſont-là les moyens dont la Phyſionomie ſe ſert pour connoiſtre les Inclinations, & que l'Art que nous enſeignons doit auſſi employer pour la meſme fin. Mais outre qu'il

en

en a d'autres que ceux-là, & qu'il a bien plus de choſes à découurir qu'elle, il ne veut pas propoſer ſes Regles nuëment comme elle fait, il en veut eſtablir les fondemens auant que de les reduire en pratique.

COmme la premiere porte donc, Que ceux qui ont naturellement le meſme Air & les meſmes Characteres qui accompagnent le mouuement d'vne Paſſion, ſont enclins à la meſme Paſſion : Le fondement ſur lequel cette Regle eſt appuyée eſt la connoiſſance des Characteres des Paſſions. Car il ſeroit inutile de dire que celuy qui a naturellement les Characteres de la Colere eſt enclin à la Colere, ſi on ne ſçait quels ſont les Characteres de la Colere. Cét Art pretend donc de faire la Peinture de chaque Paſſion en particulier, de marquer l'Air & la Figure qu'elle donne à toutes les parties du corps, & tous les mouuemens qu'elle excite dans l'Ame. Car outre que cela ſeruira au deſſein qu'il a de faire connoiſtre les Paſſions qui

Comment l'Art de connoiſtre les Hommes ſe ſert de la premiere Regle de la Phyſionomie.

R r

ne ſçauroient ſe cacher apres en auoir
donné tant d'indices : Il montrera par ce
moyen celles qui ſe ſuiuent l'vne l'autre,
& qui ont connexion enſemble, qui eſt le
fondement de la Regle Syllogiſtique ; &
rendra enfin celle-cy vtile pour la connoiſſance des Inclinations. Il doit donc diuiſer le Traité des Charaĉteres en vingt-
deux Chapitres , dont les vnze premiers
parleront des Paſſions ſimples, y comprenant le Deſir , le Ris & les Larmes ; Et les
vnze autres traiteront des Paſſions Mixtes ſelon l'ordre que nous auons marqué
cy-deuant.

Comment il ſe
ſert de la ſeconde
Regle.

POur la ſeconde Regle qui enſeigne
Que ceux qui ont quelque partie ſemblable à celles des animaux , ont les meſmes Inclinations que ces animaux-là : Il
faut examiner quels ſont les Animaux qui
peuuent ſeruir à fonder cette Regle. Car
tous n'y ſont pas vtiles, ſoit parce que
l'on n'en a pas fait les obſeruations, ſoit
parce qu'ils ſont trop eſloignez de la Nature de l'Homme, comme les Inſeĉtes, les

serpens, les Poiſſons, &c. Ariſtote n'en a
employé que vingt-ſept en ſa Phyſionomie, à ſçauoir quinze de ceux qui ſont à
quatre pieds, & ſept des oyſeaux. Les premiers ſont le Lyon, la Panthere, le Cheual, le Cerf, le Bœuf, l'Aſne, le Chien, le
Loup, le Porc, la Chevre, la Brebis, le Sin-
ge, le Renard, le Chat, & la Grenoüille.
Les autres ſont, l'Aigle, l'Eſperuier, le Coq,
le Corbeau, la Caille, les Oyſeaux aquati-
ques & les petits Oyſeaux. D'autres y ont,
adiouſté le Hibou & l'Autruche. Il faut
donc faire autant de Chapitres, où il faudra parler de la nature de ces animaux-là,
& principalement des parties qu'ils ont
auſquelles celles des Hommes peuuent reſſembler, & des Inclinations qu'elles ſi-
gnifient.

QVant à la troiſieſme Regle qui mon- *Comment il ſe*
tre Que celuy qui reſſemble aux *ſert de la 3. Re-*
Hommes d'vn autre Climat, a les meſmes *gle.*
Inclinations qu'eux, elle eſt fondée ſur la
Figure du corps & ſur les Inclinations de
l'Ame que cauſe le Climat. Mais parce que

le Climat ſe doit conſiderer, non ſeulement par la poſition du Ciel ; mais encore par la nature du terroir, par la ſituation,
par les vents qui y regnent ; il faudra parler premierement de la conſtitution du
corps & des Inclinations que le Climat,
chaud, froid, ſec & humide apporte ; puis
de celles qui viennent du terroir humide
ou ſec, fertile, ou ſterile. En troiſieſme lieu
celle que donne la ſituation Orientale & Oc-
cidentale, haute & baſſe, maritime ou medi-
terranée. Enfin ce qu'y côtribuënt les vêts
du Septentrion, du Midy, du Leuant, du
Couchant. Enſuite dequoy on deſcendra
à la Figure, & aux Mœurs des Peuples qui
dépendent en partie de ces cauſes, en partie
de l'origine qu'ils ont eüe dont ils ſe reſſentent encore, & de la bonne ou mauuaiſe
fortune qui les a accompagnez & qui
leur fait changer leur premiere diſcipline,
& leur anciennes façons de faire. Ce traité doit eſtre long & mal-aiſé à executer:
Car outre qu'il faut rendre raiſon de la Figure particuliere de chaque Peuple, & des
Inclinations qu'il a, qui eſt vne choſe

fort difficile , il faut encore montrer les
Loix qui leur sont propres , parce que la
Loy, comme dit Platon, est la rencontre de
la verité : Toutes sortes de Loix n'estant
pas bonnes pour toutes sortes de Nations,
mais seulement celles qui conuiennent à
leur naturel; & qui a trouué cette Conuenance a renconté la verité. Quoy qu'il en
soit, il faudra diuiser ce discours en autant
de Chapitres qu'il y a de Climats & les separer apres par les Peuples qui sont en chacun d'eux.

ENfin la quatriéme Regle apprend Que *Comment il se sert de la 4. Regle.*
les Hommes qui ont quelques traits de
la beauté des Femmes ont les mesmes Inclinations qu'elles , & au contraire. Elle est
fondée sur la beauté qui conuient à l'vn &
à l'autre Sexe, & sur les Inclinations qui
sont naturelles à chacun d'eux. C'est pourquoy il faudra faire vn discours de la Beauté , & le diuiser en deux Traitez; dont le
premier montrera quelles doiuent estre
toutes les parties qui forment la Beauté
de l'Homme, & les Inclinations qui l'ac-

compagnent : Et le fecond montrera quelles doiuent eftre les parties qui compofent
la beauté de la Femme, & les Inclinations
qui conuiennent à fon Sexe. Tout cela fera
deduit en cinquante Chapitres, n'y ayant
pas moins de vingt-cinq parties en chaque Sexe qui les rendent differents l'vn de
l'autre, y comprenant la Couleur & la Proportion qui fe doit trouuer entr'elles.

Pourquoy il traite des Temperamens.

MAis parce que ces deux dernieres
Regles font principalement fondées fur le Temperament, auant que d'en
faire l'examen il faudra traiter des Temperamens, & montrer les Inclinations que
chacun d'eux caufe dans l'Ame, & la Figure qu'il donne aux parties du corps. Ce qui
fe fera en cinquante-deux Chapitres, dont
les feize premiers traiteront des Temperamens qui conuiennent à tout le Corps ; Et
les trente-fix autres de celuy des parties
nobles. Car il y a quatre principaux Temperamens qui refpondent aux quatre humeurs lors qu'elles dominent toutes feu-
les, à fçauoir le Sanguin, le Bilieux, le

Melancholique, le Pituiteux ; puis chacun
a quelqu'vne des autres humeurs qui domine sous luy comme le Sanguin Bilieux,
le Sanguin Melancholique, &c. & cela fait
le nombre de seize. Enfin chaque partie noble est temperée, ou est chaude,
froide, seiche ou humide ; ou est chaude
humide, chaude & seiche, froide & humide, froide & seiche. De sorte qu'y
ayant quatre parties nobles, & chacune
ayant neuf differences de Temperamens,
tout cela fait ensemble cinquante-deux
sortes de Temperamens qu'il faut connoistre pour juger des Inclinations.

V Oila comment l'Art de connoistre
les Hommes se sert des Regles de la
Physionomie pour decouurir les Inclinations, & comment sur de petits fondemens
il forme le plan du plus grand edifice que
la science ayt jamais esleué. Mais il ne se
contente pas encore de cela, il y adiouste
d'autres moyens dont la Physionomie ne
se sert point. Car outre qu'il y employe
les effets mesmes des Inclinations pour les

Il y a d'autres Regles que celles de la Physio-nomie pour detruire les Incli-nations.

reconnoiftre, à fçauoir le defir de faire les
actions, & le plaifir de les faire fouuent:
Eftant vne chofe certaine, Que fi l'on remarque qu'vne perfonne defire fouuent
de faire vne chofe, ou qu'il la faffe fouuent auec plaifir, c'eft vn figne certain de l'Inclination qu'il y a. Outre cela dis-je, elle fe fert vtilement des caufes
éloignées que nous auons marquées cy-
deuant : Car encore qu'elles ne faffent pas
des jugemens tout à fait certains, elles
fortifient neantmoins ou affoibliffent celles qui viennent des caufes prochaines,
qui font comme nous auons dit, l'Inftinct,
le Temperament & la Conformation des
parties. En effet fi vn Homme a le Temperament & la Conformation propres pour
les actions courageufes, & qu'auec cela il
foit d'vne naiffance noble, qu'il foit jeu-
ne, heureux, & riche, qu'il foit dans les
fonctions militaires, & qu'il foit d'vne nation belliqueufe ; il eft certain que le jü-
gement que l'on fera de l'Inclination qu'il
a aux actions courageufes fera plus affeuré que fi ces circonftances ne s'y trou-

uoient

uoient pas. Car si auec cette heureuse
constitution il est de basse naissance, s'il
est pauure & malheureux, s'il est vieil,
s'il fait vne profession qui relasche le courage, s'il est d'vn climat trop chaud ou
trop humide, l'Inclination que la nature
luy a donnée pour les actions courageu-
ses sera affoiblie par ces causes, tout es-
loignées qu'elles soient, & le jugement
que l'on en fera doit estre plus reserué.
Il est donc necessaire de sçauoir les Inclinations que ces causes font naistre, de
les comparer ensemble, & voir de combien elles fortifient & affoiblissent les
autres. C'est pourquoy apres auoir parlé
des Inclinations des Peuples il traite de
celles des Enfans, des Ieunes gens, des Hommes faits, & des vieillards: Puis il descend
aux causes morales qui sont au nombre
de dix-sept, à sçauoir la Naissance Noble
& vile, la Richesse & la Pauureté, la Puissance & la Suietion, la Fortune Prospere
& Aduerse, & le Genre de vie, à sçauoir
l'art Militaire, la Medecine, la Musique,

la Chasse, la Dance, la Philosophie, les Mathematiques, la Iurisprudence, l'Art Oratoire & la Poësie, marquant les Inclinations & les mœurs qui accompagnent chacune de ces professions: De sorte qu'il luy faudra vingt-vn Chapitres pour executer toutes ces choses. Aussi apres toutes ces recherches il croit pouuoir découurir non seulement les Inclinations presentes, mais encore celles qui sont passées & celles qui sont à venir par le changement qui se sera fait, ou qui se fera dans le Temperament, & dans les causes Morales.

Comment on connoiſt les aƈtions & les mouuemens de l'Ame.

CHAPITRE V.

EN SVITE il montrera le moyen de connoiſtre les Aƈtions & les Mouuemens de l'Ame, non pas à la verité ceux qui ſont éuidens & manifeſtes, car il ſeroit ridicule de donner des Regles pour ſçauoir ſi vn Homme eſt en cholere quand on le voit tranſporté de la fureur qu'inſpire cette Paſſion, ou s'il eſt triſte quand il ſe plaint, qu'il pleure, & qu'il eſt accablé d'ennuy. Mais comme il y a des Paſſions qu'il faut preuoir auant qu'elles ſoient formées ; & que de celles qui le ſont, il y en a qui naturellement ne ſe produiſent que fort peu comme la Hayne ; qu'il y en a de feintes comme celles des flateurs ; qu'il y

en a mesme qui sont couuertes par des
apparences contraires, comme quand vn
homme veut faire croire qu'il ayme vne
personne encore qu'il la haïsse ; Quand on
témoigne d'estre ioyeux lors qu'on est
affligé : Enfin les Desseins cachez, les
Actions secretes, les Autheurs inconnus
des actions connuës : Toutes ces choses
dis-je ont besoin de l'art dõt nous parlons,
& des Regles qu'il donne pour les connoistre. Comme sans doute il y en a,
puisque rien de considerable ne se forme
dans l'esprit qui ne se puisse découurir
par le visage, par la parole, par les effets,
& par des circonstances dont on tire des
coniectures asseurées, ou du moins fort
probables.

Il y a deux sor-
tes d'actions.

OR comme il y a en general deux
sortes d'actions de l'Ame, les vnes
qui sont nuës & telles qu'elles paroissent,
les autres qui sont trompeuses & couuertes de la dissimulation. La difficulté qu'il
y a pour les premieres, est de découurir
la fin pour laquelle elles se font. Car

dans chaque Action il y a toujours le mouuement apparent & manifeste, qui est la
matiere, & comme le corps de l'Action, &
l'Intention qui est la forme, & comme l'a-
me de l'action, laquelle est tousiours obscure & cachée. Ainsi quand on combat
contre les Ennemis de l'Estat, l'action de
combatre est la matiere de l'action qui est
éuidente ; mais la Fin & l'Intention en est
cachée, car on ne sçait pas si c'est pour la
gloire ou pour le profit, si c'est par con-
trainte, ou par l'exemple &c. Il y aura donc
vn Chapitre destiné pour connoistre la Fin
& l'Intention des Actions.

QVant aux autres qui sont couuertes *De la Dissimu-*
de la Dissimulation, il y a bien plus *lation.*
de peine à les découurir, car elle ne se trouue pas seulement dans le corps de l'Action,
mais aussi dans sa Fin que l'on voile de diuers pretextes. Et entre les Actions, les
exterieures se peuuent cacher sous des apparences contraires, & les Interieures qui
sont les Pensées & les Passions, peuuent estre
facilement dissimulées. D'ailleurs, la Dis-

ſimulation ſe ſert de la parole, du viſage,
& des effets, ſoit qu'elle les employe ſeparement ou tous enſemble, comme nous dirons plus amplement au Traité de la Diſſimulation.

Or les moyens par leſquels l'Art que
nous enſeignons pretend de la découurir,
ſont au nombre de douze: Le premier eſt
d'examiner la feinte par elle-meſme, & de
voir s'il y a de la vray-ſemblance, ſi le viſage dément la parole, & ſi les effets s'ac-
cordent ou ſont contraires à l'vn ou à l'autre. 2. D'obliger celuy qui l'a fait à la
deceler par la perſuaſion. 3. Par les peines.
4. Par les récompenſes. 5. Preſentes. 6. ou
à venir. 7. Par importunité. 8. Par le vin.
Le 9. eſt de conſiderer la perſonne qui agit,
comme ſi c'eſt vn homme timide ou hardy,
s'il eſt en reputation d'eſtre ſincere ou diſ-
ſimulé, ſi c'eſt vn inferieur qui parle. 10. Et
la perſonne enuers laquelle on agit, comme
ſi c'eſt vn homme que l'on redoute, ſi
c'eſt vn Prince, vn Maiſtre &c. 11. Enfin
on reconnoiſt encore la feinte par le mouuement ſubit d'vne Paſſion qui éclate, &

découure ce qu'il y a dans l'Ame, telle qu'eſt la Colere. 12. & la Ioye. Et ſur tous ces diuers moyens il y a des Regles particulieres qui ſeront expliquées en autant de Chapitres.

MAis il faut examiner s'il y a des Regles pour préuoir les Actions de l'Eſprit & les Paſſions de l'Ame, auant qu'elles ſoient formées, & ſi on peut aſſeurer qu'en vne telle rencontre vn Homme aura des penſées raiſonnables, s'il ſe mettra en cholere, ou s'il tombera dans la crainte &c. Pour ce qui eſt des actions de l'Eſprit, comme elles ſont neceſſairement conformes à la force ou à la foibleſſe des facultez qui les produiſent, il eſt certain qu'vn Homme qui aura les organes qui ſeruent à ces facultez bien ou mal diſpoſez, aura de bonnes ou de mauuaiſes productions d'Eſprit, & que l'on peut aſſeurer que lors qu'il ſera obligé de prendre quelque ſentiment, ou de parler ſur vne affaire, il en iugera & en parlera ſelon la capacité que l'on aura reconnuë en luy, comme nous

Comment on peut preuoir les Actions.

auons dit cy-deuant. L'Habitude & l'Inclination font encore la meſme choſe, car ſi l'on ſçait qu'vn Homme eſt Iuſte, Magnifique, vaillant &c. on dira ſans faute qu'aux rencontres qui ſe preſenteront il aura des ſentimens conformes à la vertu & à l'Inclination qu'il a.

Comment on peut preuoir les Paſſions.

MAis pour les Paſſions on n'en peut faire vn iugement ſi certain, & ce n'eſt que probablement que l'on peut dire qu'vn homme ſe mettra en cholere, qu'il ſe laiſſera emporter à la vanité, ou a telle autre Paſſion ; dautant que la raiſon & l'eſtude de la Philoſophie le peuuent retenir, & corriger la diſpoſition qu'il pourroit auoir à ces Paſſions.

Il y a meſme cette conſideration à faire ſur ces mouuemés qu'il y en a de premiers, & de ſeconds : Les premiers nous emportent comme des torrens, & ne ſont pas comme l'on dit, de la Iuriſdiction de la raiſon. Les autres ne ſont pas ſi impetueux & donnent du temps pour les conſiderer ; c'eſt pourquoy on les peut plus facile-

ment

ment retenir ; Mais auſſi ils ſont plus mal
ayſez à reconnoiſtre, parce qu'ils peuuent
eſtre plus facilement corrigez. Au lieu
que le iugement que l'on fait des premiers eſt plus certain, eſtant tres difficile
que l'habitude ſoit ſi parfaite qu'elle puiſſe détourner la nature de ces premieres
voyes & rompre cette forte liaiſon qui ſe
trouue entre l'Inclination & l'Action.

IL faut encore remarquer qu'il y a des
Paſſions que l'on peut appeller Principales & Dominantes, & d'autres qui ne ſont
que les Compagnes ou les ſuiuantes de celles-là. Quand vn Homme eſt en cholere,
ſa Paſſion Dominante eſt la Cholere, parce
que c'eſt elle qui occupe toute ſon Ame,
& à laquelle ſe rapportent toutes les autres
qui ſe forment en ſuite, comme l'Orgueil,
l'Inſolence, l'Opiniaſtreté, &c. Ainſi la
Triſteſſe eſt la Paſſion qui domine en celuy
qui eſt affligé, mais la Crainte, la Langueur,
la Pareſſe, la Superſtition ſont ſes Paſſions
ſuiuantes. Enfin il n'y en a aucune, qui
quand elle ſe forme dans l'Ame, n'y en ap-

Tt

pelle quelqu'autre à son secours : De sorte
qu'en connoissant la Passion dominante,
on peut asseurer que les autres y naistront.
Mais parce que la connexion qui se trouue entre elles est plus ou moins forte, &
qu'il y en a dont la suitte est comme necessaire, & d'autres où elle n'est que contin-
gente ; Car la Langueur & la Paresse sont
presque necessairement attachées à la Tristesse, mais la Superstition ne la suit pas
tousiours : il s'ensuit de là que la connoissance que l'on a des premieres est plus as-
seurée, & que celle des contingentes est
douteuse.

COncluons donc qu'il y a deux moyens
principaux pour preuoir les Passions à
venir, à sçauoir l'Inclination & la Connexion que les Passions ont ensemble. A quoy
il faut adjouster la consideration de la Force ou de la Foiblesse de l'Esprit de celuy
qui la doit ressentir, & de la grandeur du
Bien ou du mal qui luy doiuent arriuer.
Car si l'on sçait qu'vn homme doit receuoir vne grande injure, & qu'il ait l'Esprit

foible, on ne manquera iamais à dire qu'il
se laiſſera alors emporter à la cholere.

ON nous obiectera peut-eſtre qu'il n'y
a point de connoiſſance certaine des
choſes à venir qui ſont Contingentes, parce qu'elles peuuent également arriuer &
n'arriuer pas, autrement ſi on en pouuoit
juger certainement, elles ne ſeroient pas
Contingentes. Il faut répondre à cette ob-
iection qui regarde toutes les Sciences diuinatrices ; Qu'il y a deux ſortes de Contingens, les vns qui ont vne cauſe naturelle
& reglée, qui dans l'ordre ordinaire des
choſes les doit produire. Les autres n'ont
point de cauſe reglée, mais fortuite ou libre, comme les choſes qui arriuent par hazard, oû par le choix de la volonté. Ceux-
cy ſont purement Contingens, & ne ſe peuuent connoiſtre déterminement en quelque façon que ce ſoit. Mais les premiers
ne ſont pas purement Contingens, & la
connoiſſance que l'on en a peut eſtre certaine dans la ſuite des choſes, n'eſtant point
differente de celle des choſes neceſſaires,

*Si on peut pre-
noir les actions
contingentes.*

Tt ij

finon en ce que leurs cauſes peuuent eſtre
empeſchées de produire leurs effets. Les
Actions & les Paſſions de l'Ame ſont de ce
genre-là , entant qu'elles ont Connexion
auec les facultez , auec les Inclinations, &
auec les Habitudes ; car ce ſont des effets ,
qui par vne ſuitte ordinaire dépendent de
ces cauſes , & quoy qu'il y en ait qui ſoient
libres , ils ne le ſont pas abſolument quand
ils procedent d'elles,& qu'elles concourent
auec la cauſe plus libre, telle qu'eſt la volonté.

Comment on peut connoiſtre les Habitudes.

CHAPITRE VI.

Comment on peut connoiſtre les habitudes morales.

POVR ſçauoir maintenant ſi l'on peut découurir les Habitudes, il faut ſe reſſouuenir qu'il y en a de deux ſortes, les Intellectuelles, & les Morales, & que celles-cy ſont plus aiſées à connoiſtre que les Intellectuelles. Car il eſt plus facile de iuger ſi vn homme eſt Iuſte ou Temperant, que s'il eſt Medecin, ou Mathematicien. La raiſon qu'on donne de cette difference, eſt que les Habitudes Intellectuelles ne font aucune impreſſion ſur le corps, & ne laiſſent par conſequent aucune marque ſenſible qui les puiſſe faire connoiſtre. Mais cette raiſon ne me ſemble pas aſſez ſolide, parce que les Habitu-

des Morales ne font auſſi aucune impreſſion manifeſte ſur le corps , non plus que
les Intellectuelles. Il eſt donc plus à propos de dire que les Habitudes Morales ſe
connoiſſent plus certainement ; parce que
les Inclinations Morales ſont déterminées
à de certaines Paſſions, leſquelles ſouuent
reïterées produiſent les Habitudes. Et
comme il y a fort peu de perſonnes qui re-
ſiſtent à leurs Inclinations à cauſe de la difficulté & de la peine qu'il y a de les changer , & que chacun fait ordinairement ce
qui luy eſt plus facile & plus agreable ; de
là vient que la connoiſſance que l'on a des
Inclinations, qui eſt bien aſſeurée, nous fait
probablement iuger des Habitudes qui les
ſuiuent.

Comment on peut connoiſtre les habitudes intellectuelles.

MAis il n'en eſt pas ainſi des Habitudes Intellectuelles, parce que l'Entendement n'eſt pas déterminé à vn Art,
ny à vne Science, pluſtoſt qu'à vne autre.
Et bien qu'il s'en trouue qui ont plus de
conformité auec l'Imagination qu'auec le
Iugement ou auec la Memoire , le grand

nombre qu'il y en a, laiſſe dans l'indifference l'Eſprit qui ne peut eſtre naturellement déterminé à l'vne plus qu'à l'autre.
Car on peut dire qu'vn Homme eſt propre
pour la Poëſie, pour la Peinture, ou pour
la Muſique, à cauſe qu'il a beaucoup d'Imagination ; & non pas pour la Medecine,
pour la Politique, & pour les autres Sciences qui demandent beaucoup de jugement.
Mais on ne peut aſſeurer qu'il ſoit en effet
Poëte, ou Peintre, ou Muſicien, parce que
l'Inclination qu'il a aux fonctions de l'Imagination, le rend également propre pour
l'vn & pour l'autre. Au lieu que les Inclinations Morales ſont déterminées à de certaines Paſſions, & ces Paſſions à des Habitudes particulieres : De ſorte qu'on peut
aſſeurer par la connoiſſance que l'on a des
Inclinations qu'vn Homme a vne telle vertu ou vn tel vice ; & rarement ſe peut-on
tromper en ces Iugemens, pour la raiſon
que nous auons dite.

ON découure donc les vertus & les vices par le moyen des Inclinations que

l'on connoiſt, & c'eſt le ſeul moyen dont
la Phyſionomie ſe ſert. Mais noſtre Art en
a d'autres qui ſont plus certains.

A ſçauoir la fin des Actions qui conſiſte
dans l'élection libre & parfaite, car celuy
qui agit par elle agit neceſſairement en vertu de l'Habitude. 2. L'excez & le defaut des
Paſſions à l'égard des obiets, car celuy qui ſe
fâche ſouuent, & plus qu'il ne doit, a ſans
doute l'Habitude de la cholere. 3. La Per-
ſeuerance que l'on garde en quelque Paſſion. 4. Les effets que les vertus & les vices produiſent dans l'Ame & dans le Corps.
Leſquels forment les Characteres des vertus & des vices qu'il faudra décrire ſelon
l'ordre que nous auons marqué cy-deuant.

Des

Des Signes Aftrologiques.

CHAPITRE VII.

VTRE les Signes Naturels dont nous auons parlé, il y en a d'autres que l'on nomme Aftrologiques, parce que l'on pretend que ce font les Aftres qui les impriment fur le Corps. Ils confiftent pour la plufpart en certaines lignes qui fe remarquent principalement fur le front & dans les mains, & que l'on croit eftre les effets des Planetes qui dominent fur ces parties.

De quelques obferuations qu'on en a faites on a formé deux Arts, la Metopofcopie & la Chiromance, dont la premiere confidere les Signes que les Aftres ont imprimez fur le Front, & la feconde, ceux qu'il ont imprimez dans les Mains.

C'eft à nous à examiner s'il y a quelque

Vu

verité en l'vne & en l'autre. Car si elles
peuuent donner quelque connoissance des
Inclinations, & des Mouuemens de l'Ame
comme elles se vantent ; L'Art que nous
enseignons ne les doit pas mépriser : Il faut
qu'il les appelle à son secours, puis qu'elles
ont vn mesme dessein que luy, & qu'il ne
faut rien oublier pour tascher à découurir
vne chose si cachée comme est le cœur de
l'Homme.

Mais si elles n'ont rien de certain, & que
ce soient seulement des ieux ou des songes
que l'esprit humain se soit forgez par plaisir ou par erreur, il les doit bannir comme
des Sciences vaines & superstitieuses qui
ne sont pas dignes d'entrer en societé auec
celles de la Nature, ny d'occuper les pensées d'vn Homme tant soit peu raisonnable.

Commençons donc par la Chiromance,
car elle est plus connuë que la Metoposcopie, & semble auoir des principes plus éuidens, qui se peuuent plus facilement establir, & qui mesme s'ils se trouuent veritables seruiront de fondement pour l'autre.

Ie ne pretends pas neantmoins y employer
d'autres Diſcours que deux Lettres, dont
i'ay deſia fait part au public , puis que ce
ſont des pieces qui font partie du deſſein
de cét Ouurage , & que l'impatience d'vn
amy m'en auoit fait détacher pour ſatisfaire à ſa curioſité. Ie n'en veux pas meſme oſter les ciuilitez que i'eſtois obligé de
de luy rendre , ny les precautions dont ie
m'eſtois voulu prémunir enuers mes Lecteurs : Car quoy que cela ne ſerue plus
de rien à mon deſſein , il ne laiſſera pas de
diuertir ceux qui prendront la peine de le
lire, & leur cauſer le meſme plaiſir que donne quelquefois vn ornement eſtranger , ou
vne vieille mode qu'on fait reuenir ſur le
Theatre.

LETTRE I.

A MONSIEVR B. D. M.

Sur les Principes de la Chiromance.

ONSIEVR,

Quand vous me follicitez de mettre par
efcrit l'entretien que nous auons eu enfemble touchant la Chiromance , & que
vous tafchez à me perfuader que le public
ne doit pas eftre priué des raifonnemens
que vous m'auez entendu faire fur ce fujet;
Ie me fouuiens de la priere que les amis
de Socrate luy firent autrefois de fe faire
peindre , & de la confufion qu'il en eut,
apres auoir fatisfait à leur defir : Car auant
cela on ne s'auifoit prefque pas des deffauts

que la Nature auoit mis fur fon vifage , &
on ne commença à les reconnoiftre & à
s'en mocquer qu'apres qu'ils furent repre-
fentez fur la toile. La mefme chofe m'ar-
riuera fans doute, quand ie mettray fur le
papier les difcours dont vous m'affeurez
que le recit vous a pleu ; Ils n'auront plus
pour vous la grace de la nouueauté qu'ils
auoient alors ; Ils ne feront plus accompagnez du plaifir de la promenade & de la
conuerfation qui les rendoit agreables ; Et
paroiffant deuant les yeux , dont le jugement eft bien plus feuere que celuy des
oreilles , ils n'auront aucun deffaut qui ne
fe faffe remarquer , & qui ne me charge de
la honte & du regret de vous auoir obey.
Que fera-ce donc quand i'auray d'autres
Iuges que vous qui eftes mon amy , &
qui auez de la curiofité pour ces fortes de
Sciences ? & quand ie trouueray dans le
public tous les Efprits préoccupez de
cette opinion , que ce font des connoiffances vaines , & dont tous les principes
& toutes les promeffes font imaginaires?
Nonobftant tous ces perils où vous m'en-

gagez, ie veux bien fatisfaire à ce que
vous defirez de moy, & remettre à vn
examen plus ferieux les chofes que ie ne
vous ay dites que par diuertiffement : car
apres cette feconde épreuue que vous
en allez faire, fi vous les iugez de bon alloy,
ie ne doute point qu'elles ne puiffent &
qu'elles ne doiuent entrer dans le commerce des Lettres. Et certainement s'il y a
quelque chofe de raifonnable dans les
coniectures que i'ay euës, & fi du moins
elles peuuent faire naiftre le foupçon d'vne
verité qui a efté ignorée iufques à prefent,
il eft iufte d'en donner aduis au public,
afin d'exciter ceux qui trauaillent à la recherche des merueilles que Dieu a cachées dans l'Homme, à faire vne plus ample découuerte de celle-cy, & y adioufter
leurs obferuations, qui pourront acheuer
ce que ie n'auray fait que commencer.
Car quelque baffe & vile que foit la Chiromance, la Philofophie y peut trouuer
des fujets qui ne feront pas indignes de
fes plus hautes & plus nobles meditations.
Elle ne dédaigne pas de defcendre iufques

aux Arts les plus obfcurs pour les éclairer,
& femblable à la lumiere du Soleil qui fe
mefle auec les chofes impures fans fe cor-
rompre & en tire des vapeurs qu'elle ef-
leue iufques aux plus hautes regions de
l'air: Elle s'abaiffe fans bleffer fa dignité
iufques aux moindres effets de l'Art & de
la Nature & en tire des connoiffances
qu'elle peut mettre au rang de fes fpecu-
lations les plus fublimes. Et fans doute
quoy que ie ne fois pas de ceux par qui
elle puiffe executer de fi grands deffeins;
Ie penfe pourtant auoir rencontré quelque chofe qui n'eft pas indigne de fes
foings; & qui ne doit pas feulement contenter la curiofité de ceux qui ayment la
Chiromance, mais qui peut encore feruir
à l'vfage de la Medecine. Car fi ie puis
bien eftablir ce principe , QVE CHAQVE
PARTIE NOBLE A VN CERTAIN ENDROIT
DE LA MAIN QVI LVY EST AFEECTE',
ET AVEC LEQVEL ELLE A VNE LIAISON
ET VNE SYMPATHIE PARTICVLIERE :
Outre que ce fera vn grand preiugé pour
la difpofition des Planettes que cette Scien.

ce a placées aux mefmes lieux , & dont elle a fait le principal fondement de toutes
fes regles : On en tirera encore de fortes
prefomptions , pour iuger que la bonne
ou mauuaife difpofition des principes de
la vie fe peut connoiftre dans la Main ; &
qu'entre les autres parties du corps il y a
comme en celle-cy des rapports & des fympathies qui ne dépendent point de la diftribution des vaiffeaux , ny de la ftructure qu'elles ont , mais d'vn fecret confentement qui les lie & les affocie enfemble.
Ce qui ne fera pas vn petit fecret pour
l'ouuerture des veines , & pour l'application des remedes en certains endroits ,
comme nous dirons cy-apres.

C'eft donc à l'eftabliffement de ce grand
Principe que ie pretends m'occuper icy.
Car de defcendre iufques aux regles particulieres de cette fcience & d'en donner les
raifons , comme vous m'auez entendu faire
de quelques-vnes ; outre que ce feroit of-
fencer la feuerité de la Philofophie , que
de l'amufer à des chofes qui font pour la
plufpart fauffes ou incertaines , n'eftant

point

point verifiées par de iuftes obferuations;
ce feroit trop flater l'aueuglement de ceux
qui leur donnent plus de creance qu'elles
ne meritent ; & abufer mefme du temps
que nos occupations nous demandent.

Mais afin que vous ne vous plaigniez
pas de ce retranchement, i'adioufteray aux
difcours dont ie vous ay entretenu, les raifons qui m'ont fait entrer en foupçon qu'il
y auoit quelque verité dans la Chiromance , & qu'elle pouuoit auoir des fondemens plus affeurez que plufieurs ne s'ima-
ginent. Et ie ne doute point qu'elles ne faffent le mefme effet dans l'efprit de tous
ceux qui les voudront confiderer fans préoccupation , puis que les chofes mefmes
qui deuroient la rendre fufpecte, & rebu-
ter ceux qui s'y voudroient occuper , font
celles qui peuuent l'authorifer & faire naiftre l'enuie d'en auoir la connoiffance.

En effet comme le premier & principal
fondement de la Chiromance eft la difpofition des Planettes qu'elle a diuerfement
placées dans la Main: car elle a mis Iupiter
au premier doigt que l'on nomme *Index,*

X x

Saturne au fecond , le Soleil au troifiéme,
Mercure au quatriéme, Venus au poulce,
Mars au creux de la main , & la Lune dans
fa partie inferieure. Ce fondement dis-je
qui renuerfe l'ordre naturel des Planettes,
& qui par confequent femble eftre pluftoft
vn effet du caprice des premiers Inuen-
teurs de cette Science, que d'aucune raifon qu'ils ayent euë pour les ranger de la
forte ; bien loing de la pouuoir par là rendre fufpecte de fauffeté , eft à mon aduis
vne des chofes qui donne les premiers
foupçons de la verité qui s'y trouue. Car
il faut que l'Efprit humain qui eft fi amou-
reux de la proportion & qui par tout où il
la peut faire couler, ne manque iamais d'en
orner & d'en enrichir fes imaginations ,
ne l'ait pas oubliée icy fans fujet, & qu'il
ait efté forcé par la verité des experiences
que l'on a faites , de changer l'ordre des
Planettes qu'il a conferué fi exactement
dans la Metopofcopie & dans mille autres
rencontres où il a eu la liberté d'en faire
l'application. Et fans doute fi c'eftoit vne
pure imagination, il eut efté plus facile &

plus raifonnable de mettre Saturne au premier doigt, Iupiter au fecond, Mars au
troifiéme, le Soleil au quatriéme, & fuiure
ainfi le rang que ces Eftoiles gardent entre
elles, que de les tranfpofer comme on a
fait. Ou s'il euft fallu le changer, il femble qu'il euft efté plus à propos de faire
gouuerner le plus grand doigt par le plus
grand aftre, ou de luy donner celuy qui eft
le plus mobile, que le 3. qui eft plus petit &
le moins agiffant. De forte qu'il y a grande apparence qu'vne fi extraordinaire difpofition des Planettes n'eft pas vn ouurage
de la phantaifie de ceux qui ont les premiers trauaillé à cette Science, mais de la
neceffité qu'ils ont euë de fuiure les raifons
& les experiences qui leur marquoient cette verité.

Mais l'obferuation qu'Ariftote a rapportée dans fon Hiftoire des Animaux, augmente bien ce premier foupçon. Car dans
cét ouurage incomparable où l'on peut dire que la Nature s'eft découuerte & s'eft
expliquée elle-mefme, il affure que dans
la Main il y a des lignes qui felon qu'elles

sont longues ou courtes, marquent la longueur ou la briéveté de la vie. Et comme c'est là vne des premieres regles de la
Chiromance, il est à croire qu'elle ne luy
estoit pas inconnuë, & que cét admirable
Esprit n'eust pas voulu faire entrer dans vne
histoire qui deuoit estre vn des plus beaux
portraits de la Nature, vne chose douteuse & de la verité de laquelle il n'eust pas
esté bien asseuré. Que si elle est certaine
comme l'experience l'a depuis confirmée,
il n'y a point de personne raisonnable qui
ne iuge que la Main doit auoir vne liaison
plus forte auec les principes de la vie, que
toutes les autres parties exterieures où ces
marques ne se trouuent point ; Que ces
marques sont des effets qui doiuent faire
connoistre la bonne ou mauuaise disposition des principes d'où ils procedent ; Et
qu'enfin il y a dans cette partie des merueilles qui ne sont pas encore bien connuës,
& que si l'on en pouuoit acquerir la connoissance on y trouueroit peut-estre celle
dont la Chiromance se vante.

Enfin qui voudra prendre garde que les

Lignes qui font dans la Main font differentes en tous les hommes ; qu'en vne
mefme perfonne elles changent de temps
en temps ; Et que toute cette diuerfité ne
peut venir d'aucune caufe interne qui
nous foit connuë ; Il fera contraint d'a-
uoüer que tous ces characteres font les
effets de quelque fecrete influence qui les
imprime en cette partie ; Et que ne fe faifant rien en vain dans la Nature, ils ont
leur vfage particulier & marquent à tout
le moins l'alteration qui fe fait dans les
principes qui les produifent. Car de vouloir rapporter ces impreffions à l'Articulation & aux Mouuemens de la Main ,
comme quelques-vns ont fait , c'eft vne
chofe qui ne fe peut fouftenir ; puifque
les Articulations font égales en tous les
hommes qui ont pourtant toutes leurs lignes inégales ; Qu'il s'en trouue beaucoup
où il n'y a aucune Articulation , comme
dans l'efpace qui eft entre les iointures
des doigts ; Que les enfans qui viennent
de naiftre & qui tous ont eu les mains
fermées d'vne mefme forte fans faire

prefque aucun mouuement, ont neantmoins beaucoup de lignes qui font differentes en chacun d'eux ; Que ceux qui
exercent vn mefme art & qui doiuent par
confequent faire à peu prés les mefmes
mouuemens, les ont neantmoins auffi diuerfes que s'ils eftoient de contraire pro-
feffion ; Qu'en vne mefme perfonne elles
changent, quoy qu'il n'y ait aucun changement dans fa façon de faire ; Et qu'enfin dans le front où il n'y a aucune Articulation, & que tous les hommes remuent
d'vne mefme maniere, il fe trouue encore
de pareilles lignes qui ont la mefme diuerfité que celles de la Main.

On peut encore adioufter à ces confiderations l'antiquité de la Chiromance,
qui doit auoir efté en vfage deuant Ariftote, puis que ce qu'il dit des lignes de
la main eft vne de fes obferuations & de
fes regles ; l'employ qu'elle a donné à tant
de fçauans hommes qui s'y font occupez
& qui l'ont mefmes honorée de leurs
Efcrits ; Et les iugemens admirables
que l'on a faits felon fes maximes. Car

c'eſt vne choſe qui va iuſques à l'eſton-
nement que de 45. perſonnes que Cocles
auoit preueu par elle deuoir mourir de
mort violente, Cardan remarque qu'il
n'en reſtoit que deux qui de ſon temps
eſtoient encore en vie, à qui ce mal-heur
ne fuſt arriué.

Mais pour en dire franchement la verité, ce ne ſont là comme nous auons deſia marqué que de legers ſoupçons qui
ne concluënt pas pour la certitude de cette ſcience. Car pour l'ordre des Planettes qu'elle a changé, cela fait bien preſumer qu'elle ne l'a pas fait ſans raiſon:
mais la queſtion demeure touſiours inde-
ciſe, à ſçauoir s'il eſt vray que ces Aſtres
ayent quelque pouuoir ſur la Main & ſi
chacun y a vn endroit particulier qui luy
ſoit affecté. L'authorité d'Ariſtote peut
auſſi eſtre conteſtée : Et toute cette diuerſité de lignes peut auoir d'autres
cauſes & d'autres vſages que ceux que
la Chiromance luy donne.

D'ailleurs quelque ancienne qu'el-
le puiſſe eſtre il y a de vieilles erreurs qui

ont abufé tous les fiecles paffez; Et quoy
qu'elle ait efté cultiuée par de grands Efprits, il y en a eu de tout temps qui fe font
amufez à des curiofitez auffi vaines que
peut eftre celle-cy. Enfin tous les témoins
& les exemples que l'on apporte pour la deffendre, ne doiuent pas auoir plus de poids
ny plus de force que ceux dont fe vante
la Geomance, l'Onomancie, & autres fortes de diuination qui font toutes imaginaires & fuperftitieufes, & qui pourtant
ne manquent pas de protecteurs ny de
fuccez dans les iugemens qu'elles font.

D'vn autre cofté toutes ces dernieres
raifons ne la condamnent pas tout à fait
& ne font autre chofe contr'elle finon
qu'elles la rendent douteufe, laiffant l'efprit dans l'incertitude de ce qu'il en doit
croire & dans le defir de s'en éclaircir.
Or le feul moyen pour arriuer là, c'eft
d'en examiner les Principes, & de voir s'il
y a des raifons qui les puiffent fouftenir:
Car s'il s'en trouue des certains & de bien
eftablis, il n'y a point à mon aduis, de
perfonne raifonnable qui ioignant les pre-

cedens

cedens soupçons auec la verité de ces Principes, ne confeffe que fi la science qu'on
a baftie deffus n'eft pas encore bien affeurée, elle le peut deuenir par les diligentes
& exactes obferuations qu'on y peut ad-
joufter: Et que fi elle ne peut promettre
tout ce que l'Aftrologie luy fait efperer
par les Aftres qu'elle a placez dans la Main;
Elle peut du moins iuger de la bonne ou
mauuaife difpofition des parties interieures qui ont fympathie auec elle, & donner
par là de grandes ouuertures pour la conferuation de la fanté & pour la guerifon
des maladies. Car quand elle feroit reftrain-
te dans ces bornes & qu'elle ne fe pourroit
vanter d'autres chofes, ce feroit toufiours
vne Science tres-confiderable, & qui par
l'excellence de fes connoiffances & par l'v-
tilité qu'elle peut apporter feroit digne de
la curiofité des plus feueres Philofophes &
de tous ceux qui s'appliquent à la recherche des merueilles de la Nature.

Ce font là les confiderations que i'ay euës
auant que de mettre à l'examen le Principe
dont i'ay parlé cy-deffus, qui eft à vray dire

Yy

le principal fondement sur lequel la disposition des Planettes dans les diuers endroits de la Main est appuyée & presque
l'vnique source d'où se tirent tous les iugemens que la Chiromance peut promettre.

La methode que i'y ay tenuë est de
monstrer,

1. *Qu'il y a des situations plus nobles les*
   vnes que les autres.

2. *Que les plus nobles situations sont desti-*
   nées pour les parties les plus excellentes
   & que l'excellence des parties se tire de
   l'vtilité qu'elles apportent.

3. *Quelles vtilitez apportent les Mains.*

4. *Que la Main droite est plus noble que*
   la gauche.

5. *Que le mouuement commence au costé*
   droit.

6. *Que les Mains ont vn plus grand par-*
   tage de la chaleur naturelle.

7. *Que les Mains ont plus de communica-*
   tion auec les parties nobles.

8. *Que les parties nobles enuoyent aux*

Mains de *fecretes vertus.*

9. *Que la nature ne confond point les ver-*
tus, & par confequent

10. *Que les vertus des parties nobles ne font*
pas receuës aux mefmes endroits de la Main.

11. *Que le Foye a fympathie auec le premier*
doigt.

12. *Que le Cœur a fympathie auec le troi-*
fiefme doigt.

13. *Que la Rate a fympathie auec le grand*
doigt.

14. *Que toutes les parties interieures ont*
fympathie auec les autres parties de la
Main.

15. *Que le vifage eft vn racourcy de tou-*
tes les parties exterieures.

16. *Que toutes les parties ont fympathie les*
vnes auec les autres; &

17. *Que la diftribution des Veines qu'Hip-*
pocrate a faite pour marquer cette fympa-
thie, n'a point efté entenduë d'Ariftote ny
de Galien.

18. *D'où vient la Rectitude que la nature*
garde dans fes euacuations.

19. *Que les Aftres dominent dans les diuer-*

ses parties de la Main.

Article 1.
Qu'il y a des Situations plus nobles les vnes que les autres.

POVR donner vn solide commencement à cette recherche; Il faut remarquer qu'il y a trois ordres de SITVATION dans lesquels toutes les parties des Animaux, si on en excepte le Cœur, se trouuent placées, le Haut & le Bas, le Droit & le Gauche, le Deuant & le Derriere. Mais ils ne sont pas égaux en origine ny en dignité, & il y a diuersité de perfection non seulement entr'eux, mais encore entre les termes & les differences dont ils sont composez. Car le Deuant & le Derriere sont plus nobles que le Droit & le Gauche, & ceux-cy que le Haut & le Bas : Mais encore le Deuant eſt plus noble que le Derriere, le Droit que le Gauche, & le Haut que le Bas.

La raiſon de cette diuerſité vient premierement de ce que ces trois ordres de Situation répondent aux trois dimenſions qui ſe trouuent en tout corps naturel, la Longueur, la Largeur & la Profondeur; comme celles-cy répondent aux trois eſpeces de quantité qui entrent en tout corps Mathematique, la Ligne, la Surface & le Solide. Car la ligne fait la Longueur, & la longueur produit le Haut & le Bas; De la Surface vient la largeur & de celle-cy le Droit & le Gauche; Et le Solide produit la profondeur, comme la profondeur fait naiſtre le Deuant & le Derriere.

Or comme la ligne eſt plus ſimple & première par nature que la ſurface, & celle-cy que le ſolide; auſſi la longueur deuance naturellement la largeur, & celle-cy la profondeur; Et en ſuite l'ordre de ſituation du Haut & du Bas eſt plus ſimple & premier que celuy du Droit & du Gauche, comme celuy-cy l'eſt à l'égard du Deuant

& du Derriere. De sorte que la Nature faisant tousiours ses progrez des choses les
moins parfaites à celles qui le sont dauantage, il s'ensuit non seulement que la ligne
& la longueur sont moins parfaites que le
solide & la profondeur ; Mais encore que
la mesme diuersité se trouue dans les ordres de situation qui répondent à chacune d'elles : Et que par consequent celle du
Deuant & du Derriere est la plus noble;que
celle du Droit & du Gauche l'est apres, &
que celle du Haut & du Bas l'est moins,
comme estant la premiere & la plus simple
de toutes.

En effet nous voyons que toutes ces choses ont esté distribuées aux corps selon l'excellence qu'ils deuoient auoir : Car ceux
qui sont viuans croissent premierement en
longueur, & en se perfectionnant ils acquierent la largeur & la profondeur : Les
Plantes ont bien le Haut & le Bas, mais elles sont priuées du Droit & du Gauche, du
Deuant & du Derriere. Il n'y a que les Animaux qui possedent ces dernieres differences ; Encore y en a-t'il qui ne les ont pas

toutes, cela n'eſtant reſerué que pour ceux
qui ont les parties mieux diſtinguées & le
mouuement plus regulier.

Ce n'eſt pas pourtant à dire que toutes
ces ſortes de Situation ne ſe puiſſent trouuer dans les corps purement naturels, mais
elles y ſont incertaines & eſtrangeres
n'ayant aucun principe interne qui les arreſte & les détermine, & ce n'eſt que par
rapport aux choſes animées qu'elles s'y
ſont remarquer. Car ce qui eſt le Haut &
le Deuant d'vn pilier, en peut eſtre le Bas
& le Derriere, & celuy qui eſt à Droit peut
eſtre mis à Gauche ſans meſme qu'il change
de place. Mais il n'en va pas ainſi dans les
choſes viuantes & animées, où toutes les
differences de Situation qu'ont leurs parties ſont inuariables, eſtant fixées & determinées par les vertus & par les operations
de l'Ame. Voila pour ce qui concerne les
genres de Situation comparez entr'eux.

Mais qui voudra conſiderer les termes
& les differences dont chacun eſt compoſé,
trouuera encore qu'il y en a touſiours vne
qui eſt plus noble que l'autre, parce que

c'en eſt le principe, & que le principe eſt
plus excellent que ce qui en dépend : Car
le Haut eſt le principe du Bas, le Droit l'eſt
du Gauche, comme le Deuant l'eſt du Derriere.

En effet le Commencement eſt vne ſorte de principe, & le commencement des
trois principales operations de l'Ame ſe fait
en ces trois differences de Situation. Car
la Nutrition commence par le Haut, le Mouuement par le Droit, & le Sentiment par le
Deuant. Et de vray la Bouche qui eſt la premiere porte des alimens d'où ils ſont apres
diſtribuez par tout le Corps, fait le Haut
dans tous les Animaux, comme la Racine
le fait dans les Plantes ; D'où vient que la
langue Latine appelle hautes, les Racines
qui ſont profondes ; Et l'on a dit que
l'Homme eſtoit vn arbre renuerſé , non
parce que ſes cheueux qui ont quelque reſſemblance auec les racines, ſont en haut
& celles-cy bas ; mais parce qu'il a ſa bouche directement oppoſée à celle des arbres:
Car on ne peut douter que la Racine ne ſoit
la bouche des Plantes puis qu'elles prennent

nent par là leur nourriture & que de là elle eſt portée à toutes leurs autres parties.
Le Sentiment commence auſſi par le deuant, car hors le ſens du toucher qui a deu
eſtre répandu par toutes les parties de l'Animal, tous les autres ſens ſont placez au deuant, parce que les ſens deuoient conduire
& regler le Mouuement qui ſe fait toujours
en auant ; & qui commence par le coſté
droit, comme nous monſtrerons cy-apres.
D'où il s'enſuit que le Haut, le Droit & le
Deuant ſont les principes des autres &
qu'ils ſont par conſequent plus nobles
qu'eux.

OR la nature tient cette maxime qu'elle place les choſes les plus excellentes
dans les lieux qui ſont les plus nobles, comme on peut voir dans l'ordre où elle a mis
toutes les principales parties de l'Vniuers;
Et partant il faut que dans l'Hôme qui eſt
le racourcy & l'abregé du monde, les parties ayent auſſi vn rang conforme à leur dignité ; Et que l'on puiſſe dire, non ſeulement que les plus excellentes ſont dans la

Article 2.
De la ſituation des parties ex-cellentes.

Z z

plus nob'e Situation, mais encore que celles qui font dans la plus noble Situation
font les plus excellentes. Car il s'enfuit de
là que les Mains qui font au haut , font plus
excellentes que les pieds qui font au bas ,
& la Main qui eft au cofté droit que celle
qui eft au cofté gauche. Mais comme l'Excellence des parties fe tire de l'vtilité qu'elles apportent à l'Animal , il faut voir pour
le deffein que nous auons entrepris à quoy
peuuent feruir les Mains, en quoy elles font
plus vtiles que les Pieds , & quel vfage a la
Droite par deffus la Gauche.

Art. 3.
A quoy feruent
les Mains.

PRemierement il eft certain que tous les
Animaux qui font compofez de fang &
que pour cette raifon on appelle parfaits ,
ont efté pourueus de quatre organes pour
fe mouuoir d'vn lieu à l'autre lefquels répondent aux quatre premieres differences
de Situation que nous venons de marquer,
à fçauoir au Haut & au Bas , au Droit & au
Gauche. Car il n'y a point eu d'inftrumens
qui répondent aux deux dernieres, à fçauoir au Derriere & au Deuant, ne fe trou-

uant aucun animal parfait qui fe meuue naturellement en arriere,& les autres organes
pouuant fatisfaire au mouuement qui fe
fait en auant,comme l'experience fait voir.
Cette verité paroift dans tous les genres
des Animaux parfaits ; veu que la plufpart
de ceux qui font terreftres ont quatre
pieds; les oyfeaux en ont deux auec deux
aifles; les poiffons ont quatre nageoires ;
& les ferpens font quatre plis differens. Et
toutes ces parties leur font tellement neceffaires pour le mouuement progreffif qui
leur eft naturel, que s'il leur en manquoit
quelqu'vne, ils ne le pourroient faire qu'a-
uec peine. Car les oyfeaux ne peuuent
voler quand ils ont les iambes rompuës; ny
les poiffons nager quand ils ont perdu quelqu'vne de leurs nageoires ; ny les ferpens
ramper fi on leur a coupé les parties du
corps qui font les derniers plis de leur mou-
uement.D'où il faut conclure que les Mains
qui font du rang de ces quatre inftrumens
qui font deftinez au mouuement progreffif, feruent à celuy de l'Homme & que s'il
en eftoit priué il ne feroit pas ce mouue-

ment auec tant de facilité. En effet on ne
peut courir qu'auec grande peine quand
on a les mains liées, on ferme & ferre les
poings quand on veut fauter, & dans le
marcher ordinaire le bras fe retire toujours en arriere quand la iambe du mefme
cofté s'auance. A quoy il faut adioufter
que dans l'enfance elles feruent de pieds;
que lors qu'on eft tombé on ne peut fe
releuer fans elles; & que s'il faut monter
ou defcendre en des lieux difficiles elles
ne font pas moins vtiles que les iambes.
Qui font des marques éuidentes que ces
parties contribuent au Mouuement progreffif de l'homme.

Mais comme la Nature eft vne grande
ménagere des chofes qu'elle fait & qu'elle
en tire tous les feruices qu'elle peut, elle ne
s'eft pas contentée de ce premier vfage
qu'elle a donné aux Mains; elle les a encore
deftinées à tant d'autres employs qu'il eft
prefque impoffible de les marquer & d'en
tenir compte. De forte qu'on a efté contraint de les mettre en paralelle auec l'Entendement, & de dire que comme il eftoit

la forme des formes , les ayant toutes en
puiſſance , les Mains eſtoient auſſi l'inſtrument des inſtrumens, ayant tout ſeul la vertu de tous les autres. Car c'eſt par elles que
l'Homme prend & retient les choſes qui
luy ſont neceſſaires & agreables ; c'eſt par
elles qu'il ſe deffend & qu'il vient à bout de
celles qui luy ſont nuiſibles & dommageables ; Ce ſont enfin les principales ouurie-
res de tous les Arts & les outils generaux
dont l'Eſprit ſe ſert pour mettre au iour ſes
plus belles & plus vtiles inuentions. Et
ſans doute elles donnent vn ſi grand auantage à l'Homme par deſſus les autres Animaux, que ſi l'on ne peut pas dire comme
cét ancien Philoſophe , qu'il eſt Sage parce qu'il a des Mains , on peut du moins aſſeurer qu'il paroiſt Sage, parce qu'il a des
Mains. Apres cela il ne faut pas s'eſtonner
ſi elles ont eſté placées au haut bout comme au lieu le plus honorable , & ſi la Nature les a approchées autant qu'elle a pû du
ſiege de la Raiſon & des Sens, auec leſquels
elles ont tant de commerce & de liaiſon.

Art. 4.
*Que la main
droite est plus
noble que la
gauche.*

MAis quoy qu'elle les ait mises en mesme rang pour ce regard, elles ne luy sont pas pourtant en mesme consideration: Elle traite la DROITE comme l aisnée & comme celle qui est la premiere en dignité. Car si les choses qui sont les plus actiues sont les plus excellentes & les plus consi-derables, il faut que la Main Droite qui est plus forte & plus agile que la Gauche, soit aussi la plus excellente. Or elle a plus de force & d'agilité, parce qu'elle a plus de chaleur qui est la source de ces qualitez-là: Et elle a plus de chaleur, non seulement parce qu'elle est du mesme costé que le ven-tricule droit du Cœur où le sang est le plus chaud & le plus boüillant; non seulement parce que le Foye qui est la source du sang est plus proche d'elle; non seulement parce que les veines de toutes les parties droites sont plus amples, comme dit Hippocrate; mais encore parce qu'elle est placée au co-sté Droit où le mouuement doit tousiours commencer.

Car comme les esprits sont les princi-

paux organes de toutes les actions du corps
& que la Nature les enuoye plus abondamment où elles doiuent eftre les plus fortes & les plus penibles;Il ne faut pas douter
que le mouuement deuant commencer au
cofté Droit & tous les apprefts qui luy font
neceffaires & le principal effort qu'il demande fe deuant faire en cét endroit; il
n'y ait vne plus grande quantité d'efprits
qui y accourent, qui l'échauffent & qui
le fortifient par la chaleur qu'ils portent
auec eux & par les fecretes influences
des principes de la vie qu'ils luy communiquent. De là vient que les parties mefmes qui ne feruent de rien au Mouuement
& qui font de ce cofté-là, fe reffentent de
cette force & de cette vigueur qui eftoit
deftinée pour cette feule action. Car l'œil
droit eft plus fort & plus exact que le gauche, & la rectitude de la veuë qui fe fait
par tous les deux enfemble, dépend abfolument de luy : Tous les organes qui
feruent à la generation & qui font ce cofté-
là forment les mafles, & ceux qui font au
gauche les femelles : Et generalement par-

Iant les maladies attaquent plus ordinairement les parties gauches comme celles qui
ont le moins de chaleur & qui font par confequent les plus foibles.

Art. 5.
Que le mouue-
ment commence
au cofté droit. OR que le Mouuement commence
naturellement au cofté Droit, c'eft
vne verité qui ne peut eftre conteftée fi
l'on confidere ce qui fe paffe dans tous les
Animaux. Car ceux qui font à quatre pieds
commencent toufiours à marcher par le
pied droit de deuant ; Et les autres qui n'en
ont que deux leuent toufiours le droit le
premier. On porte mieux les fardeaux fur
l'épaule gauche que fur la droite , parce
qu'il faut que le principe du mouuement
foit libre & débaraffé : Et les Peintres n'oublient iamais dans l'affiete qu'ils donnent
à leurs figures , de tenir la iambe gauche
auancée comme on la tient ordinairement
quand on eft debout, dautant que c'eft la
pofture qui met la droite en eftat de fe mouuoir quand on voudra marcher. Il fe trouue mefme des animaux qui n'ayant pû, à
caufe de leur figure, auoir les deux differences

ces du Droit & du Gauche , comme les
Pourpres & tous les autres qui ont leur é-
caille en forme de limaçon, n'ont pas pourtant esté priuez de celle du Droit ; parce
que se deuant mouuoir, il falloit qu'ils euf-
sent le principe du Mouuement.

Toutes ces veritez estans donc ainsi establies, à sçauoir, Qu'il y a des lieux & des endroits dans le corps qui sont plus ou moins
nobles ; Que les plus nobles sont destinez
pour y placer les parties les plus excellentes ; Que l'excellence des parties se tire de
l'vtilité qu'elles apportent ; Et que par consequent les Mains qui par les diuers serui-
ces qu'elles rendent sont placées au haut
comme au lieu le plus noble , doiuent estre
plus excellentes que les Pieds.

Il reste maintenant à monstrer qu'elles
reçoiuent vn secours plus considerable des
principes de la vie , & que toutes les parties nobles leur communiquent quelque
vertu plus grande qu'à quelqu'autre que
ce soit.

AAa

Art. 6.
*Que les Mains
ont vn plus grãd
partage de la
chaleur natu-
relle.*

A Ce deſſein il faut premierement re-
marquér que la Nature a plus de ſoin
des parties qui ſont les plus excellentes ;
qu'elle les forme ordinairent les premieres;
& qu'elle apporte plus d'art à les faire, &
plus de preuoyance pour les conſeruer
qu'elle ne fait aux autres. Cela paroiſt dans
l'ordre qu'elle garde dans leur premiere
conformation: Car aprés le Cœur & le Cerueau qu'elle ébauche les premiers, les yeux
qui ſans difficulté ſont les plus délicats &
les plus nobles organes, paroiſſent auant
toutes les autres parties, & meſmes auant
qu'il y ait aucun veſtige du Foye, de la Rate
& des Reins. La Bouche en tous les Animaux eſt auſſi vne des premieres formées
apres les Yeux; Les organes du mouuement
progreſſif ſe voyent en ſuite, & puis on remarque le Foye, la Rate & les autres viſ-
ceres ; comme font foy les dernieres & les
plus exactes obſeruations de l'Anatomie.
D'ailleurs nous voyons que les parties hautes ſont pluſtoſt acheuées & que les enfans
les ont plus grandes & plus fortes que les

baſſes; D'où vient qu'ils ont tous la meſme proportion qui ſe trouue dans la taille des Nains, & qu'ils ont peine à marcher, parce qu'ils ont les iambes trop courtes & trop foibles.

Or il eſt certain que tout le ſoin que la Nature prend des parties, ſoit en les formant les premieres, ſoit en auançant leur perfection, dépend de la chaleur naturelle qu'elle leur communique en plus grande abondance. Car c'eſt l'inſtrument general de toutes ſes actions & le veritable ſuiet où reſident toutes ſes facultez. De ſorte que s'il y a des parties qui ſoient formées les premieres, il faut qu'elles ayent eu les premieres portions de cette chaleur qui eſt toûjours plus pure & plus efficace dans ſa ſource : Et ſi elles ſe perfectionnent auànt les autres, il faut que ce ſoit par vne application particuliere de cette qualité qui agit là plus fortement qu'en vn autre endroit; & qui pour ce ſujet eſt inceſſamment ſecouruë par l'influence des Eſprits qui l'augmentent & la fortifient. D'où il s'en-

fuit que les Mains qui font formées auant
tant d'autres parties & qui fe trouuent plûtoft parfaites & accomplies que les Pieds,
ont eu auffi vn plus auantageux partage de
la chaleur naturelle & vne plus ample diftribution des Efprits que celles - là n'ont
euë.

Article 7.
*Que les Mains
ont plus de com-
munication a
uec les parties
nobles.*

MAIS fi nous voulons confiderer ces
parties dans vn eftat plus parfait &
dans le temps qu'elles peuuent executer
les principales fonctions où elles font deftinées, il eft certain que le Cœur, le Foye &
le Cerueau leur communiquent quelque
vertu plus grande qu'ils ne font aux autres parties. Car outre les actions de la vie
naturelle & fenfitiue qui leur font communes auec elles, le Mouuement progreffif leur eft particulierement referué. De
forte que pour faire cette action où il y a
plus de peine & où il faut plus de forces,
elles ont befoin qu'il leur vienne vn p'us
grand fecours & vne plus forte influence
de la part de ces membres principaux,qu'il
n'en eft neceffaire aux autres actions de la

vie. Ainſi il leur faut plus de ſang, plus de chaleur & plus d'eſprits ; plus de ſang pour rendre leur conſiſtance plus ferme, plus de chaleur vitale pour leur inſpirer plus de force, & plus d'eſprits animaux pour leur porter outre le ſentiment, la faculté moti- ue : Car ſans ces conditions-là ces organes ſont inutiles & aucun mouuement ne ſe peut faire. En vn mot, puis que les inſtru- mens ne ſont inſtrumens que par la vertu qu'ils tirent de la cauſe qui les employe, il faut que ces parties qui ſont les inſtrumens du Mouuement, reçoiuent auſſi des prin- cipes du Mouuement la vertu qui les fait agir ; Et par conſequent ils ont cette vertu de plus que les autres, ils ont de plus les Eſ- prits qui la leur portent, ils ont donc auſſi plus de communication auec les parties no- bles qui ſont les ſources de ces eſprits & de cette vertu.

Cette raiſon eſt à la verité commune aux Mains & aux Pieds à l'égard des autres parties ; mais ſi l'on y adiouſte l'auantage que la ſituation haute a par deſſus la baſſe, l'excellence des parties qui y ſont placées,

& les foings particuliers que la Nature en prend, comme nous auons monſtré ; elle fera voir que dans cette diſtribution d'eſprits & de vertus, les Mains ont eſté les mieux partagées, & par conſequent qu'elles ont plus de communication auec les parties nobles que les Pieds, ou quelqu'autre membre que ce ſoit.

Art. 8.
*Que les parties nobles en-
uoyent aux
Mains de ſecre-
tes vertus.*

MAIS outre cette communication qu'elles ont auec elles par le moyen des veines, des arteres & des nerfs, il y en a d'autres plus ſecretes qui ont des voyes & des paſſages plus obſcurs, & qui neantmoins découurent bien plus clairement la verité que nous cherchons. Car s'il eſt veritable ques Lignes de la Main marquent la longueur & la briéfueté de la vie, ſelon qu'elles ſont longues ou courtes, comme Ariſtote & l'experience nous l'apprennent; il faut non ſeulement qu'il y ait vn plus grand rapport & vne plus forte liaiſon des principes de la vie auec elle, qu'il n'y en a auec toutes les autres parties où ces marques ne ſe trouuent point : Mais encore il eſt neceſſaire que les parties nobles qui ſont les ſources où ces principes de vie ſont renfermez, luy communiquent quelque ſecrete influence qui ne ſe puiſſe rapporter aux vertus ordinaires & manifeſtes qu'elle en reçoit; puis que le ſang ny les eſprits, la chaleur ny le mouuement qu'elles luy diſtribuent, ne ſeruent de rien à rendre ſes lignes longues ou courtes, ny à marquer la longueur ou la briefueté de la vie.

CEtte ſecrete ſympathie qui eſt entre la Main & les parties nobles eſtant donc preſuppoſée, en attendant que nous la prouuions plus amplement par des obſeruations plus iuſtes & plus particulieres: Il faut mettre pour vn principe certain, que la Nature ne confond point les vertus, principalement les formelles & ſpecifiques qui ont tant ſoit peu d'oppoſition entr'elles, & qu'elle les ſepare touſiours autant qu'elle peut. Car ſans mettre en auant les maximes de l'Aſtrologie qui a diuiſé le Ciel en tant de Planetes & d'Eſtoiles, en tant de Signes & de Maiſons differentes en vertu:

Articl. 9.
Que la nature ne confond pas les vertus.

Il n'y a aucun ordre de choses dans l'Vniuers, où cette verité ne se reconnoisse. Dans
les Animaux parfaits les qualitez qui sont
necessaires à la generation ont esté partagées aux deux Sexes ; dans chacun d'eux
les facultez qui gouuernent la vie ont chacune leur Siege particulier ; Et tous les Sens
ont leur organe propre & leur fonction se-
parée. Qu'on examine les Plantes, les Mi-
neraux & les Pierres, on y trouuera la mesme distinction : Et sans s'amuser au détail
qu'on en pourroit faire, il suffit de la remarquer dans l'Aymant où elle est si sensible qu'on n'en peut douter sans aueuglement & sans stupidité. Car dans vn corps
homogene, dont la composition est égale
par tout & où il semble que toutes les parties deuroient auoir vne mesme puissance;
Il se trouue neantmoins qu'il y en a quelques-vnes ausquelles les qualitez magneti-
ques ont esté partagées, & qu'il y a deux
poles où elles ont esté placées separement.
Et si ce que l'on pretend auoir obserué depuis peu est veritable, qu'il y a vn Meridien fixe en cette pierre, il faut que tous
les

les autres le foient auffi, & par confequent
ils ont chacun vne inclination differente.
Tant il eft vray que la Nature ayme à feparer les vertus, tant elle en hait la confufion & le meflange. En effet fi elle ne
gardoit exactement cét ordre, les chofes
fe feroient fouuent contre fon deffein, vne
qualité en deftruiroit vne autre, & les effets ne répondroient pas à leurs caufes ny
à la fin où ils font deftinez.

SI cela eft ainfi & s'il y a des vertus particulieres que les parties nobles communiquent à la Main, il faut qu'elles ne
fe confondent point enfemble, qu'elles ne
foient pas placées en mefme endroit ; Et
partant il faut qu'il y ait vn lieu deftiné
pour celle du Foye, vn autre pour celle du
Cœur, & ainfi de toutes les autres.

Article 10. Que les vertus des parties no-bles ne font pas placées aux mef-mes endroits de la Main.

Mais la grande difficulté eft de fçauoir
quels font ces endroits & ces lieux particuliers où ces influences font receuës. Car
bien que la Chiromance nous affeure que
le premier doigt a fympathie auec le Foye,
le fecond auec la Rate, le troifiéme auec le

BBb

Cœur, &c. Elle n'apporte aucune preuue
conuaincante de cette verité ; Et quelques experiences qu'elle mette en auant
pour la foustenir, elles laissent toûjours en
doute ceux qui ne se veulent payer que de
raisons , & passent souuent dans leur esprit
pour des phantaisies & des grotesques que
la curiosité humaine s'est forgées. A la
verité qui pourroit bien establir cette sympathie par des obseruations qui fussent
faites dans vn autre ressort que celuy de la
Chiromance, & que la Medecine ou quelqu'autre partie de la Physique eût fournies ; il se pourroit vanter d'auoir décou-
uert le mystere de cette science , & d'auoir
trouué l'vnique fondement sur lequel la
verité de tous les autres est appuyée. Pour
moy ie ne pretends pas apporter toutes
celles qui seroient necessaires pour en faire la preuue entiere : Ie croy neantmoins
en auoir quelques-vnes qui la peuuent
commencer ; Et qui apres en auoir demon-
stré vne partie, laisseront vne presomption
inuincible pour tout le reste, & l'esperance qu'on pourra l'acheuer apres auoir soi-

gneufement obferué ce qui arriue à cét organe admirable.

Art. ii.
Que le Foye a sympathie auec le doigt Index.

L A premiere que nous deuons donc propofer, eft pour monftrer le confentement & la fympathie que le Foye a auec le premier doigt que l'on nomme *Index*. Elle eft tirée de la Medecine qui nous apprend que la Ladrerie a fa fource & fon fiege principal dans le Foye ; & qu'vn des premiers fignes qu'elle donne pour fe faire connoiftre, paroift à ce doigt-là. Car lors que tous les mufcles de la Main & de tout le Corps mefme font pleins & fucculens, ceux qui feruent au mouuement de ce doigt fe fletriffent & fe deffeichent ; principalement celuy qui eft dans le Thenar, c'eft à dire, dans l'efpace qui eft entre luy & le poulce ; où tout ce qui eft de charneux fe confume & où il ne refte que la peau & les fibres qui font applaties contre l'os. Or cela ne peut arriuer de la forte qu'il n'y ait quelque analogie & quelque fecret commerce entre le Foye & cette partie, puifque c'eft vne des premieres

qui reffent l'alteration qui fe fait dans fa
fubftance : Eftant vray de dire qu'il n'y a
point de maladie qui corrompe tant la
nature du Foye & qui deftruife non feulement fa vertu mais fa fubftance mefme,
comme celle-cy, qui pour ce fuiet eft appellée le Cancer vniuerfel du Foye & de
la maffe du fang. Galien fans doute igno-
roit cette fympathie que le raifonnement
tout feul ne fçauroit découurir , quand
pour en eftre inftruit il eût befoin qu'elle
luy fuft reuelée en fonge : Car il rapporte
que s'eftant trouué attaqué d'vne violente douleur qui luy faifoit craindre vn abf-
çez dans le Foye, il eut aduis en dormant
de fe faire ouurir l'artere qui coule le long
de ce doigt, & que ce remede luy appai-
fa en vn moment la douleur qu'il auoit
reffentie fort long-temps auparauant. Ce
qui marque éuidemment qu'il y a quelque communication particuliere entre ces
deux parties & quelque amitié fecrete qui
les lie enfemble.

L A seconde observation est pour montrer celle que le Cœur a aussi auec le
troisiéme doigt que l'on appelle Annulai-
re, parce qu'on y porte ordinairement les
anneaux. Car c'est vne chose merueilleu-
se, que lors que la goute tombe sur les
mains, ce Doigt en est toûjours le dernier
attaqué; Et Leuinus rapporte qu'en tous
ceux qu'il a veus trauaillez de ce mal, le
troisiéme Doigt de la main gauche s'est
toûjours trouué libre, pendant que les
autres estoient cruellement affligez d'inflammation & de douleur.

Art. 12.
*Que le Cœur a
sympathie auec
le doigt Annu-
laire.*

Or comme les parties resistent plus ou
moins aux maladies selon qu'elles ont plus
ou moins de force, & que la force dépend du plus ou du moins de chaleur naturelle qu'elles ont, il faut que ce Doigt
en ait plus que les autres, puis qu'il resiste dauantage au mal qu'elles ne font.
Et parce que le partage de la chaleur naturelle vient, ou de la premiere conformation des parties, ou de l'influence que
le principe de la chaleur leur communi-

BBb iij

que ; Et qu'il n'y a pas d'apparence que ce
Doigt qui a la mesme structure & la mesme composition que les autres ait plus
qu'eux de cette chaleur fixe & originelle
qui se départ à la naissance ; il s'ensuit que
celle qu'il a , vient de l'influence que le
principe de la chaleur luy enuoye plus
abondamment qu'aux autres ; Et par consequent il a plus de communication, plus
de dépendance & plus de liaison auec le
Cœur, qui sans contestation est le principe de cette chaleur , que n'ont tous les
doigts ensemble.

Cette sympathie n'a pas esté ignorée de
l'antiquité ; Et l'Histoire nous apprend que
les anciens Medecins ont creu que ce Doigt
auoit quelque vertu cordiale , s'en ser-
uant priuatiuement à tous les autres pour
mesler les medicamens qui entroient
dans leurs antidotes ; D'où vient qu'ils
luy ont donné le nom de doigt Medi-
cal que la langue Latine luy conserue
encore ; Que c'est vne des raisons pour laquelle on y a tousiours porté les anneaux ;
Et que plusieurs y appliquent des remedes

pour les foiblesses du Cœur, comme Leuinus dit en auoir souuent fait l'experience, & pour la guerison des fiévres inter-
mittentes, comme quelques-vns font encore auec heureux succez. Aussi y a-t'il
long-temps qu'on s'est mis en peine de
trouuer la cause de l'intelligence & du rapport qui est entre ces deux parties : Car
les vns côme Appion dans Aule-gelle, ont
dit qu'il y auoit vn nerf qui procedoit du
Cœur & aboutissoit à ce doigt ; D'autres
ont asseuré que c'estoit vne artere qui fai-
soit cette liaison ; Et qu'on la sent manife-
stement battre aux femmes qui accou-
chent, à ceux qui sont lassez du trauail &
en toutes les maladies où le Cœur est attaqué. Mais quoy que cette derniere opinion soit la plus vray-semblable, elle n'oste
pas tout à fait la difficulté, parce que les
autres doigts ont chacun vne artere aussi
bien que celuy cy, laquelle vient du mesme rameau & de la mesme source que la
sienne. Ioint qu'il n'est pas necessaire qu'il
y ait des conduits manifestes pour porter
ces vertus, la Nature comme dit Hippocra-

te fe faifant des voyes & des chemins fecrets pour faire non feulement paſſer ſes
facultez mais les humeurs mefmes qu'elle
veut chaſſer.

Art. 13.
Que la Rate
a fympathie
auec le grand
doigt.

IE pourrois adiouſter pour vne troiſiéme
Obſeruation qui feroit voir la fympathie de la Rate auec le grand Doigt, les merueilleux effets que l'ouuerture de la Salua-
telle produit dans les maladies de la Rate.
Car cette veine coulant ordinairement entre le grand Doigt & le troiſiéme comme
dit Hippocrate, ou entre celuy-cy & le
petit, enuoyant quelque rameau au grand
Doigt; on peut tres-probablement croire
que la vertu de la Rate fe porte par cette
veine à ce Doigt-là, & que le troiſiéme
eſtant occupé par l'influence du Cœur il
ne peut receuoir celle de la Rate, s'il eſt
vray que les vertus ne fe confondent point
comme nous auons monſtré. En effet quoy
qu'en veuillent dire nos nouueaux Practi-
ciens, l'experience iointe à l'authorité des
premiers maiſtres de l'Art eſt plus forte que
toutes les raifons qu'ils fçauroient apporter.

ter. Car outre qu'il eſt dangereux de vouloir ſoûmettre toutes les regles de la Medecine au raiſonnement qui ſouuent eſt
foible ou trompeur , & d'abandonner les
ſentimens des Anciens qui ont eſté plus iuſtes obſeruateurs des choſes que ceux qui
ſont venus apres eux ; Ie puis dire auec verité qu'ayant fait faire plus de ſoixante
fois l'ouuerture de cette veine dans les fiévres quartes , elle n'a iamais manqué apres
les preparations neceſſaires , ou de faire ceſſer la fiévre, ou d'en rendre les accez plus
legers. Qu'ils n'aillent point raiſonner ſur
la diſtribution ny ſur la grandeur des vaiſſeaux; Comme vn meſme tronc d'arbre a diuers rameaux qui n'ont pas vne meſme vertu,& qu'il y en a qui portét des fleurs ou des
fruits & d'autres qui n'en ont point. Auſſi
quoy que toutes les veines du Bras & de la
Main viennent d'vn meſme tronc, elles
n'ont pas les meſmes employs & ce ne ſont
que des canaux par leſquels diuerſes facultez peuuent couler : De ſorte que celle que
la Rate enuoye, peut toute paſſer à la Salua-
telle ſans ſe partager aux autres ; Tout de

Ccc

mefme que les parties fe déchargent feulement fur celles qui leur font particulierement affeétées, quoy qu'elles ayent connexion auec d'autres par leurs vaiffeaux &
par leur fituation; d'où viennent les diuers tranfports des humeurs & les changemens que les maladies font d'vn lieu à
l'autre comme nous dirons plus amplement cy-apres.

Quant à la grandeur des veines qui en
rend les éuacuations plus vtiles que ne
font celles des petites, c'eft vne chofe veritable quand il eft queftion de diminuer
la plenitude vniuerfelle du corps : Mais
pour décharger quelque partie, fouuent
les plus petites pourueu qu'elles luy foient
voifines & qu'elles ayent quelque fecrete
focieté auec elle, le font plus feurement &
plus efficacement que les grandes. Enfin
puifque c'eft vne opinion receuë de tout
temps que l'ouuerture de cette veine eft
vtile aux maladies de la Rate comme on
peut voir dans les efcrits d'Hippocrate,
de Galien & de tous les Arabes, il n'eft pas
vray-femblable qu'elle ait efté approuuée

par de fi grands efprits & qu'elle ait fur-
monté tant de fiecles pour venir iufques à
nous, fans auoir efté fouftenuë de l'experience, puifque la raifon ne pouuoit donner fondement à cette creance. Et fi c'eft
par cette voye que ce remede a efté connu, il ne faut point le mettre à l'examen
des raifons, non plus que les facultez pur-
gatiues ny toutes les autres vertus fpecifi-
ques dont la Medecine eft toute pleine.

Pour reprendre le fil de la preuue que
nous auons laiffée; Nous auons dit qu'il
y auroit lieu d'employer cette obferuation pour eftablir la fympathie de la Rate
auec le fecond Doigt. Mais fi les exemples finguliers pouuoient feruir de preuues aux maximes generales, ie puis affeurer que i'en ay vn qui fortifie merueilleu-
fement cette fympathie. Car ie connois
vn Homme qui eft fujet aux maux de Rate, lequel n'en eft iamais attaqué que le
grand Doigt de fa main Gauche ne de-
uienne froid, ftupide & pafle, comme s'il
eftoit priué de vie. On y pourroit mefme
adioufter l'Hiftoire qu'Hippocrate rap-

porte au 4. des maladies populaires, de cette femme dont les Hypochondres eſtoient ſi tendus & la reſpiration ſi empeſchée, à qui il ſuruint l'vnziéme iour vne fluxion & inflammation à ce meſme Doigt, dont elle ſe trouua ſoulagée pour quelque temps ; quoy qu'aprés la violence de la fiévre & l'abſcés qui ſe forma dans les entrailles la firent mourir. Car on peut coniecturer de là, qu'vne portion de l'humeur qui eſtoit dans la Rate ſe déchargeoit ſur ce Doigt comme ſur vne partie qui a liaiſon & conſentement auec elle, & que cette petite décharge luy donna quelque ſoulagement; mais que toute la cauſe du mal ne pouuant eſtre contenuë en vn ſi petit lieu, le reſte cauſa l'abſcés dont elle mourut. Neantmoins pour en parler franchement ce ne ſont là que des coniectures que nous ne pouuons faire aller du pair auec les obſeruations precedentes qui ſemblent demonſtratiues de la verité que noüs cherchons.

ET il feroit à fouhaiter qu'on en euft
de femblables pour montrer diftin-
Ctement le refte des fympathies que les
autres parties interieures ont auec les autres endroits de la Main. Mais dans la negligence qu'on a euë de les chercher, il eft
touſiours vray de dire, que puifque celles
du Cœur & du Foye font certaines & indubitables, il faut que les autres le foient auffi,
quoy qu'elles ne nous foient pas manifeftes: Et que non feulement le Cerueau &
les autres parties qui ont vne fonction
publique & principale auffi bien que le
Cœur & le Foye; mais encore la Rate, l'E-
ftomach, le Poulmon, les Roignons &
peut eftre quelqu'autre encore, ayent chacune dans la Main leur lieu propre & affe-
Cté auec lequel elles ont confentement &
communication.

Art. 14.
Que toutes les autres parties interieures ont fympathie auec la Main.

DE forte qu'on peut affeurer pour
preuue de cette intelligence fecrete que les parties ont les vnes auec les
autres & pour l'honneur de celle dont

Art. 15.
Le vifage eft vn abregé de toutes parties exte-rieures.

Ccc iij

nous parlons; Que la Main & le vilage contiennent en abregé toutes les parties du
Corps : Car celuy-cy eſt vn racourcy de
tous les membres exterieurs, n'ayant aucune partie qui n'ait ſon rapport particulier & manifeſte auec quelqu'vn d'eux ;
comme celle-là l'eſt auſſi de toutes les parties interieures n'ayant aucun endroit qui
n'ait ſa liaiſon & ſa ſympathie auec quelqu'vne d'elles. Et ſans doute c'eſt là vne
des principales raiſons pour laquelle ils
ont eu tous deux vne conſtitution de cuir
toute particuliere, & que la peau qui par
tout ailleurs eſt ſeparée des muſcles, y eſt
tellement vnie qu'il eſt impoſſible de l'en
ſeparer : La Nature qui a deſtiné ces parties pour eſtre comme les miroirs où ſe
doiuent repreſenter toutes les autres, ayant
voulu que la chair y fut iointe au cuir,
afin que l'impreſſion qu'elle reçoit des
nerfs, des veines & des arteres qui y ſont
répanduës, ſe communiquaſt plus facilement & paruſt plus promptement au dehors. Ce qui ſe trouue auſſi dans la plante
des Pieds qui participent en quelque ſorte

aux mefmes aduantages qu'ont les Mains,
& fur lefquels on a eftably la Podomance
qui promet les mefmes chofes que la Chiromance, mais auec moins de fuccez pour
les raifons que nous dirons.

MAIS ce n'eft pas feulement entre les
parties exterieures & manifeftes
que cette focieté fe trouue, il y en a vne autre plus generale qui a efté connuë d'Hippocrate,& qui a feruy de fondement à cette ingenieufe diuifion des veines qu'il a
faite au Liure des Os. Car cét admirable
Efprit ayant confideré les diuers tranfports
des humeurs , & les changemens des maladies qui fe font fi fouuent de certaines parties aux autres , a marqué les veines par
lefquelles ils fe pouuoient faire & qu'il falloit ouurir pour y remedier.Et pour y garder vne methode qui en oftaft la confufion,
il a eftably plufieurs chefs & comme diuers
articles , où il a voulu commencer la diftribution de ces vaiffeaux; Car il a pofé le premier au Cœur, le fecond aux Reins, le troifiéme au Foye ,le quatriéme aux Yeux, &

Art. 16. *Que toutes les parties ont fympathie les vnes auec les autres.*

le cinquiéme à la Teſte , d'où il fait ſortir
quatre paires de veines qui ſe répandent
apres en diuers lieux.

CE n'eſt pas qu'il creuſt que ce fuſſent là
les premieres ſources d'où les veines
tirent leur origine, comme Ariſtote, Galien, & preſque tous leurs Sectateurs luy
ont impoſé ; puiſqu'il ſçauoit qu'elles ont
toutes leur racine dans le Foye, d'où elles
ſe diſtribuent à toutes les parties du Corps
pour leur porter la nourriture ; comme il
fait voir en ſuite dans la diſtribution qu'il
fait de la veine hepatique & qu'il a encore
rapportée au 2. liure des maladies populaires : Mais c'eſtoit pour marquer le conſentement qui eſt entre ces cinq parties &
les autres, & les maladies & les ſymptomes
qu'elles ſe communiquent mutuellement.

Ainſi quand il dit que l'œil gauche reçoit vne veine de l'œil droit, & celuy-cy
vne du gauche, il ne faut pas prendre cela
à la lettre, comme ſi veritablement ces veines prenoient leur origine en ces lieux-là :
Mais c'eſt pour monſtrer que les maladies
d'vn

d'vn œil fe communiquent à l'autre, comme s'ils auoient des veines qui les leur por-
taffent directement. C'eft à la verité par le
moyen des veines que cette communication fe fait, & ces veines partent mefme de
quelque rameau commun ; mais il eft fi
éloigné des Yeux qu'on ne peut pas dire
précifement qu'ils fe donnent des veines
l'vn à l'autre, fi ce n'eft en confideration de
cette fympathie qu'ils ont enfemble. Et
cela eft fi veritable que fouuent mefme il
ne confidere point la continuité des veines
dans la diftribution qu'il en fait, puifqu'il
monftre que la Tefte & les Poulmons ont
confentement auec la Rate, quoy que les
veines de la Rate ne foient point vnies ny
continuës auec celles de ces parties: parce
qu'il fuffit pour le confentement dont il
parle, que ces veines ayent communication enfemble par quelque moyen que ce
foit, comme nous dirons cy-apres.

Mais pour faire voir plus particulierement le fecret & l'vtilité de cette admirable diftribution, il en faut examiner quelques articles. Car quand il nous apprend
DDd

que de ces quatre paires de veines qui sortent de la Teſte, il y en a vne laquelle a deux
rameaux qui partent des Temples & deſcendent dans les Poulmons, dont l'vn paſſe
du coſté droit au gauche, & va dans la Rate & dans le Rein gauche ; Et l'autre part
du coſté gauche, & va au Foye & au Rein
droit ; & puis aboutiſſent tous deux aux
veines Hemorrhoïdales : Ne nous monſtre-
t'il pas par là non ſeulement pourquoy
l'ouuerture des Hemorrhoïdes ſert à ceux
qui ont la Nephretique, la Pleureſie,
& la Peripneumonie ; Mais encore pourquoy leur ſuppreſſion cauſe l'Hydropiſie
& la Pthiſie. Car bien qu'il y ait d'autres
lieux où il ſemble que le reflux du ſang
qu'elles contiennent ſe pourroit faire,
neantmoins le conſentement qu'elles ont
auec le Foye & auec le Poulmon, eſt cauſe
qu'il ne ſe fait point ailleurs.

Et ſans doute ces rameaux qui en deſcendant vont du coſté droit au gauche & du
gauche au droit, nous marquét la cauſe que
l'on a tant cherchée inutilemét, pourquoy
les abſcez qui ſe font de haut en bas, ne ſe

trouuent pas touſiours du meſme coſté où
eſt la ſource de la maladie, mais tantoſt à
droit & tantoſt à gauche ; Quoy que ceux
qui ſe font de bas en haut gardent toûiours
la Rectitude de la partie où eſt le ſiege du
mal : Car ſans cette diſtribution de veines,
il eſt impoſſible de rendre raiſon de tous
ces accidens.

Sans elle on ne ſçauroit point encore
pourquoy la Poitrine & les parties Genitales ont entr'elles vne ſi grande correſpondance, que la toux ceſſe quand elles ſe tu-
mefient ; que leur enfleure ſe diſſipe quand
la toux leur ſuruient ; Et que meſmes les
varices qui leur arriuent corrigent les deffauts qui rendent la voix greſle ou en-
roüée.

Enfin c'eſt l'vnique ſecret pour découurir les chemins que la Nature tient dans
le tranſport des humeurs qu'elle fait d'vne
partie à l'autre, & pour diſcerner les veines qu'il faut ouurir en chaque maladie.
Car bien qu'elles ayent toutes vne meſme
racine, quoy que pluſieurs ayent des rameaux communs qui leur deuroient di-

ſtribuer également le ſang & les humeurs
qu'ils contiennent; Neantmoins la correſpondance & l'amitié qui eſt entre les parties, fait que la Nature les pouſſe pluſtoſt
par vne veine que par l'autre, & que choi-
ſiſſant celle qui eſt la plus commode pour
cela, elle laiſſe les autres qui luy ſont proches & qui ont vne meſme origine.

Cela paroiſt éuidemment dans la ſympathie dont nous auons apporté cy-deuant
de ſi preſſans exemples : Car vray-ſembla-
blement c'eſt par les veines & par les arteres que coule cette vertu ſecrete que le
Cœur & le Foye communiquent à certains
doigts ; Cependant toutes celles qui ſont
dans la Main n'y ſont pas employées, &
quoy qu'elles ſortent d'vn meſme rameau
il n'y en a qu'vne qui porte la vertu du
Cœur & vne autre celle du Foye : Autrement il n'y auroit point de lieu déterminé pour receuoir leur influence & tous les
Doigts de la Main qui ont des veines & des
arteres la receuroient également, ce qui
eſt contre l'experience.

Auſſi à vray dire tous ces vaiſſeaux ne

font que des canaux & des conduits qui ne peuuent, non plus que ceux des fontaines, donner le mouuement aux humeurs. Mais ce font les Efprits feuls qui les portent & les entraifnent aux lieux où ils ont ordre d'aller: Et comme le confentement que les membres ont les vns auec les autres s'en-tretient par le moyen de ces Efprits, il ne faut pas douter que le fang auec lequel ils font meflez, n'aille comme eux d'vne par-tie à l'autre & ne faffe en fuite cette admi-rable harmonie des veines qu'Hippocrate a remarquée.

Car c'eft là fans doute le fondement fur lequel luy & les anciens maiftres de la Me-decine ont obferué dans vn mefme mem-bre des veines qui auoient correfpondance auec diuerfes parties; comme dans le Bras la Cephalique l'a auec la Tefte, l'Hepatique auec le Foye, la Splenetique, auec la Ra-te; Qu'ils ont toûjours regulierement ou-uertes dans les maladies particulieres de ces parties, ne s'arreftant pas aux foibles rai-fons que l'infpection des Corps & l'amour de la nouueauté ont depuis authorifées.

ET certainement fi l'on n'a recours à cette direction des Efprits, on ne fçauroit iamais rendre raifon de la Rectitude que la Nature garde dans fes mouuemens quand elle en eft abfolument la maiftreffe, & que la Medecine imite dans les éuacuations qu'elle ordonne. Car quand dans les inflammations du Foye l'Oreille droite deuient rouge ; Qu'il vient des vlceres à la Main & au Pied droit ; Que le fang fort de la narine du mefme cofté ; ou qu'il fe fait abfcez à l'Oreille droite : Et qu'au contraire tous les mefmes accidens arriuent au cofté gauche dans les inflammations de la Rate. Quand dif-je la Medecine commande de faire les faignées du mefme cofté qu'eft la maladie ; Et qu'elle nous enfeigne que toutes les éuacuations qui fe font au cofté oppofite font perilleufes fi elles fe font d'elles-mefmes, ou inutiles fi elles fe font par l'art. Quelle autre raifon de cette regularité pourroit fatisfaire l'efprit que celle que nous auons apportée ? Car ce que l'on dit des Fibres droites qui entrent dans la com-

poſition des vaiſſeaux , par leſquels on veut
que les humeurs ſoient attirées , eſt tout à
fait impertinent : Veu qu'elles ſont incapa-
bles de faire cette attraction comme nous
auons demonſtré ailleurs ; Qu'elles ſe trouuent également en tous les coſtez du vaiſſeau & par conſequent ne peuuent determiner le mouuement des humeurs à l'vn
pluſtoſt qu'à l'autre ; Qu'il n'y a pas toûjours des Fibres pour fauoriſer cette Rectitude , puiſque de la Rate à la Narine gauche , il n'y en peut auoir aucune , les veines
du Nez procedant de la veine Caue auec
laquelle la Rate n'a aucune liaiſon ; Et que
enfin les humeurs qui ſe trouuent hors des
vaiſſeaux , les vapeurs meſmes & les qualitez toutes ſimples ſe communiquent d'vne
partie à l'autre de la meſme façon , ſans
qu'il y ait de Fibres qui agiſſent en ces rencontres , & qui , s'il y en auoit, ſeroient inutiles au tranſport des vapeurs & des qualitez.

De dire auſſi que cela ſe faſſe par des conduits ſecrets qui ſe trouuent dans les chairs
& qui vont de bas en haut , ſans que ceux

qui font d'vn cofté ayent communication
auec ceux de l'autre: C'eft vne pure imagination qui n'a aucune vray-femblance;
puifque c'eft le plus fouuent par les veines
que ces éuacuations fe font; Et qu'il faudroit que les humeurs qui coulent par ces
conduits fecrets entraffent dans les veines
où il n'y a pourtant point de paffages ; Il
faudroit qu'il fe trouuaft encore des conduits qui allaffent de trauers , puifque les
humeurs vont tantoft du cofté Droit au
Gauche, tantoft du Deuant au Derriere,
& le plus fouuent du Centre à la Circonference. Apres tout, dans l'vne ou l'autre
de ces opinions on ne void pas pourquoy
il y a tant de peril quand la Rectitude n'eft
pas gardée dans les éuacuations des humeurs.

Mais fuppofé qu'elles fe faffent par la
direction des Efprits , il eft aifé de iuger
qu'il faut que la Nature foit fort oppreffée
quand elle ne garde pas l'ordre qui luy a
efté prefcrit , & quand elle s'égare de fon
chemin ordinaire pour fuir l'ennemy qui
la preffe. Car c'eft la mefme raifon pour
laquelle

laquelle les mouuemens qu'elle fait dans
les fiévres aiguës en des iours pairs, font
toufiours dangereux ; parce que c'eft vne
marque de la violence qu'elle fouffre & du
defordre où la grandeur du mal l'a fait tom-
bei qui luy fait oublier les iours impairs
dans lefquels elle doit attaquer la bile qui
eft la caufe de ces maladies.

Quoy qu'il en foit, la Rectitude dont
nous parlons vient infailliblement des Efprits qui conduifent les humeurs dans
l'eftenduë d'vne moitié du Corps, fans les
porter à l'autre, s'il n'y a quelque grand
empefchement. Car la Nature a tant de
foing de la conferuation des chofes viuantes & animées, qu'elle les a prefque toutes
diuifées en deux moitiez ; afin que s'il ar-
riuoit que l'vne fouffrit quelque alteration, l'autre peuft s'en garantir, & conferuer ainfi en elle la nature du tout. Or cette diuifion eft reelle & manifefte en quelques fujets, comme dans les graines & fe-
mences des plantes qui font toutes compofées de deux portions, lefquelles fe peuuent feparer ; Et dans tous les membres de

l'Animal qui font doubles. En d'autres elle
eft obfcure & ne paroift pas dans vne feparation actuelle des parties, mais feulement dans les operations qui monftrent
qu'elles ont chacune leur iurifdiction diftincte & leurs interefts differens, comme
eft celle dont nous parlons qui diftingue
tout le corps en deux moitiez, dont l'vne
eft à droit, & l'autre à gauche : Telle encore eft celle qui fe trouue dans les membres
qui font vniques comme le Cerueau , la
Langue, le Nez, &c. où nous voyons fouuent vne moitié qui eft attaquée du mal,
& l'autre qui en eft exempte, quoy qu'il
n'y ait aucune feparation entr'elles.

S'il eft donc vray que la Nature pour
conferuer vne moitié du Corps charge l'autre de tout le defordre qui luy arriue & empefche que les humeurs qui la trauaillent
ne fortent point hors de fes bornes pour
fe ietter fur l'autre ; il ne faut pas douter
que les Efprits qui font les premiers & fes
principaux orguanes ne la feruent en cette
entreprife, & que ce ne foit eux qui portent les humeurs d'vn endroit à l'autre

dans l'eſtenduë qu'elle leur preſcrit. Que
s'il arriue que pour faire ce tranſport il
faille ſe ſeruir des veines qui ſont de l'autre coſté , ils n'oublient pas pour cela le
deſſein de la Nature ny les ordres qu'ils en
ont receus , & ne font que paſſer s'il faut
ainſi dire , ſur les limites de leurs voiſins
pour arriuer au lieu où ils doiuent abor-
der. Ainſi quand pour décharger la Rate
des humeurs qui l'incommodent , il ſuruient vn ſaignement de nez par la Narine
gauche , il faut de neceſſité qu'elles paſſent
des veines de la Rate dans la veine Caue ,
qui eſt du coſté droit : Mais les Eſprits les
ſçauent conduire de telle ſorte , qu'à la fin
elles retournent ſur la meſme ligne & dans
cette moitié du Corps où la Rate ſe trouue. Mais c'eſt entrer trop auant dans les
ſecrets de la Medecine ; il ſuffit de dire que
la communication que les veines ont les
vnes auec les autres dans cette ingenieuſe
diſtribution qu'Hippocrate en a faite, procede des Eſprits qui portent les humeurs
de l'vne à l'autre, ſelon le rapport & le conſentement que les parties ont enſemble,

ou selon la Rectitude qu'elles gardent entr'elles.

Article 10.
Que les Astres
dominent dans
les diverses par-
ties de la Main.
POVR retourner à la Sympathie que les
membres interieurs ont auec les diuerses parties de la Main ; Ie croy que les raisons que nous auons apportées pour la soustenir, si elles ne conuainquent tout à fait
les plus opiniastres, laisseront du moins
dans leur esprit de grands soupçons de la
verité. Et ie ne doute point que la Chiromance n'en doiue estre satisfaite, puisque
luy ayant esté inconnuës iusques icy, elles establissent le principal de ses fondemens ; Et qu'il luy sera facile apres d'y ap-
puyer les maximes de l'Astrologie qui luy
doiuent fournir la pluspart de ses regles &
seruir de caution à ses plus grandes pro-
messes.

En effet s'il est vray que les parties interieures soient gouuernées par les Planetes, & qu'elles reçoiuent de ces Astres
quelque influence particuliere comme
l'Astrologie enseigne ; il faut de necessité
qu'auec la vertu que ces parties enuoyent

à la Main, celle que les Planetes leur communiquent y foit auffi portée ; Et qu'au
mefme Doigt où le Cœur par exemple influë fa vertu, la Planete qui a la direction
du Cœur y faffe auffi couler la fienne ; n'e-
ftant pas vray-femblable que celle-cy s'ar-
refte au Cœur pendant qu'il fait part à la
Main de celle qui luy eft propre & naturelle : Puifque fuppofé la verité des influences celeftes, on doit dire que de ces deux
vertus il ne s'en fait qu'vne qui eft l'vnique
difpofition effentielle & la proprieté fpe-
cifique de chaque partie. Or eft-il que c'eft
vne conclufion de l'Aftrologie prouuée par
fes principes & par fes obferuations ; Que
le Foye eft gouuerné par Iupiter, la Rate
par Saturne, le Cœur par le Soleil & ainfi
des autres ; il faut donc que le premier
Doigt foit auffi gouuerné par Iupiter, le
fecond par Saturne, le troifiéme par le Soleil &c. puifque ces parties principales ont
fympathie & confentement auec ces
doigts, & qu'elles leur communiquent la
vertu qu'elles ont. Ainfi il ne faut plus
s'eftonner de ce que la Chiromance a chan-

gé l'ordre des Planetes dans la Main ; ny demander quoy elle a pluftoft placé Iupiter
au premier Doigt, & le Soleil au troifiéme,
qu'en vn autre endroit, parce que la Nature du Cœur & du Foye, & la fympathie
qu'ils ont auec ces Doigts luy ont marqué
ces lieux comme les maifons particulieres
que ces Planetes ont dans la Main, ainfi
qu'elles en ont dans les Cieux qui leur font
affectées.

Toute la difficulté fe reduit donc à ce
point de fçauoir fi veritablement ces Aftres
gouuernent les principales parties du
Corps, & s'ils leur communiquent quelque vertu fecrete qui foit caufe de la bonne ou mauuaife difpofition qu'elles ont.

Mais de vouloir porter cette Queftion
iufques où elle pourroit aller, & en examiner toutes les fuites & les circonftances
auec la feuerité que la Philofophie apporte en ces matieres; Outre que ce feroit mettre en compromis les veritez que l'Aftrologie met au rang des chofes iugées & que
fes plus opiniaftres ennemis font contraints
d'aduoüer pour la plus grande part. Cela

demanderoit vn difcours qui paſſeroit les
bornes de noftre deſſein , & choqueroit
meſme la methode auec laquelle toutes les
Sciences veulent eftre traitées. Car elle ne
veut pas qu'on entre en doute ny en conteſtation de toutes les choſes qui s'y rencontrent ; Elle deffend particulierement de
mettre à la cenſure les principes ſur leſquels
elles ſont eftablies , & fait paſſer ceux qui
ſont pris des concluſions des Sciences ſuperieures , quelques douteux qu'ils ſoient ,
auec le meſme priuilege que peuuent auoir .
les maximes & les notions communes des
Mathematiques. C'eft aſſez pour la Chiromance que la Phyſique ſouftienne ſes premiers fondemens ; Tout ce qu'elle reçoit
apres de l'Aftrologie luy doit eftre alloüé,
ou du moins eftre mis en ſurſeance iuſques
à ce qu'on examine le fonds de l'Aftrologie
meſme.

POVR ne laiſſer pas neantmoins le ſou-
pçon que les concluſions que celle cy
luy donne pour Principes , ſoient tout à
fait imaginaires & contraires à la verité ;

Art. 12.
Que les Aftres
gouuernent les
parties inte-
rieures.

Il faut faire voir par quelques obferuations qui ne puiffent eftre conteftées ; Qu'il y a des parties du Corps qui font fous la dire-ction particuliere de quelques Planetes.

Cela ne fera pas mal-aifé pour quelques-vnes ; Et quoy qu'en reiettant les experiences que l'Aftrologie nous pourroit fournir fur ce fujet, nous n'en ayons pas affez d'autres pour faire la preuue entiere de cette verité ; Les premieres feruiront de prejugé pour le refte, & laifferont vne conjecture bien fondée pour croire que chaque membre eft gouuerné par vn de ces Aftres, & que le Principe que l'Aftrologie en a fait pour la Chiromance, n'eft pas mal eftably.

Art. 21.
Que la Lune domine fur le Cerueau.

COmmençons donc par le Cerueau. On ne fçauroit contefter que la Lune n'ait vn fecret empire fur luy, & qu'elle ne luy faffe fentir fon pouuoir plus manifeftement qu'elle ne fait aux autres : Car il s'enfle & s'abaiffe, s'augmente & fe diminuë felon que cét Aftre eft en fon croiffant ou en fon declin. C'eft pourquoy la Medecine

qui

qui n'ignore pas ces changemens , a foing
que le Trepan qu'elle ordonne foit conduit
auec plus de précaution dans la pleine Lune ; parce qu'elle fçait qu'alors le Cerueau
eft auffi dans fon plein, & qu'en faifant approcher plus prés de l'os, les membranes qui
l'enuironnent , il les expofe au peril d'eftre
plus facilement touchées par l'inftrument.

Mais les maladies de cette partie
qui ont leurs accez & leurs reprifes felon
le cours de la Lune , monftrent éuidemment la liaifon & la fympathie qui eft entr'elles. Car il y en a qui fuiuent fi regulierement fes mouuemens qu'elles en peuuent
eftre les Ephemerides ; Et bien qu'elle foit
fous l'horizon , bien que les malades taf-
chent par tous moyens de fe mettre à couuert de fes influences , tout cela n'empefche pas que le débordement d'vne fluxion
qui vient à poinct-nommé dans le changement de fes quartiers , ne les faffe fentir
fans les voir dans les Cieux ny dans les Al-
manachs.

Les affauts de l'Epilepfie ne fuiuent-ils
pas pour l'ordinaire les mouuemens de cet-

te Planete ? N'y a-t'il pas des efpeces de fo-
lie qu'on appelle lunatiques?Et les cheuaux
mefmes n'ont-ils pas des maladies de tefte
qui portent ce nom là, parce que les vnes
& les autres fuiuent le mouuement de la
Lune ? Enfin ne fçait-on pas que les raiz
de cét Aftre caufent des fluxions opiniaftres, & font perdre la couleur du vifage,
fi on y eft long-temps expofé, principalement durant le fommeil.Or tous ces effets
ne fe peuuent rapporter qu'aux Influences,
parce que la plufpart furuiennent fouuent
quand elle eft cachée fous la terre,& qu'en
cét eftat fa lumiere ny la vertu magnetique
qu'on luy donne,ne peuuent agir fur nous.

Auffi ne doute-t'on plus de la verité de ces qualitez fecretes, apres les obferuations qu'on a faites d'vne infinité
d'effets qu'elles produifent; Et entr'autres
du Flux de la mer, qui fans conteftation
fuit le mouuement de la Lune, commen-
çant toufiours quand elle fe leue fur noftre
horizon ou fur celuy de nos Antipodes, &
fe trouuant en fa plus grande force quand
elle a atteint leur Meridien ou le noftre.

Car si l'on peut demonstrer, comme il nous
seroit facile de le faire, si ce lieu pouuoit
souffrir la longueur du discours qu'il y faudroit employer, si dis-je on peut demonstrer que le Flux ne peut proceder ny du
mouuement de la terre, ny de la lumiere
des Astres, ny d'aucune vertu magnetique,
ny par l'impulsion de la Lune, ny par la
Rarefaction que la chaleur fasse dans l'eau,
il ne reste plus que les Influences qui puissent estre cause de cét admirable mouuement ; & qui sans doute le sont aussi de
tous les accidens que nous venons de marquer.

OVE si on les reconnoist dans cét Astre,
& si c'est par elles qu'il a la direction
d'vne des principales parties du Corps; On
ne sçauroit douter que le Soleil qui est le
Roy & comme le Pere de toutes les autres
Planetes, n'en ait encore de plus puissantes;
Et que luy qui concourt à la generation de
toutes choses, ne se soit reserué la premiere
& la plus noble partie des Animaux, pour
en auoir la conduite, & pour luy commu-

*Art. 22.
Que le Soleil
gouuerne le
Cœur.*

niquer ſes vertus. Oüy ſans doute , il a
choiſi le Cœur pour ſon throſne & pour le
lieu de ſon exaltation ; il eſt là comme dans
le Ciel au milieu de tous les Aſtres, ie veux
dire de tous les membres du Corps qui ſont
gouuernez par les Planetes : De là il influë
ſa vertu à toutes les parties du petit monde ; Et ſi dans ſon cours il vient à ſouffrir
quelque aſpect malin , ce membre s'en reſ-
ſent & compatit aux deſordres de ſon ſouuerain. En effet on a obſerué que ceux qui
ſont malades ſouffrent vne foibleſſe extraordinaire dans les eclipſes du Soleil, &
que meſme ceux qui ſont d'vne complexion delicate reſſentent ſenſiblement en
eux l'effet de cette conſtellation. D'ailleurs la faculté vitale deuient ſi languiſſan-
te dans les Solſtices & dans les Equinoxes,
& lòrs que de malignes Eſtoiles ſe leuent
auec luy, qu'Hippocrate a deffendu de ſe
feruir alors d'aucun grand remede , que
dix iours ne ſoient écoulez. Mais il ne faut
pas oublier icy vne obſeruation que cét
Homme incomparable a couchée dans ſon
Liure des Songes , qui monſtrera non ſeu-

lement la fympathie qui eft entre le Cœur
& le Soleil , mais encore celle que la
Lune & les Eftoiles ont auec les autres parties. Car apres auoir fuppofé que le Soleil
a rapport auec le milieu du corps, la Lune
auec les cauitez qui y font, & les Eftoiles
auec les parties exterieures ; Il dit que fi
ces Aftres paroiffent en fonge auec la pureté & la regularité de mouuement qui
leur font naturelles , c'eft vne marque de
parfaite fanté , & qu'il n'y a rien dans le
Corps qui ne fuiue l'ordre & la regle que
la Nature demande. Mais que fi l'on en
void quelqu'vn qui s'obfcurciffe , qui dif-
paroiffe , ou qui foit arrefté dans fon cours,
c'eft vn figne de maladie à venir dans les
parties qui répondent à chacun d'eux. Car
fi ces defordres arriuent aux Eftoiles, la maladie fe fera dans l'habitude du Corps ; fi
c'eft à la Lune, dans les cauitez ; mais fi c'eft
au Soleil , elle en fera plus forte & plus difficile à guerir comme celle qui attaque le
principe de la vie. Le milieu dont il parle
ne fe pouuant entendre que des parties
vitales qui comprennent le Cœur & les

parties qui l'enuironnent.

Or ſi cela eſt veritable comme la raiſon
& l'experience l'ont depuis ſi ſouuent con-
firmé , il faut conclure de là que puiſque
l'imagination forme dans ſes ſonges toutes
ces images du Soleil pour ſe repreſenter la
bonne ou mauuaiſe diſpoſition du Cœur,
il eſt neceſſaire qu'elle ait quelque fondement pour ioindre deux choſes qui ſont ſi
differentes entr'elles , & qu'elle trouue
dans cette partie des qualitez ſolaires qui
puiſſent ſeruir de modelle aux figures &
aux portraits qu'elle fait de cét Aſtre : En
vn mot il faut que les Influences particulieres que le Cœur reçoit du Soleil, ſoient
les originaux ſur leſquels l'Ame fait en dormant toutes ces admirables copies. Autrement pourquoy ne les feroit-elle pas pour
quelqu'autre membre ? Et pourquoy dans
l'inflammation du Foye , par exemple, où
la chaleur eſt alors plus grande qu'elle n'eſt
au reſte du Corps, ne ſe repreſenteroit-elle
pas cét Aſtre qui eſt la ſource de toute la
chaleur du monde , auſſi bien qu'elle fait
dans les moindres alterations du Cœur ?

Certainement il y a dans cette partie des
vertus ſi eſtranges & ſi cachées , qu'il eſt
impoſſible de les rapporter aux Elemens.
Car qu'il reſiſte ſouuent aux flammes ſans
s'y pouuoir conſumer ; Qu'il ne ſe puiſſe
amollir en boüillant ſi on n'en oſte les oreilles ; Que de certains poiſſons ne ſe puiſſent
cuire ſi on le laiſſe dans leur Corps ; ce
ſont des effets qui luy ſont ſi particuliers,
& dont il eſt ſi difficile de rendre raiſon
par les qualitez manifeſtes , qu'il y a lieu
de preſumer que celles qu'il a , ſont d'vn
plus haut ordre & ont rapport, comme dit
Ariſtote à l'Element des Aſtres.

Or ſi l'influence que le Cœur reçoit du
Soleil eſt cauſe que les ſonges repreſentent
par les images de cette Planete , les diuerſes diſpoſitions où le Cœur ſe trouue, il
faut qu'il en ſoit de meſme pour la Lune
& pour les Eſtoiles à l'égard des Cauitez du
Corps & des parties exterieures. Et c'eſt
de là ſans doute que l'Aſtrologie a mis ſous
la direction de la Lune le Cerueau, l'Eſto-
mach, les Inteſtins, la Veſſie & la Matrice,
qui ſont les plus conſiderables cauitez du

Corps ; Mais encore qu'elle a partagé les parties exterieures à tous les fignes du Zodiaque, s'eftant premierement fondée fur cette Doctrine d'Hippocrate, à laquelle elle a depuis adioufté fes propres experiences.

APRES ces raifons il ne faut pas douter que les autres Planetes n'ayent auffi leurs influences particulieres, & qu'elles ne gouuernent comme celles-là certaines parties du Corps. Mais la Philofophie a eu fi peu de foing d'en faire les obferuations, que hors celles que l'Aftrologie nous fournit, nous n'en auons aucune qui puiffe marquer la direction que Iupiter a fur le Foye, celles de Saturne fur la Rate, &c. fi l'on ne vouloit mettre en ce rang les taches & les fings qui fe trouuent naturellement imprimez fur ces parties. Car l'on affeure que celuy à la naiffance duquel Saturne domine, a ordinairement vne de ces marques fur la region de la Rate; fi c'eft Iupiter, il l'a fur celle du Foye; fi c'eft Venus, elle paroift fur les parties fe-

cretes

cretes, & en a vne autre entre les deux
fourcils. C'eft pourquoy Dares Phrygius
dans le portrait qu'il a fait de la belle
Helene dit qu'elle en auoit vne entre les
fourcils, que Cornelius Nepos a exprimée
en ces deux beaux vers.

Parua fupercilijs nubes interflua raris
Audaci maculâ tenues difcriminat artus.

Mais ie n'eftime pas ces obferuations
affez iuftes ny affez confirmées par l'experience pour en tirer vne preuue certaine de ce que nous pretendons. Il fuffit de
dire que iufques à ce que l'on en ait fait
vne plus exacte recherche, le Soleil & la
Lune qui fans difficulté commandent au
Cœur & au Cerueau, nous feruent de preiugé pour croire que les Planetes ont vn
empire fur les membres que l'Aftrologie
leur a foumis : Et par confequent nous
pouuons conclure que le Principe qu'elle
a donné à la Chiromance n'eft pas fans
fondement & qu'il peut fouftenir vne
grande partie des promeffes qu'elle fait.

GGg

*Que les princi-
pes establis re-
glēt beaucoup de
choses douteuses
dans la Chiro-
mance.*

CE sont là les raisons sur lesquelles i'ay creu que l'establissement s'en pouuoit faire ; Elles pourront encore seruir à regler beaucoup de choses dont on n'est pas bien d'accord dans la pratique de cét Art ; & à marquer les causes de plusieurs effets qui s'y trouuent. Car il y en a qui tiennent qu'il ne faut pas s'arrester à l'inspection des Mains , & que celle des Pieds est aussi necessaire; que la Main Gauche doit estre plus considerée aux femmes & à ceux qui naissent de nuict , & la Droite aux Hommes & à ceux qui sont nez de iour. Mais l'auantage que les Mains ont par dessus les Pieds monstre clairement que l'inspection de ceux-cy est inutile, & que l'on peut voir aux Mains tout ce que l'on doit attendre de cette sorte de connoissance. D'ailleurs la Main Droite estant plus noble que la Gauche en quelque sexe que ce soit & en quelque temps que l'on naisse, doit estre plus considerée que celle-cy , principalement en ce qui regarde le Cœur , le Foye & le Cerueau qui ont

plus de communication auec elle : Mais la
Gauche l'emporte par deſſus elle pour ce
qui concerne la Rate & les autres parties
qui ſont du meſme coſté, à cauſe du pouuoir que la Rectitude a en ces rencontres.
Enfin ce que nous auons dit de la longueur, largeur & profondeur fournit les
cauſes de la diuerſité qui ſe trouue dans
les lignes : Car celles qui ſont ſimples montrent que la vertu eſt foible, la longueur
eſtant le premier eſſay qu'elle fait ; Celles
qui ſont croiſées font voir qu'elle eſt plus
forte s'eſtant eſtenduë dans la largeur ; &
qu'elle a fait ſon dernier effort dans celles qui ſont profondes.

Mais ie ne m'aduiſe pas que i'entre in-
ſenſiblement dans le détail des choſes que
i'auois fait deſſein d'éuiter : Ie crains meſme de m'eſtre trop expliqué dans les generales & que ie ne faſſe croire par la certitude que i'y trouue, que i'ay la meſme
creance pour les particulieres. Ie ſuis pourtant bien eſloigné de cette penſée. Ie iette
à la verité les fondemens d'vne ſcience
qui me ſemblent aſſez ſolides, mais ie ne

trouue point de materiaux pour en acheuer le baftiment. Car la plus grand'part
des regles & des preceptes dont on en a
voulu faire la ftructure, ne font pas bien
eftablis; Les experiences qui les fouftiennent ne font pas bien verifiées; Et il faudroit vne nouuelle prouifion d'obferuations faites auec la iuftefle & l'exactitude qui font neceflaires , pour luy donner
la forme & la folidité que l'art & la fcience demandent. Mais de qui les pourroit-
on attendre, puifque ceux qui les pourroient faire ne s'y voudroient pas employer ? Et quand les pourroit-on attendre, puifqu'il y en a tant à faire, & qu'il
y a tant de difficulté à les bien faire?

S'il s'en trouuoit pourtant qui s'y vou-
luffent occuper & qui ne defefperaffent
pas de pouuoir fournir à la dépenfe d'vn
fi grand édifice, ils vous auroient à mon
aduis obligation de m'auoir engagé à
fouftenir leur ouurage & à leur marquer
le fonds fur lequel ils peuuent trauailler.
Mais fi i'ofe vous le dire, vous m'en auez
auffi quelqu'vne; Car fi vous confiderez

mes emplois & mes eſtudes ordinaires,
vous verrez bien que ie m'en ſuis fort
eſloigné pour ſuiure vos inclinations ; Et
que ie ne pouuois vous donner vne preuue plus aſſeurée de l'amitié que i'ay pour
vous, qu'en m'expoſant à la cenſure pour
ſatisfaire à voſtre curioſité. Ie ne dois
pas apprehender la voſtre, parce que ie
ſçay qu'elle me ſera fauorable ; mais ie
crains celle du Public de qui il ne faut
iamais attendre de grace & dont les iugemens ſont toûjours tres-ſeueres & quel-
quesfois iniuſtes. Ne me faites donc pas
comparoiſtre deuant ce rude Tribunal, ſi
vous n'eſtes bien aſſeuré que ie puiſſe éuiter la peine des Eſcriuains temeraires ; Et
ne hazardez pas ſans grande precaution vn
peu d'eſtime que le bon-heur m'a fait acquerir, & à la conſeruation de laquelle
vous deuez à mon aduis vous intereſſer,
puiſque vous ſçauez que ie ſuis,

MONS.

Voſtre, &c.

LETTRE II.

A MONSIEVR B. D. M.

Sur les Principes de la Metoposcopie.

ONSIEVR,

Ie ne ſçay ſi ie me dois plaindre de voſtre curioſité qui exige de moy des choſes trop difficiles, ou de la complaiſance que i'ay pour vous qui me deffend de vous les reffuſer. Quand vous voulez que i'appuye les principes de la Metopoſcopie ſur des obſeruations phyſiques, comme i'ay fait ceux de la Chiromance, vous ne ſongez pas que vous m'engagez à vn tra-

uail que Cardan , Achillinus & le Con-
ciliator n'ont ofé entreprendre : Et quand
ie vous obeys, ie ne fonge pas auſſi que
ie m'expofe à la cenſure de tous ceux qui
verront ce Diſcours, & qui me blaſmeront
fans doute d'auoir employé mon temps
à examiner des chofes ſi vaines & ſi de-
criées, & d'auoir par mes coniectures for-
tifié l'erreur de ceux qui leur donnent
trop de creance. Mais enfin puifqu'il faut
faire ce que vous defirez, ayez du moins
vn peu de foin de ma reputation , & faites bien connoiſtre à ceux à qui vous com-
muniquerez cette piece, le iugement que
vous ſçauez bien que ie fais de ces fortes
de fciences. Car quoy que ie trouue quelques fondemens qui fouftiennent leurs
Principes, & que ie croye mefme que ſi
l'on auoit fait les iuftes obferuations qui
feroient neceffaires pour leur donner des
regles, on en pourroit former vn Art qui
feroit tres-vtile & tres-agreable ; Ie tiens
neantmoins que toutes celles que nous
voyons dans les Liures font non feulement
fauffes mais encore temeraires, & que ceux

qui s'en feruent font dignes du mefpris
que la Sageffe a pour ces chofes là , & des
peines aufquelles la Religion les a toûjours
condamnées. Auec cette precaution ie
vous diray donc;

Là Metopofco-
pie a de mefmes
principes que la
Chiromance.

QVE le mefme Principe fur lequel la
Chiromance eft appuyée , fert encore de fondement à la Metopofcopie :
Car toutes les promeffes de cette Science
font fondées fur l'Empire & fur la direction que les Planetes ont fur certaines
parties du vifage, comme elles en ont fur
celles de la Main. De forte que fi ce Principe fe trouue bien eftably pour la Chiromance, il ne faut pas douter qu'il ne le
foit auffi pour la Metopofcopie. On peut
mefme dire que les raifons generales dont
celle-là s'eft feruie, font plus preffantes &
plus decifiues en celle-cy : Et que fi elles
donnent là des prefomptions & des apparences de quelque verité, icy elles femblent en donner l'affeurance & la certitude.

En effet, s'il eft vray que les Planetes
ayent

ayent quelque Direction & quelque Empire sur les parties Nobles, & qu'elles leur
inspirent leurs bonnes & leurs mauuaises
qualitez ; Que ces parties ayent aussi quelque secrete correspondance auec quelques
Membres ausquels elles communiquent les
bonnes & les mauuaises dispositions qu'elles peuuent auoir ; Et que ce soit la raison
pour laquelle le mesme Astre qui gouuerne vne partie Noble, gouuerne aussi celle
auec qui elle a correspondance & sympathie, comme nous auons montré au Discours precedent. Si dis-je cela est veritable dans la Chiromance, il le doit estre
bien dauantage dans la Metoposcopie ;
Puisqu'il faut qu'autant que le Visage ex-
celle par dessus les Mains, la direction des
Astres & la Sympathie des parties nobles
soient à proportion plus fortes & plus efficaces en cette partie, qu'elles ne sont aux
autres.

Certainement il n'y a aucune apparence
que le Cœur, le Cerueau, le Foye & les autres
Parties Principales ayent quelque vertu
particuliere qu'elles communiquent à cer-

HHh

tains endroits de la Main, comme les experiences que nous auons apportées en
font Foy, & qu'elles n'en fassent aucune
part à celle qui est la plus excellente de
toutes, qui est l'abbregé de tout l'Homme,
& qui est le Miroir où toutes les dispositions du Corps & de l'Ame se representent
& se reconnoissent.

Il ne faut point de raisons ny de preuues pour faire voir la verité de ces auantages, ils sont trop euidens & trop connus pour en douter; C'est assez d'auoir des
yeux pour en conceuoir plus que les paroles n'en sçauroient exprimer : Mais c'est
aussi assez d'auoir le sens commun pour
iuger que s'il y a quelques influences que
les Parties Nobles & les Astres communiquent aux parties exterieures, le visage
les doit receuoir bien plus pures & plus
abondantes que quelqu'autre que ce soit.

Quelles sont les parties du visage qui sont gouuernées par les Planetes. TOVS ces fondemens & ces conse-
quences estant presupposées, il faut
voir *quels sont les endroits du visage qui
ont sympathie auec les parties Nobles & auec*

les Astres. Car comme cette Sympathie
est fondée sur des vertus Formelles & Spe-
cifiques , & que la Nature ne confond
point ces vertus comme nous auons montré, il faut qu'il ait vn endroit sur le visage qui responde au Cœur & au Soleil, vn
autre au Foye & à Iupiter, quelqu'vn à la
Rate & à Saturne & ainsi du reste ; Et que
chacun reçoiue les vertus & les influences
qui sont propres & à la partie Noble
qui a sympathie auec luy, & à l'Astre qui y
domine.

La Metoposcopie vulgaire ne connoist
point d'autres lieux où ces impressions se
fassent, que le Front qu'elle a diuisé en sept
parties pour y placer les sept Planetes. De
sorte qu'elle a donné la premiere & la plus
haute place à Saturne, la seconde à Iupiter,
la troisiesme à Mars, la quatriéme au Soleil, la cinquiesme qui est sur le sourcil
gauche à Venus, celle qui est sur le droit à
Mercure, & loge la Lune entr'-eux deux;
Et quand ces endroits sont marquez de
quelques Lignes, elles montrent le pouuoir de l'Astre qui leur est affecté.

H H h ij

Mais i'ay bien peur que cét ordre fi aiuſté & fi regulier ne ſoit vn ouurage de l'Eſprit Humain qui ayme la proportion & la Symmetrie en toutes choſes , & qui a creu que ces Aſtres deuoient eſtre placez ſur le viſage dans le meſme rang qu'ils gardent dans les Cieux. La Chiromance a eſté bien plus auiſée quand elle a mépriſé cette proportion , & qu'elle a changé l'ordre des Planetes , les ayant miſes dans la Main dans vne ſituation toute differente : Car cela a fait iuger qu'il falloit qu'elle euſt eu quelques experiences qui l'euſſent obligée à les ranger comme elle a fait , & à quiter la methode que l'imagination garde fi ſoigneuſement en tous ſes ouurages où elle ne manque iamais de rapports ny de reſſemblances pour eſtablir ſes Songes & ſes viſions.

Et ce qui me fait croire que la Metopoſcopie eſt tombée en cette erreur, c'eſt qu'il y en a pluſieurs qui n'ont pas approuué la Situation que les autres ont donnée à ces Planetes, ayant mis Venus en la place du Soleil, & tranſporté le Soleil & la

Lune ſur les deux Sourcils , & Mercure
entre-eux deux. Et tout cela ſur l'imagination qu'il ont euë , qu'il eſtoit plus à
propos de mettre les deux grands Luminaires ſur les Sourcils, afin de commander
aux yeux qui ſont les parties les plus clai-
res & les plus lumineuſes de tout le viſage. Mais cette conuenance quoy qu'elle ſemble aſſez bien imaginée , n'eſt pas
vne regle qui doiue conduire la Nature ,
elle ſe propoſe des fins & des moyens plus
ſolides que ne ſont toutes ces vaines Chi-
meres; Et ceux qui veulent entrer dans la
connoiſſance de ſes ſecrets , ne s'arreſtent
pas à ces apparences & veulent des raiſons
fondées ſur des experiences certaines &
bien eſtablies.

D'ailleurs la connoiſſance que i'ay euë
d'vn Homme admirable en cét Art , me
fait raiſonnablement douter de toutes ces
ſortes d'arrangement de Planetes ; Car il
plaçoit Saturne au lieu ou le Soleil a eſté
mis par vns , & Venus par les autres. Et
comme c'eſt l'endroit le plus remarquable
qu'il y ait ſur le Front , & que ſi peu de

Lignes qu'il y ait en cette partie , il s'en
trouue toufiours là quelqu'vne ; Il croyoit
que celle de Saturne eftoit propre & naturelle au Front , & que toutes les autres
eftoient Accidentelles & comme Poftiches
qui ne feruoient qu'à marquer les Af-
pects que cette Planete a auec les autres ;
De forte que par la feule infpection du vifage il marquoit iuftement la difpofition
des Planetes comme elle s'eftoit trouuée
au point de la naiffance. Cependant il faifoit des iugemens fi certains fur ces fondemens , & moy mefme en ay fait de fi
eftonnans fur les regles qu'il m'auoit données , que ce m'eft vn fujet de croire non
feulement qu'il y a vne veritable Metopofcopie qui n'eft pas fi vaine & fi trompeufe que quelques vns fe pourroient imaginer ; mais encore que celle que l'on
trouue dans les Liures , & dont on fe fert
ordinairement a de faux Principes & des
regles qui ne peuuent donner la connoiffance qu'on doit attendre d'vn Art fi vtile
& fi merueilleux.

Apres tout quelque place que l'on

donne à ces Aſtres, la Queſtion eſt de ſçauoir, s'il y a des experiences & des obſeruations Phyſiques qui la puiſſent ſouſtenir.
Car s'il falloit s'en rapporter à celles de la
Science, elle en pourroit produire vn nombre infiny ; Et ie pourrois moy-meſme eſtablir le ſyſteme dont ie viens de parler, par
celles que i'ay veu faire & que i'ay faites
aſſez ſouuent. Mais comme le témoignage
qu'on rend de ſoy-meſme n'eſt pas iuridic
& doit eſtre ſuſpeɛt, il n'eſt pas iuſte d'en
croire celuy que la Metopoſcopie donneroit en ſa faueur , & il n'y a aucun Art
quelque vain & ſuperſtitieux qu'il ſoit qui
ne peuſt s'eſtablir par ſes propres obſeruations. Voyons donc ſi nous pourrons trouuer aillieurs des raiſons & des preuues qui
puiſſent affermir les fondemens de cét Art
& donner du moins quelque preſomption
de la verité qui s'y trouue.

Auant que d'en venir là il faut deſabuſer
ceux qui croyent que le Front eſt la ſeule
partie du viſage qui fournit à la Metopoſcopie les ſignes dont elle ſe doit ſeruir.

Car il eſt certain que toutes les autres y
contribuent comme luy : Et il n'eſt pas
croyable que s'il y a quelques ſecrets rapports des Parties Nobles & des Aſtres auec
les parties exterieures , il n'y ait au viſage
que le Front qui aye conuenance & ſympathie auec eux ; Et que les Yeux, le Nez,
& la Bouche qui ſont des parties ſi conſiderables, & que la Nature forme & conſerue auec tant de ſoin , ny en ayent aucune.

En effet les Aſtrologues qui ſe ſont appliquez à cette ſcience ont ſoumis chaque
partie du viſage à vne Planete particuliere. Car ſans parler du Front où ils les ont
toutes placées comme nous auons dit , ils
ont donné l'Œil Droit au Soleil , le Gauche à la Lune , le Nez à Venus , les Oreilles à Mercure , les Iouës à Iupiter , & les
Lévres à Mars : Et ſelon la conſtitution de
ces Parties ils ont eſtably des Regles pour
iuger de la bonne ou mauuaiſe diſpoſition
de ces Aſtres & des effets qu'ils pouuoient
cauſer ſur les perſonnes. De ſorte que ces
Regles & ces Iugemens eſtans du reſſort de
la

la Metopoſcopie ; Il ne faut pas douter
qu'elle ne ſe ſerue de toutes les parties du
viſage, & que ce ne ſoit vne erreur de croire qu'elle n'ait rien à conſiderer que le
Front.

Cela preſuppoſé, il faut maintenant voir
les raiſons qui peuuent eſtablir la ſituation
que chaque Planete a ſur chacune de ces
Parties.

PREMIEREMENT, ſi l'on prend garde *Le Soleil & la*
que toutes les Paſſions ſe font voir *Lune gouuer-*
dans *les Yeux*, & que le Cœur & le Cerueau *nent les Yeux.*
font les ſources d'où elles procedent, on
iugera facilement ſur le Principe que nous
auons poſé, Que les Parties Nobles qui reçoiuent quelque Influence des Aſtres, la
communiquent aux membres auec qui elles ont ſympathie : On iugera diſ-je, que
puiſque le Cœur & le Cerueau ſont gouuernez par le Soleil & par la Lune comme
nous auons monſtré, il faut de neceſſité
qu'ils enuoyent aux Yeux les vertus qu'ils
ont receuës de ces Planetes.

D'ailleurs, c'eſt vne obſeruation confir-

mée par quantité d'experiences, Que ceux
qui naiſſent pendant les ecclipſes ont ordinairement la veuë foible , comme ſi ces
deux grands luminaires, que l'on peut appeller les yeux du Ciel, communiquoient
leur deffaut aux yeux du Corps, auec qui
ils ont liaiſon & conuenance.

Et il ne faut pas qu'on nous reproche
icy que contre la proteſtation que nous
auons faite, nous empruntons cette preuue de l'Aſtrologie : Car elle eſt auſſi naturelle que toutes celles que la Medecine &
l'Agriculture tirent des Lunaiſons & du
leuer des grandes Eſtoiles : Elle n'eſt point
ſouſtenuë du calcul ſcrupuleux des Aſtrologues, & nous ne diſons pas comme eux
que le Soleil & la Lune ſe trouuant en des
lieux infortunez, produiſent cét effet-là ;
Parceque cela ſuppoſe la diſtinction des
Maiſons celeſtes & des Aſpects qui appartiennent purement à la Iudiciaire.

Et ſans doute ce fut ſur ces Regles que ſe
fit ce Prognoſtique admirable qu'Hippocrate rapporte en ſes Prorhetiques, où il
dit qu'vn Medecin appellé dans vne mala-

die mortelle, aſſeura que le malade n'en
mourroit point, mais qu'il en perdroit les
Yeux. Car puiſque cét Homme Incomparable, qui a plus ſceu du prognoſtique
de la Medecine que tous ceux qui ſont
venus apres luy, confeſſe ingenuëment
qu'il ne ſçauoit pas le ſecret pour faire de
pareilles predictions; Il eſt vray-ſemblable
que celle-cy fut faite par les regles de la
Metopoſcopie, ſur le principe que nous venons de poſer.

Mais quoy ! il ſemble par tout ce que
nous venons de dire que les deux Yeux
ſont également ſous la direction des deux
grands luminaires : Cependant la Metopoſcopie veut que l'OEil Droit appartienne
priuatiuement au Soleil, & le Gauche à la
Lune. Il ne ſera pas difficile de reſoudre
cette difficulté ſi l'on ſe ſouuient de ce que
nous auons dit au Diſcours de la Chiromance; Qu'il y a deux ſortes d'Influences
que toutes les parties reçoiuent des Parties
Nobles, l'vne qui eſt commune & generale; L'autre qui eſt particuliere & Specifique.
Par la premiere les Yeux ont correſpon-

dance auec le Cœur & auec le Cerueau,
par le moyen de la chaleur vitale & de la
vertu fenfitiue qu'ils reçoiuent d'eux : Et
en cét égard il eft vray de dire, que le Soleil & la Lune qui dominent fur ces deux
principales Parties, ont auffi vne direction
generale fur les deux Yeux. Mais fi l'on
confidere la fympathie & la focieté particuliere que les membres ont les vns auec
les autres, qui eft vne verité que nous
auons demonftrée par l'experience & par
la doctrine d'Hippocrate, on verra bien
qu'il y a raifon pour croire que le Cœur
& le Cerueau peuuent auoir plus de liaifon
auec vn œil qu'auec l'autre; Et par confequent que l'vn peut eftre fous la direction
particuliere du Soleil, & l'autre fous celle
de la Lune. Or comme l'œil Droit eft dans
vne plus noble fituation que le Gauche,
qu'il eft plus fort & plus exact en fon action
que luy, & que c'eft le feul qui fait la rectitude de la Veuë, comme nous allons montrer; Il n'y a pas lieu de douter qu'il ne foit
auffi gouuerné par l'Aftre qui eft le plus
noble & le plus puiffant.

Mais que l'œil Droit ſoit plus fort que
le Gauche, c'eſt vne choſe ſi certaine qu'elle n'a pas beſoin de preuues : Car outre
que toutes les parties droites ſont les plus
fortes, outre que cét œil eſt moins attaqué des maladies que l'autre, & que lors
que les auant-coureurs de la mort détrui-
ſent la vertu des parties, il conſerue la ſienne quelque temps apres que le Gauche eſt
tout à fait eſteint : Il faut qu'il ſoit plus
fort que luy, puiſqu'il eſt plus exact en
ſon action. Et vne marque éuidente qu'il
eſt plus exact, c'eſt que la Rectitude de la
veuë entiere & complete qui ſe fait auec
les deux Yeux, dépend de luy ſeul. En effet
qu'on regarde des deux Yeux quelque objet que ce ſoit, ſi on vient apres à fermer
l'œil Gauche, l'objet paroiſtra dans la meſme ſituation & ſur la meſme ligne où on
l'auoit remarqué auec les deux Yeux : Mais
ſi l'on ferme le Droit, l'objet ne paroiſt plus
dans la meſme ligne, & ſemble changer de
ſituation : Qui eſt vne marque certaine que
la Rectitude de la veuë complete vient de
l'œil Droit, puiſque la ligne ſur laquelle il

void les objets eft la mefme que celle qui dirige les deux Yeux.

Venus gouuer-
ne le Nez.

QVant à la preuue que nous auons de la *Direction que Venus a fur le Nez,* elle eft fi conuaincante, que les plus opiniaftres ne la fçauroient contefter, prefuppofé toufiours qu'il y ait quelque Partie du Corps humain qui foit gouuernée par quelque Planete. Car du confentement de tous les Aftrologues qui eft mefme approuué par la commune façon de parler de toutes les belles Langues, Venus prefide à la Generation & aux parties qui y font neceffaires. Or il eft certain qu'il y a conuenance & fympathie entr'elles & le Nez; Et par confequent il faut qu'il reçoiue la mefme Influence que cette Planete leur communique, & qu'il foit foûmis au mefme empire auquel elles font affuieties. Ie ne croy pas qu'il y ait perfonne qui ignore la conuenance dont nous venons de parler, puifqu'elle a paffé iufques aux Prouerbes; Mais tous ne fçauent pas vne chofe qui la demonftre éuidemment: C'eft que les Sings

naturels qui fe trouuent fur le Nez en fup-
pofent & en defignent d'autres fur ces par-
ties-là, où ils gardent la mefme fituation,
dans laquelle ils font fur luy.

ET certainement c'eft vne chofe admirable & qu'à mon aduis on ne confidere
pas affez, Qu'il n'y a fur le vifage aucune
de ces marques naturelles, qu'il ne s'en
trouue vne autre fur quelque Partie du
Corps certaine & déterminée, qui luy répond particulierement. Car s'il s'en rencontre vne fur le Front, il y en aura vne
autre fur la Poitrine ; Et felon que celle-là
fera au milieu, ou plus haut ou plus bas,
d'vn cofté ou d'autre, celle-cy aura les
mefmes differences de fituation. Si l'vne fe
void aux Sourcils, l'autre fe rencontrera
fur les Efpaules ; fi fur le Nez, l'autre fera
aux Parties dont nous venons de parler :
fi aux Ioües, l'autre fera fur les Cuiffes ; fi
aux Oreilles, l'autre fera fur les Bras & ainfi
du refte.

Affeurement on ne fçauroit confiderer
ces rapports merueilleux fans penfer que

Tous les Sings du vifage ont rapport auec d'autres.

la Sageſſe infinie de Dieu qui reduit toutes choſes à l'vnité pour luy eſtre plus conformes, apres auoir racourcy tout le Monde dans l'Homme, a voulu racourcir tout
l'Homme dans le viſage. Car on ne peut
pas dire que cette correſpondance dont
nous venons de parler ſoit ſimplement dans
ces marques, puiſqu'elles ſont toutes formées d'vne meſme matiere, & par conſequent elles ne peuuent auoir plus de rapport auec l'vne qu'auec l'autre: Mais il faut
qu'elle ſoit dans les parties meſmes, & que
la ſocieté qu'elles ont enſemble ſoit cauſe
que l'vne ne puiſſe eſtre marquée, que ſa
correſpondante ne ſouffre en meſme temps
la meſme impreſſion. Auſſi voyons-nous,
outre le ſecret conſentement qu'elles peuuent auoir enſemble, vn rapport ſenſible
& manifeſte dans la ſituation & dans la
ſtructure qu'elles ont. Car la Poitrine qui
eſt la Partie du Corps au deſſous de la Teſte
qui eſt la plus oſſuë & la plus plate en deuant, répond iuſtement au Front qui a les
meſmes qualitez. Les Parties Genitales ſont
au milieu du Corps & auancées en dehors,

comme

comme le Nez l'eſt au milieu du viſage.
Les Cuiſſes qui ſont fort charnuës & à coſté, ſe rapportent aux Ioües qui ſont de la
meſme ſorte : Le Sourcil à l'Eſpaule, à cauſe
de l'éminence où l'vn & l'autre ſe trouue.
L'Oreille au Bras, eſtant tous deux à coſté
& comme hors d'œuure, & ainſi des autres.
Ce n'eſt pas pourtant à dire que cette reſſemblance ſoit la veritable ſource de cette
ſympathie, elle n'eſt pas aſſez juſte ny aſſez
exacte pour produire des effets ſi ſemblables ; Et il eſt neceſſaire qu'il y ait quelque
lien plus ſecret qui lie ces parties les vnes
auec les autres, & qui ſoit la principale
cauſe de cette merueilleuſe Harmonie qui
ſe trouue entr'elles, dont ces Characteres
naturels ſont les témoins irreprochables.

L E FRONT eſt ſans doute l'endroit du
viſage où la Metopoſcopie trouue plus
dequoy s'employer, & où les Signes dont elle ſe ſert pour faire ſes jugemens, ſont en
plus grand nombre, plus diuerſifiez & plus
apparens qu'ils ne ſont ailleurs. C'eſt auſſi
la raiſon pour laquelle elle a tiré de cette

D'où viennent les lignes du Front.

KKk

partie le nom qu'elle porte comme de celle qui luy eſtoit la plus conſiderable & la
plus neceſſaire.

Certainement qui voudra prendre garde qu'en vn ſi petit eſpace qui naturellement doit eſtre égal & vny, il s'y forme
vne ſi grande varieté de lignes, de poincts
& de figures irregulieres ; Qu'il y en a qui
y naiſſent de nouueau, & d'autres qui s'y
effacent ; Que les vnes y ſont plus profondes ou plus ſuperficielles, plus courtes ou
plus longues, plus paſles ou plus colorées ;
Qu'il ne ſe trouue pas deux Hommes où
elles ſoient ſemblables ; Et qu'en vne meſme perſonne toute cette diuerſité de Lignes ſe peut rencontrer. Celuy diſ-je qui
prendra garde à toutes ces choſes aura iuſte ſujet de croire qu'il y a dans le Front
quelque ſecret qui eſt inconnu aux Hommes, & que les impreſſions qui s'y font ont
des cauſes plus nobles & plus hautes que
celles qui ſont dans les Animaux.

En effet toutes les raiſons qu'on ſçauroit
apporter de ces diuerſes Lignes ne ſe peuuent tirer que du Mouuement qui donne

vn certain pli au Cuir où il a accouſtumé
de ſe faire , ainſi qu'il arriue aux jointures:
Ou de la ſechereſſe qui reſſerre la peau & la
fait rider , comme on void aux fruits qui
vieilliſſent & dans les rides que la vieilleſſe
donne à toutes les parties.

Mais il n'y a pas d'apparence que les Lignes du Front ſoient des effets du Mouuement qu'il a accouſtumé de ſouffrir , puiſqu'elles ſont differentes en tous les Hommes, qui pourtant meuuent cette partie
d'vne meſme maniere. Car il n'y a perſonne qui ne hauſſe & ne reſſerre le Front d'v-
ne meſme ſorte ; Chacun a les meſmes muſcles qui ſont deſtinez à ces mouuemens ;
Et la Nature inſpire à chacun les meſmes
motifs pour leſquels ils ſe doiuent faire.

On dira peut-eſtre que la Conſiſtence
du Cuir eſt cauſe de cette diuerſité & que
ſelon qu'il eſt plus delié ou plus épais, les
Plis s'y font plus ou moins facilement. Mais
n'y a-t'il pas vne infinité de perſonnes qui
ont la meſme conſtitution du Cuir, où il
n'y a pas vne ligne ſemblable ? N'y en a-t'il
pas qui l'ont delié où il ne s'en void point

du tout? Et ne s'en trouue-t'il pas qui l'ont
épais, qui en eft tout couuert?

La Secherefle ne peut eftre auffi la caufe
de ces Lignes, puifqu'on void des enfans
d'vn temperament fanguin qui en ont dauantage que beaucoup de Vieillards decre-
pits; Et qu'il ne fe trouue point qu'elles
foient femblables en toutes les vieilles perfonnes, quoy que la Secherefle y puiffe
eftre égale. Ie voudrois bien fçauoir, fuppofé que cette qualité fuft la caufe de ces
impreffions; Pourquoy les ieunes gens à
qui les rides paroiffent fur le Front, n'en
ont point aux autres parties? Et pourquoy
celles que la vieilleffe imprime fur les autres endroits du Cuir font femblables en
tous les Hommes, & ne le font pas fur le
Front?

Il faut pourtant auoüer que le Mouuement & la Secherefle y contribuënt: Mais
ce n'eft pas qu'ils en faffent les premiers
traits, ils feruent feulement à les faire pa-
roiftre pluftoft ou plus fortement. Il y a
quelque autre Caufe qui en trace le premier deffein, & qui comme vn maiftre

Architecte fait ſes allignemens & commence la beſogne que d'autres Ouuriers
acheuent. Car enfin toutes les Lignes ſont
deſſignées ſur le Front auec la Naiſſance,
quoy qu'elles n'y paroiſſent pas d'abord,
elles s'y découurent auec le temps tantoſt
pluſtoſt, tantoſt plus tard, tantoſt plus profondes, tantoſt plus ſuperficielles, ſelon
l'efficace de la Cauſe qui les a imprimées, &
ſelon la nature du temperament de chaque
particulier & des mouuemens du Front où
il s'eſt habitué. Puis qu'il eſt certain qu'vn
Homme qui ſe met ſouuent en colere ou
qui eſt ordinairement chagrin, s'accouſtu-
me à froncer le ſourcil, & fait prendre de
certains plis au Front qui y font paroiſtre
les Lignes qui y ſont tracées, pluſtoſt &
plus fortement qu'elles n'euſſent fait.

Puiſqu'on ne peut donc rapporter la premiere impreſſion de ces lignes à aucune
cauſe qui ſoit dans le Corps, il la faut chercher hors de luy : Et comme on a des preuues inuincibles qu'il y a de certaines Planetes qui ont la direction de quelques
membres particuliers où elles produiſent

K K k iij

des effets qui ne peuuent venir d'ailleurs, il faut conclure de là que les Lignes du Front font de cét ordre-là, & qu'elles ny peuuent eftre imprimées que par quelqu'vn de ces Aftres qui ont pouuoir fur cette partie.

Il y a donc deux chofes à examiner icy; L'vne, Quelles font les Planetes qui dominent fur le Front : L'autre, Quelles font les Raifons & les Experiences qui en peuuent eftablir la direction.

Quelle Plane-te domine fur le Front.

LA premiere n'eft pas fans difficulté, à caufe des diuers fentimens de ceux qui ont écrit de cette science. Car il y en a qui la foûmettent à vne feule Planete: Plufieurs croyent que toutes y dominent : Mais ceux-cy ne font pas d'accord de leur fituation comme nous auons dit cy-deuant. S'ils auoient apporté quelques preuues pour fouftenir ce qu'ils auancent, il feroit raifonnable de s'arrefter à ce qu'ils auroient decidé : Mais n'en ayant donné aucune nous auons la liberté de choifir, & apres tant d'experiences que nous auons veuës

establies sur d'autres principes, nous pouuons abandonner ceux-cy & nous en tenir
à ceux qui sont appuyez sur de meilleurs
fondemens.

Nous iugeons donc qu'il est plus vray-
semblable que le Front soit gouuerné par
vne seule Planete, que par toutes ensemble;puisque toutes les autres parties du visage qui sont plus nobles & plus vtiles que
celle-là, n'ont chacune qu'vn seul de ces
Astres à qui elles soient soûmises. En effet
si les Parties ont conuenance & sympathie
les vnes auec les autres, & que celles qui
ont correspondance ensemble soient gouuernées par les mesmes Planetes ; supposé
que toutes les Planetes dominent sur le
Front,il faudra que chaque partie du Front
où l'on place vne Planete ait rapport auec
les autres membres où la mesme Planete
domine ; Et comme les sings sont des marques certaines de cette sympathie, il faudra encore que ceux qui se trouueront sur
luy en designent d'autres sur tous les membres qui sont regis par ces Astres. Cependant ils n'ont correspondance qu'auec

ceux de la Poitrine ; Et par confequent le
Front ne peut eftre foûmis qu'a la Planete
qui commande à la Poitrine. Et comme
l'vne & l'autre font les parties les plus of-
fuës de tout le corps , & que tous les Os
font fous la direction de Saturne , comme
l'Aftrologie enfeigne ; Il s'enfuit que cette
Planete a fon fiege particulier fur le Front.

Du moins il eft vray-femblable que s'il
y a quelque endroit qui foit plus noble en
cette Partie,ce doit eftre le lieu où cét Aftre
agit plus puiffamment, & où il imprime les
Lignes qui font les effets & les marques de
fon pouuoir. Et en ce cas la Ligne qui eft
au milieu du Front appartiendroit à Saturne , puis que le milieu eft comme le centre
& le principe des extremitez.

Tout ce raifonnement fait bien voir
que le fyfteme du Phyfionomifte dont i'ay
parlé eft mieux fondé que celuy de la Metopofcopie ordinaire , & que hors la Ligne
de Saturne qui eft au milieu, & qui eft celle qui femble eftre la plus propre & la plus
naturelle au Front, toutes les autres ne feruent qu'à marquer les rapports & les af-
pects

pects que Saturne peut auoir auec les autres Planetes.

Quoy qu'il en soit, il leur attribuoit ces
lignes d'vne autre maniere qu'on n'a pas
accouſtumé. Car il donnoit à Mercure
celle qui eſt immediatement au deſſous de
celle de Saturne, & celle qui eſt au deſſus,
à Mars; celle d'apres à Venus, & la plus haute à Iupiter; & aux plus baſſes qui ſe trouuent ſur les sourcils, il mettoit le Soleil &
la Lune. Et ſelon la conſtitution que chacune auoit il iugeoit des aſpects dont Saturne regardoit ces Planetes dans l'Horoſ-
cope, ce qui ſe trouuoit conforme au calcul de la Iudiciaire. De ſorte qu'à ſon aduis toutes ces lignes appartenoient autant
& plus à Saturne qu'à ces Planetes & ne luy
oſtoient point l'entiere direction qu'il doit
auoir ſur le Front.

Sur quoy ie ne me puis empeſcher de dire que cét Homme auoit vne ſi exacte
connoiſſance de cét Art, qu'il y trouuoit
des Regles pour marquer l'heure & le iour
de la Naiſſance; Et que moy-meſme m'en
eſtant ſeruy ie ne me ſuis pas trompé dix

LLl

fois fur plus de cent jugemens que i'en ay
faits. Or fi la Science peut aller iufques-là
il n'y a perfonne qui ne iuge bien qu'elle
pourra s'acquiter de fes promeffes dans la
découuerte des chofes moins obfcures &
moins cachées, comme font les difpofitions
des parties nobles , les Inclinations & les
Mœurs des Hommes.

De vouloir apporter des raifons de toutes ces particularitez autres que les experiences que l'Art en a faites , il n'eft pas au
pouuoir de la Philofophie qui a efté negli-
gente à faire les obferuations Phyfiques
qui en euffent pû rendre la verité plus manifefte. C'eft neantmoins toûjours beaucoup de ce qu'elle nous a donné quelque
iour pour découurir qu'il y a des Parties
du vifage qui font fous la direction de
quelques Planetes. Voyons maintenant
fi elle nous aydera à monftrer que Iupiter
domine fur les Iouës.

Iupiter domine
fur les iouës. ELLE n'y aura pas grand' peine s'il eft
vray que cét Aftre gouuerne le Foye.
Car comme ces parties font les plus char-

nuës & les plus sanguines qu'il y ait au visage , & où les alterations du Foye & du
Sang paroissent plustost & plus éuidemment; il n'y a pas lieu de douter qu'elles
ne soient sous la mesme direction qu'eux.
Outre que les sings qui se voyent sur elles
en designent d'autres sur les Cuisses qui ont
rapport auec les Ioües, & qui sont gouuernées par le signe du Sagittaire, où est la
maison de Iupiter. Car nous auons marqué
au Discours precedent que les Astrologues
ont appris d'Hippocrate à distribuer les
Estoiles à toutes les parties exterieures du
Corps humain, parce qu'elles ont conuenance & sympathie ensemble.

IL y a difficulté de sçauoir si Mercure *Mercure gou-*
domine sur les Lévres comme on dit, ou *uerne les Oreil-*
si Mars en doit auoir la conduite. Mais il *les.*
est plus vray-semblable que les Oreilles
soient gouuernées par Mercure, parce que
les sings qui se voyét sur elles en ont d'autres sur les Bras qui leur correspondent. Or
il est constant dans l'Astrologie que Mercure domine sur les Bras, & que le signe de

Gemini où il a eſtably ſa maiſon principale & ſon exaltation, gouuerne ces parties.

Mars gouuerne
les Levres.

D'Ailleurs les Lévres ont vn rapport
auec le ventre, & les ſings qui ſe trouuent ſur elles en deſignent d'autres en cette partie, qui eſt ſous la direction de Mars.
Ioint que les Lévres s'vlcerent dans les fiévres tierces, qui ſans doute viennent de
la Bile, laquelle eſt gouuernée par cette
Planete. Et c'eſt vne obſeruation qui merite d'eſtre icy exactement conſiderée. Car
comme cette vlceration eſt critique, &
qu'elle eſt propre à ces ſortes de fiévres,
il faut que les Lévres ayent vne ſympathie
particuliere auec l'humeur qui eſt la ſource du mal, & que ce ſoit la cauſe pourquoy
elle ſe iette pluſtoſt ſur cette partie que ſur
quelqu'autre que ce ſoit. Ie ſuis,

MONSIEVR,

Voſtre tres - humble, & tres-
affectionné ſeruiteur,
LA CHAMBRE.

Quel est le iugement qu'il faut faire de la Chiromance & de la Metoposcopie.

CHAPITRE VIII.

'EST là tout ce que nous pouuons dire sur vn sujet qui n'a point encore esté examiné par la Philosophie. Car quoy qu'il y ait eu de grands Esprits qui ont aymé la Chiromance & la Metoposcopie, il n'y en a eu aucun qui ait pris la peine d'apporter la moindre raison pour en soustenir les Principes.

Ce n'est pas que ie croye que celles que i'ay employées à cela puissent satisfaire ny à l'attente qu'on en a pû auoir, ny à la seuerité que la Philosophie garde en ces matieres. Ce ne sont à vray dire que des

coniectures & de legeres presomptions,
mais qu'il faut hazarder dans la recherche
des choses naturelles , puisqu'il y en a si
peu où les Demonstrations & les preuues
conuainquantes puissent trouuer leur
place.

Quelques auantages que nous ayons
pour auoir la connoissance de l'Homme,
c'est vn Ouurage si delicat & où il y a tant
de differentes pieces à considerer, qu'il y
en a beaucoup plus que nous ignorons que
de celles qui nous sont connuës ; Et comme
c'est en effet vn petit Monde , l'on peut dire que nous ne connoissons pas plus les
choses qui sont abregées en luy que celles
dont le grand Monde est composé, qui nous
sont tout à fait cachées.

La Teste est sans doute le racourcy de
tout le Ciel, elle a ses Astres & ses intelli-
gences comme luy. Mais si nous remarquons les Estoiles, leur situation & leur
mouuement sans sçauoir quelle est leur nature, ny pourquoy elles sont ainsi dispo-
sées; Nous en pouuons dire autant de toutes les parties du visage. Car sans parler

de la figure de celles qui font les plus confiderables, les Lignes qui font fur le Front
& à l'entour des Yeux, les traits qui font à
cofté du Nez & ceux qui finiffent la Bouche & cent autres qui diuerfifient cette
Partie & qui font diffemblables en tous les
Hommes ; Tout cela dis-je eft facile à remarquer, & l'on iuge bien que la Nature
ne l'a pas fait inutilement: Mais on ne fçait
point à fonds la maniere dont elle le fait
ny la fin à laquelle elle le deftine. Car les
obferuations que l'on a faites pour ce fujet
n'en donnent qu'vne tres-foible connoiffance n'eftant pas en affez grand nombre
ny dans la juftesse & l'exactitude qu'elles
doiuent auoir. La plufpart mesme de celles qui fe trouuent dans les Liures font temeraires & portent la science au delà de
fes juftes bornes. En effet tout le reffort
qu'elle & la Chiromance peuuent auoir
ne s'eftend pas plus loin qu'à iuger des difpofitions du Corps & des Inclinations naturelles de l'Ame, & fi elles paffent iufques
à l'audace de l'Aftrologie Iudiciaire qui
veut foûmettre à fa Iurifdiction les actions

libres & contingentes , elles meritent le
mefme mépris & la mefme peine dont la
Religion l'a toûjours condamnée.

Que fi elles demeurent dans les limites
que nous auons marquées , il eft certain
qu'il y a des raifons generales qui leur font
fauorables , & qui monftrent éuidemment
qu'il peut y auoir quelque verité. Car on
ne peut douter premierement , Que les
Aftres n'agiffent par des vertus qui font differentes de la Lumiere , puifqu'on ne peut
rapporter tous les effets qu'ils produifent
à cette feule qualité, & qu'il faut neceffairement recourir aux Influences pour rendre raifon du Flus de la Mer,& de quelques
maladies , qui fans difficulté fuiuent le
mouuement de la Lune. Secondement ,
qu'il y a des parties du Corps humain fur
lefquelles ces Aftres ont vn empire particulier , & que puifque le Cœur & le Cerueau
font de cét ordre-là à l'égard du Soleil &
de la Lune, c'eft vne prefomption inuincible que les autres Parties Nobles font re-
gies par les autres Planetes. Qu'enfin ces
parties ont rapport & liaifon auec quel-
ques-

ques-vnes de celles qui sont exterieures,
ausquelles elles doiuent communiquer les
vertus & les qualitez qu'elles ont receuës
de ces Astres.

Or de ces maximes generales il s'ensuit
que toutes les Parties du visage & de la
Main ont rapport & sympathie auec les
Parties Interieures du Corps & auec les
Planetes qui les gouuernent ; Et que par
consequent on peut découurir les dispositions de ces dernieres, & en suite les Inclinations qui les accompagnent par l'experience qu'on a faite de la nature & du pouuoir qu'ont ces Astres.

Ie sçay bien que les ennemis de l'Astrologie se mocquent de toutes les vertus particulieres qu'on leur attribuë. Mais il y a
quelque mesure à tenir entre ceux qui leur
ostent tout, & ceux qui leur donnent trop.
Car il ne faut pas s'opiniastrer à destruire
leurs Influences pour la raison que nous
auons dite, ny leur accorder toutes celles
que la vanité de la Iudiciaire leur a données. Quoy qu'il y ait en cét Art mille sup-
positions vaines & ridicules : Il y a aussi de

MMm

iuftes obferuations qu'il faut auoüer de
bonne foy. Quand on confidere ce que
l'Agriculture, l'Art de nauiguer & la Medecine difent du Leuer & du Coucher des
Eftoiles : Quand on void que l'Horofcope
marque fi iuftement la Taille, le Temperament & l'Humeur de ceux dont on examine la Naiffance : Ne feroit-ce pas vne opiniaftreté infupportable, ou pluftoft vn
aueuglement d'efprit de vouloir contefter
la vertu des Aftres fur laquelle ces iugemens fe font, & démentir fans raifon des
experiences qui fe font faites vne infinité
de fois.

Pour moy ie me deffie tellement des forces de l'Efprit humain, & ie voy qu'il y a
fi peu de chofes dans la Nature où il puiffe
penetrer, que fi la Religion n'auoit declaré
que les actions libres ne peuuent eftre foû-
mifes au pouuoir des Aftres, ie n'oferois par
le feul raifonnement de la Philofophie, affeurer le contraire. Quoy ! nous ignorons
ce que nous deurions connoiftre le mieux;
nous ne fçauons pas mefme ce que c'eft
que Penfer, & comment nous penfons, &

nous aurions la temerité de regler le pouuoir des plus grands & des plus admirables
corps qui foient dans le monde, & de croire que ceux-là fe trompent qui leur en
donnent plus que nous ne penfons qu'ils
en ayent.

Il faut donc s'en tenir à l'opinion commune qui leur donne la direction de principales parties du corps, & qui eft appuyée
fur tant d'obferuations & d'experiences
qu'on en a faites. Mais il faut auffi prendre garde de ne fe laiffer pas abufer par les
confequences qu'on peut tirer de cette
verité. Car elle ne s'eftend gueres plus loin
que les principes & les fondemens de la
Chiromance & de la Metopofcopie: Toutes les regles particulieres qu'on a bafties
deffus font ou fauffes ou incertaines. Et
defait, celles qui apprennent à iuger des
actions libres & contingentes font abfur-
des & criminelles; Et les autres qui s'atta-
chent feulement aux difpofitions corporelles font douteufes, n'eftant pas affez bien
verifiées par de iuftes & d'exactes obferuations. Il feroit à fouhaiter qu'on fe fuft

appliqué plus ſerieuſement qu'on n'a fait
à cette curieuſe recherche, parce qu'elle
nous euſt donné vne plus ample connoiſſance de cette merueilleuſe harmonie qui
ſe trouue dans les parties du Corps humain
& qui a eſté cauſe qu'on l'a autrefois appellé le Miracle des Miracles. La Medecine meſme en auroit tiré quelque ſecours
pour découurir plus exactement les diſpoſitions des Parties Interieures, & pour faire des jugemens plus certains du ſuccez des
maladies. Enfin l'Art de connoiſtre les Hommes y trouueroit ſes auantages, & ne man-
queroit pas de mettre parmy ſes Regles
celles que ces ſortes de Sciences luy auroient fournies. Mais il n'oſeroit faire entrer dans vn deſſein ſi ſerieux & ſi ſolide-
ment fondé qu'eſt le ſien, des choſes ſi incertaines & ſi mal eſtablies, & qui ſont
meſme décriées comme vaines & ſuperſti-
tieuſes.

De ſorte que ſans aller chercher ſi loin
les Signes qui peuuent découurir les Inclinations, les Mouuemens de l'Ame, les Vertus & les vices; Il ſe contente de ceux qui

font plus proches & plus manifestes, & qui
se tirent des causes sublunaires.

* * *

Le Plan de l'Art de connoistre les Hommes.

IL fait donc estat de renfermer toute la
connoissance qu'il en peut donner en
Neuf Traitez generaux, dont le premier
contiendra

Les Charatteres des Passions, en 21. Chapitres.

*Le 2. Les Charatteres des Vertus & des Vices,
en 100. Chap.*

Le 3. Les Temperamens, en 52. Ch.

*Le 4. La nature des Animaux qui seruent à la Phy-
sionomie, en 29. Ch.*

*Le 5. La Beauté de l'Homme & de la Femme,
en 50. Ch.*

*Le 6. Les Mœurs des Peuples selon les Climats,
en 60. Ch.*

*Le 7. Les Inclinations qui viennent de l'Aage, de la
Fortune, du Genre de vie, &c. en 20. Ch.*

*Le 8. Traitera de la Dissimulation & des moyens de
la découurir.*

*Le 9. Mettra en ordre tous les Signes qui auront
esté puisez de ces grandes sources ; fera voir tout
d'vne veuë ceux qui doiuent découurir chaque
Inclination en particulier , chaque mouuement de
l'Ame, chaque Vertu & chaque Vice , & don-
nera ainsi la derniere perfection à l'Art de Connoistre les Hommes.*

*Quelles sont les qualitez necessaires à
celuy qui veut s'appliquer à l'Art
de connoistre les Hommes.*

CHAPITRE IX.

SI l'Antiquité a eu raison de
dire qu'il estoit des Sciences
comme des semences & des
Plantes qui ne produisent iamais rien si elles ne rencon-
trent vn terroir qui leur soit propre : Il
est certain qu'il n'y en a point où cette verité soit plus éuidente que dans les Scien-

ces Diuinatrices , qui deuiennent ſteriles
& inutiles, ſi elles ne rencontrent dans l'eſprit de ceux qui les veulent mettre en vſage, les diſpoſitions qui leur ſont neceſſaires. C'eſt pourquoy Ptolemée nous apprend qu'il ne ſuffit pas d'en ſçauoir les
Regles & les Maximes ; Et que ſi l'on n'a le
Genie particulier que ces Sciences demandent , on n'y peut iamais faire vn jugement
raiſonnable. De ſorte qu'auant que de s'en-
gager dans la pratique de l'Art de connoiſtre les Hommes , il faut ſçauoir quel eſt
le Genie particulier dont il a beſoin & les
Qualitez que l'on doit auoir pour s'en bien
ſeruir.

Ie ne veux pas rendre la choſe plus difficile qu'elle n'eſt, ny faire venir icy toutes
les Sciences pour tenir compagnie à celle-
cy. Ie pourrois dire que la Medecine &
la Morale luy ſont ſingulierement neceſſaires : Qu'en parlant des Climats & de la
nature de beaucoup d'Animaux, elle ne ſe
peut paſſer de la Geographie ny de la Phyſique : Que traitant meſme des propor-
tions & de la figure des parties, il ſemble

qu'elle ne le puisse faire sans l'Arithmetique & sans la Geometrie. Et qu'enfin ses jugemens estans fondez sur vn raisonnement continuel, & vne de ses Regles tirant son nom du Syllogisme, il faut que celuy qui s'y veut appliquer soit excellent Logicien. Et sans doute qui voudroit passer plus auant, il n'y a point de Science qu'on ne peust faire seruir à celle-cy. Mais il n'est pas besoin que l'on aille consulter Hippocrate, Aristote, Euclide & Ptolemée pour s'y rendre capable, & sans auoir toutes ces connoissances, celle que l'on peut tirer de cét Ouurage suffira à mon aduis pour l'apprendre & pour la mettre vtilement en vsage.

Mais pour ce dernier ie demande à celuy qui veut s'y exercer, deux choses que ie ne luy puis tout à fait apprendre. L'vne seruira pour bien vser de cette Science; & l'autre pour n'en abuser pas.

Quel est le genie propre pour cét Art. LA premiere est ce Genie particulier dont nous venons de parler, dans lequel ie comprends toutes les qualitez de l'Esprit

l'eſprit qui ſont neceſſaires à cét Art. Car
ie ne m'arreſte pas à ceux qui le tirent des
Eſtoiles : C'eſt vne reſuerie des Aſtrologues qui donnent à chacun deux Genies;
L'vn qui preſide à la vie & qui vient de la
diſpoſition du Ciel à l'heure de la naiſſance: L'autre preſide à la profeſſion que l'on
doit ſuiure, qui ne vient pas de la conſtitution generale des Cieux comme le premier, mais de la diſpoſition particuliere de
quelques Aſtres auſquels ils donnent la direction de l'Art & de la Profeſſion que l'on
doit exercer; qu'ils diſent eſtre Mars, Venus & Mercure dans la premiere, ſeptiéme
ou dixiéme maiſon. Et c'eſt ce qu'ils appellent Aſcendant Eſtoilé qui influë ce Genie, dont les Platoniciens font tant d'eſtat,
& qu'ils ſe mettent tant en peine de connoiſtre & de ſe rendre familier. Mais ce
ſont là des viſions ridicules & dangereu-
ſes qui portent quelque fauſſe image des
veritez que la Theologie nous enſeigne,
& que la Foy & la Philoſophie condamnent iuſtement.

Pour moy ie penſe qu'il faut dire de

ce Genie particulier, ce qu'Hippocrate dit
de la bonne fortune du medecin, qu'elle
ne vient pas d'vne cauſe ſecrete qui produit ſes effets ſans luy & contre ſon attente, mais qu'elle procede toute de ſa ſuffi-
ſance & de ſa ſage conduite : En vn mot que
ſa Prudence fait toute ſa bonne fortune &
celle du malade. Car il en eſt aſſeurement
de meſme du Genie qui eſt neceſſaire à l'Art
dont nous parlons. Ce n'eſt pas vn Demon
inuiſible qui éclaire l'eſprit de lumieres ſecretes, & qui le porte dans les connoiſſances particulieres de cette Science ; Ce n'eſt
rien autre choſe qu'vne application iuſte
de ſes regles, ou pluſtoſt c'eſt la Prudence
qui met en vſage les maximes generales &
les applique iuſtement aux ſubjets particuliers.

Or cette Prudence vient en partie de
la Naiſſance, en partie de l'Eſtude & de
l'Exercice. Ce qui vient de la Naiſſance, ſont
les qualitez naturelles de l'Eſprit, requiſes
pour exercer vne habitude. C'eſt proprement l'Εὐφυΐα des Grecs que nous pouuons
appeller la bonne ou l'heureuſe Naiſſance,

dont il y a de trois ſortes, comme dit Platon, l'vne qui eſt propre aux Sciences,
l'autre aux Mœurs, & la derniere aux Arts
telle qu'eſt celle que l'Art de connoiſtre les
Hommes demande.

LES qualitez naturelles de l'Eſprit qui *Les qualitez*
ſont donc neceſſaires pour le mettre en *naturelles qui*
pratique ſont la force de l'Imagination & *ſont neceſſaires*
la bonté du Iugement. Car bien que la *pour cét Art.*
Memoire y ſoit requiſe, à cauſe qu'il faut
ſe ſouuenir de beaucoup de preceptes, d'vn
grand nombre de Signes, & de la connexion de beaucoup de choſes dont cette
Science eſt pleine. Il eſt aſſeuré que le plus
grand effort ſe fait du coſté de l'Imagination & du Iugement. Car il faut en vn moment ſe former diuerſes Images, remarquer beaucoup de ſignes ſemblables & diſſemblables, & en ſuite faire la comparaiſon des vns & des autres, pour ſçauoir ceux
qui ſont les plus forts & les plus foibles:
Où il eſt certain que l'Eſprit & le Iugement trauaillent beaucoup plus que la Memoire, qui a ſa prouiſion faite de longue-

main, au lieu que ceux-cy trauaillent fur
le champ, & n'ont point de temps pour fe
preparer.

Mais à ces qualitez naturelles il faut ad-
iouster deux chofes, la Methode & l'Exercice. Car celuy-cy apporte vne facilité à
bien iuger, qui ne fe peut acquerir par d'autres moyens, & donne vne certaine hardieffe, qui fert comme d'enthoufiafme &
de fureur diuine en ces Sciences.

La methode ne-
ceffaire pour fe
feruir de cét
Art.

POVR la Methode, elle confifte en certaines Regles generales qu'il faut ob-
feruer pour faire vn iugement affeuré. Voicy celles qui font les plus confiderables.

La premiere eft, qu'il faut foigneufe-
nent examiner les Signes qui viennent des
caufes externes, qui font paffagers, & qui
font communs, & ne faire aucun iugement
par eux.

La 2. vn feul figne ne fuffit pas pour faire vn iugement des Inclinations & des Habitudes, mais il en faut auoir plufieurs. Car
c'eft vne fottife, dit Ariftote, de croire à
vne feule marque, ἐπὶ πιϛεύειν τῷ σημείων, ἀνθές.

La 3. Quand il y a des ſignes contraires, il faut remarquer ceux qui ſont les plus forts, & ranger ſon iugement de leur coſté. Or la force & la foibleſſe des Signes eſt marquée au chap. 1. du Liure 2.

La 4. Deuant toutes choſes, il faut conſiderer quel eſt le temperament de celuy dont on veut connoiſtre l'humeur & s'en ſeruir comme de la Regle qui doit meſurer tous les autres Signes : Car eſtant l'inſtrument preſent & inſeparable de l'Ame, il fortifie ou affoiblit les autres Signes ſelon qu'il leur eſt conforme ou oppoſé.

La 5. Il faut encore examiner ſoigneuſement la force ou la foibleſſe de l'Eſprit : Car l'vne & l'autre font vn grand effet ſur les Paſſions & ſur les Habitudes ; Puiſque la pluſpart des Paſſions s'eſleuent dans l'Ame faute d'en bien connoiſtre les cauſes. Tel croit qu'on luy fait iniure que l'on n'offenſe point, & tel eſt ſaiſi d'apprehenſion qui n'a point ſubjet de craindre. De ſorte qu'en ces rencontres la foibleſſe d'Eſprit eſt la cauſe de ces émotions, tout de meſme que la force du Iugement les étouffe.

N Nn iij

La 6. Eſt que l'Eſtude pouuant corriger les Inclinations vicieuſes, & la mauuaiſe nourrirure pouuent alterer les bonnes, il faut adiouſter autant que l'on peut aux marques naturelles, les Morales, & taſcher de découurir par la parole & par les actions ſi celuy dont on veut connoiſtre l'humeur ſuit ſes Inclinations, ou s'il les a corrigées.

La moderation d'eſprit eſt tout à fait neceſſaire en cét Art.

OR comme toutes ces Regles & toutes ces Obſeruations ſont fort difficiles à mettre en vſage, il faut tenir pour certain qu'il eſt fort aiſé d'y faire beaucoup de iugemens temeraires, & d'abuſer de cét Art ſi l'on n'y prend bien garde. C'eſt pourquoy entre toutes les qualitez qui ſont neceſſaires à celuy qui le voudra mettre en pratique, ie luy ſouhaite particulierement la Moderation d'eſprit, afin de ne ſe precipiter point dans ſes iugemens; & ſur tout de ne faire les mauuais que dans le ſecret de ſon Cœur, ſans que ſa langue & les oreilles d'autruy en ſoient les témoins. Autrement la Religion & la

Prudence ne pourroient ſouffrir l'exercice de cette belle Science, & de neceſſaire
qu'elle eſt pour la ſocieté, elle s'en rendroit
l'Ennemie.

F I N.

Extraict du Priuilege du Roy.

PAR Lettres du Roy il est permis au Sieur DE LA CHAMBRE, son Medecin ordinaire, de faire imprimer en telle marge & charactere qu'il voudra le Liure intitulé, *l'Art de connoistre les Hommes*, auec deffences à tous Libraires, Imprimeurs & autres, d'imprimer, faire imprimer ny vendre ledit Liure durant le temps & espace de vingt années, sans le consentement dudit Sieur DE LA CHAMBRE, sur peine de trois mil liures d'amande, de confiscation des Exemplaires, de tous dépends dommages & interests, comme il est plus au long contenu esdites Lettres de Priuilege. Donné à Paris le 21. Avril 1659. Signé, Par le Roy, BERAVLT.

Et ledit Sieur de la Chambre a choisi Pierre Rocolet, Imprimeur & Libraire ordinaire du Roy & de la Maison de Ville, pour imprimer, vendre & debiter ledit Liure, pendant le temps porté par lesdites Lettres, suiuant l'accord fait entr'eux.

Acheué d'imprimer pour la premiere fois le 26. Septembre 1659.

www.ingramcontent.com/pod-product-compliance
Lightning Source LLC
Chambersburg PA
CBHW050550270326
41926CB00012B/1989